復帰50年

沖縄子ども白書2022

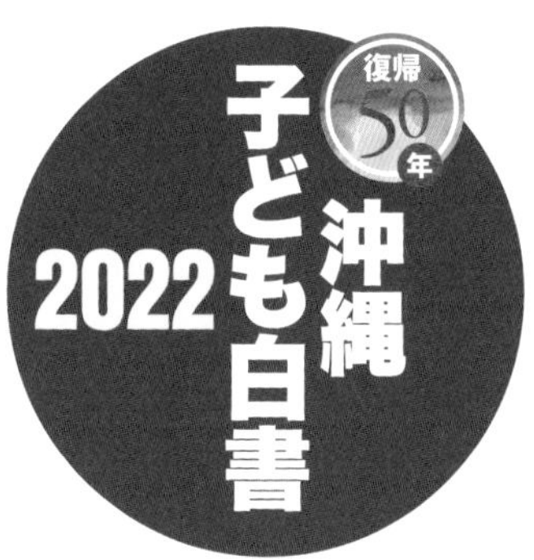

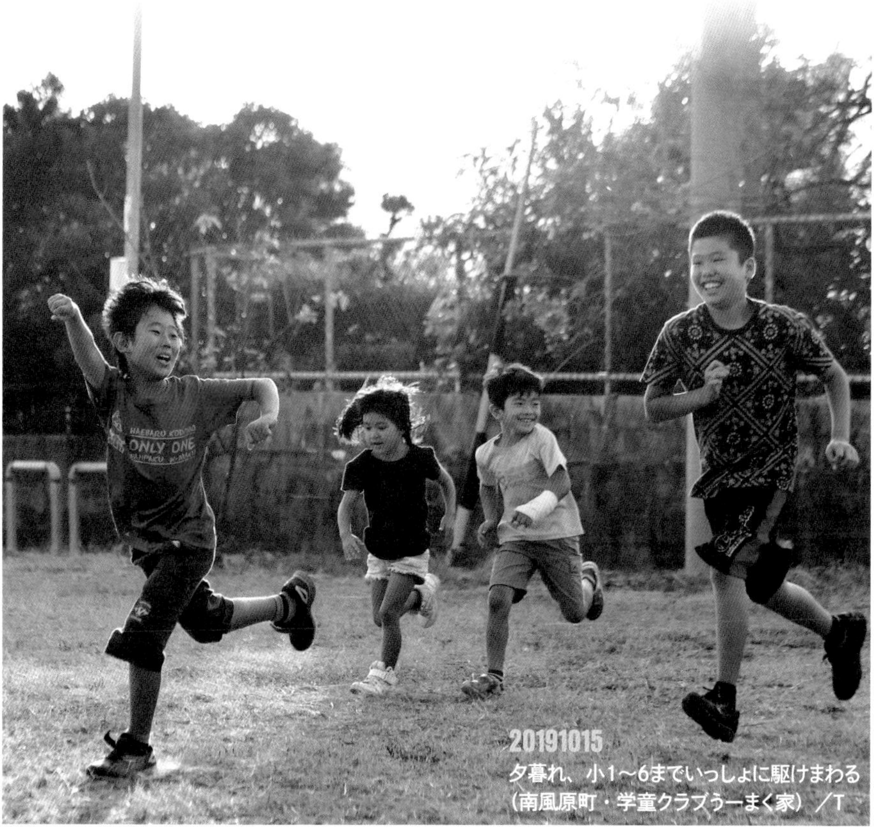

20191015
夕暮れ、小1～6までいっしょに駆けまわる
（南風原町・学童クラブうーまく家）／T

写真で見る復帰前・復帰後

19570627

雨漏りする教室で傘を差して授業（那覇市の琉球政府立工業高校）／T

19581217

子どもの事故が多発。那覇署は車の通行を禁じる遊び場を作った／T

19610821

ポリオの予防注射。那覇保健所には半日で7000 人の行列ができた／T

19610917
竹馬で海を約 800 メートル渡り登校する奥武島（おうじま）の子どもたち（久米島の離島）。復帰の頃まで続いた／T

19631105
きれいでおいしい水にまぶしい表情を見せる（宜野座村漢那区城原（ぎのざそんかんなくしろはら））／公

19710519 沖縄返還協定に抗議するゼネストでデモ行進するコザ高校生／T

1972年5月15日　沖縄本土復帰

19720101

復帰の年の元日、晴れ着で
国際通りを歩く（那覇市）／T

19720410

新年度、教室の机や椅子を移動する
（那覇市松川小学校）／T

座間味小中学校を訪問する屋良朝苗（やらちょうびょう）知事。移動県政にての一部／公

19780729 車が左側通行に変わる「ナナサンマル」前日の交通安全教室（那覇市）／T

19950514 普天間飛行場を包囲する人間の鎖。子どもも手をつないだ（宜野湾市）／T

20030228

イラク戦争に向かう米軍の強襲揚陸艦と親子の散歩が隣り合う沖縄の日常（勝連町、現うるま市）／田

2017

緑豊かに生い茂る園庭でセミ取り／緑ヶ丘保育園

2018

平和の礎。沖縄戦で亡くなった海外の人も名前が刻まれていることを知る／あじゃ保育園

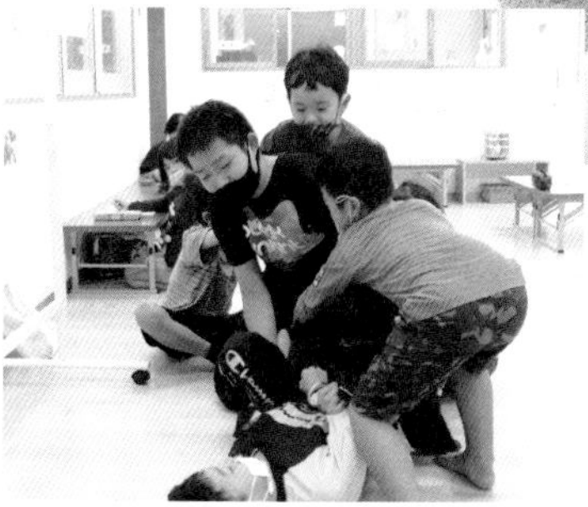

2021

人との関わりは密から始まる！ しまぶく学童クラブ／S

2022

いつでも自由に泥遊び。4・5歳児が団子を作りお店屋さんごっこ／やえせ北保育園

夕暮れ、狭いブロック塀の上で本を読みふける子ども。
祈るような気持ちで静かにシャッターを切った（南風原町・学童クラブわんぱく家）
撮影：田嶋正雄　2009年12月9日

子どもが子どもで いられることを保障する

田嶋正雄 ●沖縄タイムス写真部

しんどい環境にいる子は、早くおとなになる。

おとなになるのは悪いことではない。

ただ、「おとな」になるためには、子ども時代を「子ども」として過ごすことが必要なのではないか。

子どもが子どものままでいられなくなる要因は、まずお金のこと。

自分が自分のために使えるお金がいくらあるかを考え、あきらめたり、見切ったり、目をそらしたりして、子どもはおとなとして生きることを強いられる。

子どもの「子ども時代」を保障する。

おとなが子どものためにできることは、それに尽きるのではないか。

ファインダーをのぞいていると、ちゃんと子どもとして生きることのかけがえのなさ、そのはかなさ、子ども時代をやりきることの重さ、を痛切に感じる。

自分が子どもであることさえ忘れて、何かに没頭している子ども。

そんな被写体を見つけてシャッターを切るとき、そこはかとない「希望」が写っている。

もくじ

Ⅱ部 子どもの生きる現場から

1 基地のとなりで暮らす

2 そだちをつなぐ保育

4 家族という困難

5 医療／からだとこころ

Ⅲ部　未来への提言

巻頭言

希望と宣言の書

ジェンダーと暴力の絡み合う現場から

上間陽子
琉球大学

沖縄で夜仕事をしている女性たちに話を聞いた『裸足で逃げる』(太田出版、2017年)という本を出したあと、ある施設で働くワーカーから電話があった。聞けばそこの利用者が本を読んで、私に会いたいと話しているという。そういうことならば研究室を訪問してくれてもいいし私がそちらを訪ねてもいいと伝えると、すぐに連れて行きますとワーカーは言って、それから数日後には研究室にやって来た。

口元をマスクで隠したきれいな目をしたそのひとは、ほとんど何も話さなかった。なにか音がほしくなり、しゅんしゅんとお湯を沸かして紅茶をいれる。紅茶をすすめながら「本のなかの誰に似ていると思った?」と尋ねてみると、そのひとはぽつりと、「翼」と言った。

翼は夫に暴行されながらキャバクラで働き続け、ひとりで子どもを育てている子だった。16歳のときに結婚してから始まった夫の暴力は、翼が19歳になるまで3年間続いた。同じキャバクラで働く友だちのはたらきかけで、翼はようやく離婚した。翼に似ているということは、このひとも誰かに殴られていたということだろう。

「殴られていた?」と尋ねてみる。「死ぬほど」と涙をぼろぼろ流してそのひとは黙り込み、それからはもう何も言わずに帰って行った。

その日の夕刻、施設のワーカーから電話があった。そして、きょうの訪問の本当の理由を教えてもらう。

「実は○○さん、先生の本を読んで怒っていたんです。この子たちには誰かいる。みんな助けてもらっている。自分は本当にひとりだったんだよ、誰もいなかったんだよ、と言いました。先生に会いたい、先生に文句を言いたいと言ったので、きょう、連れて行くことができました。彼女のなかに望みができたことを、本当にうれしく思っています」

暴力にさらされる場所は、無音で暗くてひとがいない。そういう場所から立ち上がり、もう一度ひとのいる世界に戻るためには、これは不当なことであり、こんなに不当なことをされていいはずがないという怒りが必要となってくる。怒りを伝えたいと思ったこと、それが彼女の回復のためには必要になってくると、彼女の言葉をまっすぐとらえたワーカーに圧倒される。

「いつか私にも怒っていると伝えてほしいと思います」と言うと、「きょう、会えたことは何かのきっかけになると思います。これからもよろしくお願いします」とワーカーは言って、私たちは電話を切った。

会ったばかりのワーカーに、あなたがいるなら大丈夫だとエールを送る。言葉が現れるときをそばで待ち、それが現れたそのときに、それを実現させようとするひとがそばにいれば、ひとは必ず回復する。

あれから４年近く時間がたった。そのひとは今、本当に大丈夫になっている。

＊＊＊

それにしても、翼の受けた暴力はすさまじかった。翼が自分の母親に妊娠と入籍を告げると、「とにかくどんなことがあっても離婚だけはするな」と母親は言った。翼の夫になった男性は、地域の青年会のエイサー隊の団長をしていて、その仕事は同じ地域の先輩が見つけてくれたものだった。夫の給料は30万円近くあったが、翼が生活費を要求すると、夫は妊娠中の翼を殴って蹴った。出産後、翼は生活費を得るためにキャバクラで働くようになったが、気に食わないことがあると夫は翼を暴行した。地域で信頼の厚い夫が自分にすることを、翼は誰に相談したらいいのかわからなかった。

翼が家で殴られていることに気づいたのは、同僚として働く友だちだった。

暴行されると出勤できなくなる翼に、「旦那からDV受けてない？」と友だちは尋ねたけれど、翼は打ち明けることができなかった。それからも友だちは、「旦那と一緒にいるときの翼の様子はおかしい。助けるよ」と何度も声をかけ続けた。夫から暴行を受けたある日、翼は「いまから自分の顔を見にきてほしい」と友だちに電話をかけた。翼の家に駆けつけた友だちは、「普通、ここまでするか？　男が、女に？」と絶句した。拳で顔を殴られた翼の顔はぼこぼこに腫れていて、翼の鼻は折れていた[1]。

近年、沖縄のDVの相談件数は増加の一途をたどっている。沖縄県配偶者暴力相談支援センターへのDVの相談件数は、2018年度は1,761件、2019年度は1,942件、2020年度は2,092件、特にコロナ禍にあった2021年は前年度と比べると３割増加となっている[2]。だが、そもそも発見されない暴力もあるのだろう。内閣府の調査「男女間における暴力に関する調査結果」（n=3438人、女性1,803人、男性1,635人）では、配偶者に暴力を受けた女性の数は25.9％となっており、くり返し暴力を受けた女性は10.3％となっている。だが、このような被害を受けた女性の41.6％が、誰にも相談をしていないと回答している[3]。

それでも沖縄で女性たちの調査をしていると、暴力を受けている女性の実数はそれよりもはるかに多いと思わされる。私はいま「沖縄で若年出産をした女性の調査」（ｎ＝77人）をしているが、この調査においては66.2％（51人）のひとが、家族やパートナーから暴力を受けたと話している。しかしその暴力は、すべてのひとに一律に現れるわけではなく、ある条件のもとで多発する。次のページの図を見てみよう。

これは若年出産をした女性たちを、定位家族（子どもとして所属している家族）における実母との関係の善し悪しと、同年代の集団から構成されるピアグループの有無に注目し、まとめたものになっている。

第１象限に位置づけられる女性たちは、実母との関係が良好で、女性を助けるひとが親族内に存在する。不登校になったとしてもその年齢が比較的遅く、地元の中学校を拠点としたピアグループがあることが特徴となっている。

第２象限に位置づく女性たちには、学校を拠点としたピアグループは見られないが、実母との関係は良好で、子育てを支えるひとが親族内に見られる。親が社長、自営業の家族、不動産や基地収入がある家族、生活保護世帯で実母が

図　若年出産女性の実母との関係性とピアグループの有無

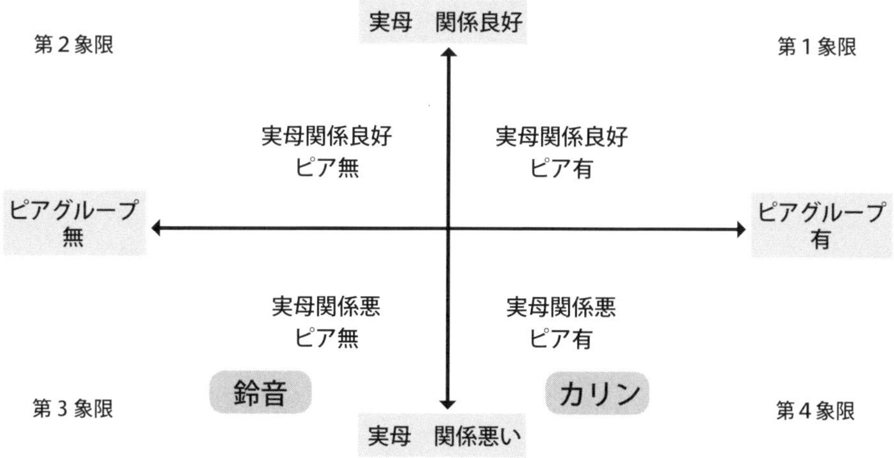

家族全員のお金を管理しているなど、金額に多寡の差はあるものの毎月の生活費が安定しており、出産が経済的な問題にならず、家族内部の緊張が小さい。

第３象限に位置する女性たちは、学校から排除される経験を持つなどしてピアグループを持っておらず、実母との関係も悪い。

同じく**第４象限**に位置する女性たちも、実母との関係が悪く、若い母親や子どもを支える手がほとんどない。ピアグループはあるが、ピアグループが子育ての肩代わりしてくれるわけではない。

暴力の現れ方を見てみると、第１・第２象限においては、そもそも暴力の問題が見られないか、あったとしても実母のネットワークが機能して一過性のものになっている。一方で、第３・第４象限に位置している若い母親のまわりには、暴力の問題を解消できるおとながほとんどなく、暴力の問題がきわめてシビアな形でくり返し現れている。

第３象限に位置する鈴音という子について見てみよう。鈴音の家には母親が連れてくる男が常にいて、その男が鈴音やきょうだいに暴力をふるっていた。その暴力は、子どもたちの目の前で母親を殴ったり、子どもたちの両足に角材を挟んで正座させたり、真冬のベランダに何時間も立たせるようなものだったが、それでも学校の教師も周囲のおとなも誰ひとり気づかなかった。

学校はそんなに好きではなかったが、家にいるよりはマシだと思ったので登校した。中学生になると給食を食べるために登校して、部活を終えてから帰宅した。だがある日、「示しがつかない」といって教師に部活を辞めさせられたあと、鈴音にはもう「学校に行く意味がなくなった」。

中学１年生の後半からは、年齢を偽りキャバクラで働きながら生活していたが、中学２年生のときに、少年院に入った恋人の子どもを妊娠していることに気がついた。とにかくひとりで中絶費用を捻出しないといけないと考えた鈴音は、県外のキャバクラのスカウトに飛行機のチケットを手配してもらって、他県で10日間働き20万円近くのお金を貯めて沖縄に帰った。未成年なので手術を受ける病院の付き添いは母親に頼んだが、手術の後、「ご飯どこで食べる〜ってウキウキしてて。なんかもう、ほんとこいつクソと思って」、これまで家で起こっていたことを母親に「全部話した」。

「全部話した」というのはなんだろう？　鈴音は、小学生の頃から、くり返し性虐待を受けていた。小学生のときに従妹のお父さんにレイプされて、その次に母親の再婚相手にレイプされて、今度は連れ子だった兄にレイプされた。家のなかで起きていたことを苛立ちながら母親に告げると、オトコたちのことを「殺したい」と母親は言ったけれど、だからと言って何かをしてくれたわけではなかった。鈴音は再び家を出た。

第４象限にいるカリンもまた、くり返し暴力を受けて育っていた。母親が失踪し、祖父宅で育てられたが、祖父は子どもを殴るひとだった。祖父が大暴れして家屋を破壊したときには警察官が家にやってきたが、祖父が近くにいるのに「大丈夫？」とカリンに尋ね、祖父のそばでは「大丈夫」としか言うことのできないカリンの受けた傷痕は誰にも気づいてもらうことはなかった。帰ってしまうパトカーを眺めながら、カリンは、「誰か袖をめくって。そしたらわかるのにって思っていた」。

中学生になるとカリンは家に帰らなくなった。家族とのトラブルを抱える学校の先輩やよその学校の同級生とたまり場で一緒に過ごし、学校に行くこともなくなった。学校の外部でつくられたグループは、徹底的におとなの目を欠いた場所だ。カリンはある日、たまり場の先輩たちにレイプされた。いまもまだカリンは暴力から逃げるのが難しい。コロナの臨時給付金は同じ中学校出身の先輩に取り上げられた。

そういうなかで、カリンは子どもをひとりで育てている。

＊＊＊

それにしても、彼女たちはなぜ出産を選ぶのだろう？　それは、彼女たち自身が家族を持って、守り守られる関係をつくりたいからである。だが彼女たちは、誰かに守られて日々をつくった経験が少なく、彼女たちの身のまわりには助けてくれるおとなはいない。もちろんそのような場合でも、行政的な支援は頼りになるはずである。だが沖縄県には、シングルで子どもを育てている母親が入所できる母子寮は3か所しかなく、しかもその申請は、子どもを出産したあとにしかできない。結局彼女たちは、生まれたての子どもをひとりで抱え、剝(む)き身の状態になってしまう。

もちろん、すべての若い母親が出産によってダメージを受けるわけではない。実母である自分の母親やその母親のネットワークに支えてもらいながら、若くして母親になったことを「何ひとつ後悔はない」と明言するひともいる。要するに沖縄の若い女性たちの出産状況からわかるのは、行政的な支援よりも、実母を中心としたネットワークの有無が、出産と育児の状況を決定づけてしまっているということだ。

これらはおそらく、沖縄が戦後長く占領されていた歴史と関連する。社会学者の澤田佳世は、米軍統治と日本による沖縄の切り捨ては、沖縄固有の家族体制をつくり出し、「戦後沖縄は、中絶および避妊・家族計画に関する日本の国内的潮流に与することなく、妊娠しない／出産しないための手段と権利へのアクセスが法的・社会的に制限された、優生保護法なき固有の出生力転換過程を経験することになった」と述べている[4]。

戦後日本では、避妊方法や家族計画は、地域の保健婦（当時）によって女性たちに伝達された。だが戦後、アメリカの占領地となった沖縄において、避妊方法や家族計画の伝達は、国際社会においては人口抑制という植民地支配の技法と見なされ回避された。それによってヤミ中絶が横行しつつも、仏壇継承者の男児を望む圧力のなかで子どもを産むという沖縄独自の出産形態が成立した。そのようにして生まれてきた子どもたちの育児は、行政ではなく、祖母にあたる実母や親族の女性たちが引き受けてきた。こうした自助的ネットワークに依拠しながら子どもを産み育ててきた沖縄の歴史が、私の調査における若い女性たちの子育ての状況ともリンクしているということなのだろう。

とは言え、近年、若い女性の出産と育児の厳しさが詳(つまび)らかにされるなかで、それをどうにかしなくてはならないと動き出すひとびとは現れてきた。その動きに呼応するように行政もまた、これを課題として認知するようになりつつある。教育学者の浅野誠は、ままならない事態を前にして必要性を感じるひとびとが緊急対応としてつくり出し、それによって行政的措置を実現してきたことが沖縄の政策の特徴であるとする[5]。必要が制度をつくる。おそらくそれは、いまもなお続く沖縄の社会運動と行政的措置の連結点となっている。

＊＊＊

そのように考えたときに、この本もまた希望の書になることがわかるだろう。本書は、児童福祉の専門家、保育の専門家、学校教育の専門家、医療の専門家、沖縄の問題を分析してきた研究者の手によって編まれたものであり、子どもたちの傍らにいて子どもの声を聞いたひとりひとりが自分の持ち場で動こうとした闘いを記録している。

もちろん、それぞれの持ち場はとても小さい。そして本書においてさえも、何を子どもの声としてとらえたかについての差異はある。子どもたちは叫んでいる。だが、おとなの側に聞く耳がなければ、子どもの叫びは声として認知されない。子どもを表す infant の語源が、「言葉を話さぬもの」であることは、何度も思い出されてよい。私たちがそれぞれの持ち場で聞いたとする子どもの声をどう解釈するかの議論は、まだ手つかずのまま残されている。

自分の持ち場におけるはたらきが、子どもたちの声を聞き、子どもたちの声を聞き逃さないとする幾重もの重なりと検証に連なるならば、復帰50年に続く時間は、ここに記録された時代とは違う時代をつくる足がかりとなる。そのような意味でこの本は、沖縄の本土復帰50年を節目として、私たちはまた新しいスタートを切るという、そういう宣言の書とでも言えるものである。

もしも読者が、この本の書き手の背後にいる子どもたちの声におとなのひとりとして呼応しようとするならば、私たちの前に現れるのは違う時代になると思っている。本書を手に取ったあなたもまた、このいとなみに続くひとりになってほしいと思っている。

注

1 上間陽子『裸足で逃げる』太田出版　2017年

2 沖縄県配偶者暴力相談支援センターに寄せられたドメスティックバイオレンス（DV）被害の相談件数。『琉球新報』2022年2月28日

3 内閣府男女共同参画局「男女間における暴力に関する調査報告書」2021年公表。全国20歳以上の男女5,000人を対象に、無作為抽出によるアンケート調査、有効回収率68.8%

4 澤田佳世『戦後沖縄の生殖をめぐるポリティクス――米軍統治下の出生力転換と女たちの交渉』大月書店　2014年

5 浅野誠『沖縄の子ども』Next Publishing Authors Press　2021年

うえま・ようこ

琉球大学教育学研究科教授。10代のママと赤ちゃんのシェルター「おにわ」共同代表。著書に『裸足で逃げる』太田出版2017年、『海をあげる』筑摩書房　2020年。信田さよ子との共著書『言葉を失ったあとで』筑摩書房　2021年。

社会・家族・ジェンダー

項目	単位	全国	沖縄県	順位
総面積	㎢	372,971.98	**2,281.00**	44
米軍基地施設面積割合（対総面積）	%	0.2594	**8.1913**	1
年平均気温	℃	16.2	**23.9**	1
総人口	千人	126,146	**1,467**	25
人口密度	人	338.3	**637.0**	9
平均年齢	歳	47.4	**43.1**	47
平均寿命／男	年	80.77	**80.27**	36
平均寿命／女	年	87.01	**87.44**	7
15 歳未満人口割合（対総人口）	%	12.1	**16.9**	1
65 歳以上人口割合（対総人口）	%	28.4	**22.2**	47
合計特殊出生率	―	1.36	**1.82**	1
10 代の出生構成割合（2019 年）＊1	%	0.9	**2.2**	-
20 歳未満中絶割合（2019 年）＊2	%	61.9	**38.0**	-
婚姻率（千人当）	件	4.8	**5.6**	2
離婚率（千人当）	件	1.69	**2.52**	1
母子世帯割合（母子世帯数 / 総世帯数）	%	1.41	**2.58**	1
母子世帯の母親の年間就労収入＊3	円	200 万	**187 万**	-
父子世帯の父親の年間就労収入＊3	円	398 万	**271 万**	-
母子世帯の就労率＊3	%	81.8	**91.2**	-
父子世帯の就労率＊3	%	85,4	**95.7**	-

出所：沖縄県企画部統計課『100の指標からみた沖縄県のすがた 令和4年3月版』
沖縄県統計局　2022年

＊１：厚生労働省「人口動態統計」、沖縄県衛生統計年報「人口動態編」より三浦耕子算出。Ⅱ部5章-3参照

＊２：厚生労働省「行政報告例」「人口動態統計」、
沖縄県衛生統計年報「衛生統計編」「人口動態編」より三浦耕子算出。5章-3参照

＊３：沖縄県子ども生活福祉部「ひとり親世帯等実態調査」2018年、
厚生労働省「平成28年度全国ひとり親世帯等調査」2016年より。6章-4小那覇論文参照

I 部

50年の検証

戦前・戦後の沖縄社会と児童福祉をふり返る

子どもの貧困と暴力の連鎖を断ち切るために

山内優子

一般社団法人 おきなわ子ども未来ネットワーク

第２次世界大戦後の沖縄社会を考えるときに、戦前の沖縄社会と切り離して考えることはできず、特に子どもの問題は、戦前の子ども観が戦後の子どもの問題に大きく影響していることは否めません。ここでは、戦前の沖縄社会で、貧困の子どもたちが置かれた状況をひもときながら、それがどのように戦後の子どもたちにつながっていったのか考えていきたいと思います。

戦前の貧困家庭の子どもたち

沖縄には戦前、孤児院はありませんでした。このことを知ったとき、なるほど沖縄は地縁・血縁が濃いので、親戚の方が親を亡くした子を引き取って育てていたのかと思いました。しかしよく考えてみると、男の子は「イチュマンウィ糸満売り：借金のかたに少年らが漁師に丁稚奉公すること」といって漁師の下に、女の子は「ジュリウィ：借金のかたに少女が辻遊郭に入ること」といって辻の遊郭へ売られていたということを思い出し、決してそのような悠長な社会ではなかったと思い至りました。

沖縄の農村には、明治の末期から終戦前まで「インジャ（下人）」と呼ばれる農奴がいたということです。小作農、貧農の家では、生活苦、借金苦を解消するために自分の子どもをインジャとして、裕福な家に身売りしたのです。年季は10年で、本人の世代で返済できないとその債務は、その子どもの代にまで引き継がれたということです[1]。

1850年代以降は、そのインジャよりもまとまった多額の契約金が入り込むのが糸満売り（イチュマンウイ）とジュリウイであったため、インジャから転売される者もおり、10歳前後の子どもを糸満売りに連れて行くのがよく見受けられたということです[2]。まさに子どもは親の所有物であり、財産であり、自由に売り買いされるものとして扱われていました。そしてその根底には、貧困という大きな問題が横たわっていたわけですが、子どもと親はまさに運命共同体であったと言えましょう。

沖縄の児童施設の始まり

沖縄に児童施設ができたのは1907（明治40）年８月、那覇市の大典寺（浄土眞宗本願寺派）の住職管深明氏が私立沖縄感化院を創設しました[3]。

1915（大正４）年８月には財団法人球陽学園となり、同年12月に沖縄県代用感化院に指定されています。感化院とは、非行少年等を収容し教育する施設であり、15〜20名程度の少年を収容していたということです[4]。その後、1920（大正９）年に私立沖縄盲学校、1926（大正15）年に私立沖縄聾学校が設立されていますが、いずれも民間人が私財を投じ設置しております[5]。

戦火の中の児童施設

1940年５月、初めての県立児童施設として、那覇市首里崎山町に沖縄県立少年教護院「東苑学舎」が設立されました。1000坪の広い敷地に、100坪近い木造建物（教室兼寮舎）、そして院内に300坪、学舎外に200坪の畑があり、甘藷（かんしょ）や野菜等を栽培していたということです。授業は、午前中は小学校課程の義務教育を行い、午後は作業が行われました。これは大典寺の球陽学園から引き継がれ、院長も管深明氏から県庁職員に引き継がれました[6]。

しかし、設立の翌年1941年には、太平洋戦争が始まり、東苑学舎においても防空壕を掘り避難訓練等が行われるようになり、1944年10月10日の那覇空襲以降、戦火から院生を保護することが主となりました。８名の職員で院生30人を保護していましたが、学舎も爆撃の危険があったため保護者のいる少年は親元に帰し、それでも20人近くの少年が残っていたということです[7]。

1945年４月、米軍が沖縄本島に上陸し、戦火は熾烈を極め首里の街でも空襲や艦砲射撃が激しくなり、５月初旬、空襲により東苑学舎は全焼しました。院長と教諭２名、書記１名の計４名で残された児童17名余の院生を連れて住民とともに島尻（沖縄本島南部地域）方面への逃避が始まりました。

院生のなかには幼い小学生もいたので思うようにいかず、避難途中、再三敵機の射撃にさらされ、次々と倒れて行き、また逃避行動は夜間に行われていたので暗闇の中で仲間からはぐれる院生もおり、南部の玉城村あたりに到着したときには、10人ぐらいになっていたということです[8]。

それでも院長はじめ４名の職員は、何とかして戦火から院生を守ろうと必死に避難を続けていましたが、５月下旬院長が敵弾に倒れてしまい、院生も真っ暗な戦場で避難民の渦に巻き込まれ、夜が明けたときには院生はほとんど行方不明になってしまい、ここで学舎の組織的行動は終わってしまいました[9]。

以上見てきたように、戦前に唯一あった児童施設も第２次世界大戦により施設をはじめ、すべてが灰燼に帰し、戦後真っ先にできたのは生き残った住民を収容する仮収容所のそばに米軍が設置した11か所の孤児院でした。

戦争孤児に対する施策とその責任

本土における孤児対策は、形式的には戦前から始まっていたといわれていますが、具体的には東京都が、保護者が空襲の被害、不慮の災禍を被った場合に、残された児童を保護するために、1945年１月「東京都疎開学童援護会」を設立しています。そして同年３月10日の東京大空襲で多くの戦争孤児が生まれ、５月には戦災孤児援護寮（二子玉川寮）が開設され、７月には学齢以下の乳幼児の戦争孤児を収容する「子供の家」が杉並に設置されております[10]。まさに、行政が責任をもって対応しているようすがうかがえます。

一方、沖縄において米軍によって設置された孤児院は、焼け残った民家等を利用して設置され、11か所の孤児院に約1000人近くの孤児が収容されていました。しかし、終戦記念日の８月15日に仮収容所内で発行された『ウルマ新報』に孤児の引き取り依頼の記事が掲載され、その後も４か月にわたり９孤児院の770名を超える子どもの名前が掲載され、順次引き取られていきました。その孤児の引き取りについては、難しい手続きはなく誰かれなく簡単に引き取

左：１人逃げ惑う女の子が救出され、乾いたのどを潤すために差し出された水筒から恐る恐る水を飲むようす。兵士は日系人？　　場所、日時詳細不明

右：戦場で、親とはぐれ救出されたばかりの子ども３人が、戦車の脇を米軍兵士に抱えられて通るようす。この子らの親は？　　場所、日時詳細不明

沖縄本島のコザにて、綱引きをする子どもたち。1945年 8月4日、米海軍写真資料

ここはコザ孤児院です。昼間は元気に遊んでいても夜になると母親の名を呼んでしくしく泣いていたという孤児たちを、生き残った若いひめゆり学徒隊の方が世話をし遊んでいるところです。ひめゆり学徒隊は沖縄師範学校女子部と沖縄県立第一高等女学校の教師・生徒で、教職志望の方たちですので、子どもたちが戦争で受けた心の傷を遊びを通して解消していたものと思われます。残念ながら彼女たちは途中から、学業を続けるために学校にもどって行ったということです。
ここにいる「先生」は津波古ヒサさんで、まだ20歳にもなっていない頃です／山内優子（Ⅱ部１章－４川満論文参照）。

このページの写真はすべて沖縄県公文書館所蔵

られたということであり、ここからまた新たな孤児の悲劇が始まりました。そして２年後の1949年11月に、沖縄民政府により初めて孤児を引き取る施設「沖縄厚生園」が設立され、米軍が設置した孤児院に残っていた209名が引き取られたということです[11]。

アメリカ統治による戦後「27年間の空白」

沖縄の戦後の子どもたちを語るときに、終戦後日本本土から切り離され、アメリカに統治されていたという「27年間の空白」は、教育、福祉、医療、治安、生活環境等すべてにおいて、本土と大きな格差をもたらしたといっても過言ではありません。しかし、沖縄県民は必死になって、本土並みを目指し、本土に近づくべく努力をしてきましたが、特に教育、福祉面においての制度格差は著しく、そのしわ寄せは本土復帰後にもさまざまな形を変えて子どもたちに影響を与えてきました。

沖縄県民待望の本土復帰

「沖縄がこれまで歩んできた歴史の一こま一こまをひもとき、終戦以来ひたすらに復帰を願い、必ず実現することを信じ、長く苦しく、そして厳しかったこれまでの日々を思い起こすとき、県民とともに言いしれない感激とひとしおの感慨を覚えるものであります。

鉄石のような熱い壁を乗り越え、険しい山をよじ登り、イバラの障害を踏み分けてついに悲願を達成し、復帰にたどりついてここに至りました。

米軍基地の問題をはじめ、いろいろな問題を持ち込んでの復帰になったわけであります。したがって、これからもまた厳しさは続き、新しい困難に直面するかもしれません。しかし、沖縄県民にとって復帰は強い願望であり、正しい要求でありました。それは自らの運命を開拓し、歴史を創造する世紀の大事業でもあります。」[12]

これは1972年５月15日、那覇市民会館で開かれた「新沖縄県発足式典」で屋良朝苗知事が述べた式辞の冒頭の言葉であります。この屋良知事の挨拶には、終戦直後から本土復帰を迎えるまでの全県民の想いが、込められているといっても過言ではありません。そして「復帰の内容は、必ずしも私どもの切なる願望が入れられたとはいえない」とし、基地の「核抜き・本土並み」が実現しなかった本土復帰を批判し、そのうえで「主体性を堅持し、沖縄が歴史上常に利用されてきたことを排除して、県民福祉を確立しよう」と強調していますが、まさに屋良知事は苦渋の決断、断腸の思いで本土復帰を迎えたのではないかと思います。

本土復帰後の沖縄の変貌の始まり

本土復帰後の沖縄は、本土との経済格差を解消するために策定された沖縄経済振興計画により、毎年国から多額の補助金によりダムや道路等が次々と建設されていきました。また1950年に復帰記念行事として開催された沖縄海洋博覧会に向け、那覇から名護までの沖縄自動車道が建設され、県は観光立県を掲げていきました。そして、本土企業の進出やパスポート無しの来県により、観光客が急速に増え一気に観光地化が進みました。

そして街の様相は一変し、急激に商業都市へと変貌していきました。このように街が変貌していくなかで、それが子どもにどのような影響を与えていったのか、子どもは社会を映す鏡であり、そのなかで社会不安のバロメーターといわれている少年非行に焦点を当ててみたいと思います。

復帰後真っ先に観光地化された石垣島

八重山は私の故郷です。復帰前の八重山は「詩の邦、歌の邦」と言われ、名前の通り八つの山々が重なりあう自然豊かな島でした。復帰前はのどかで、非行の子どももほとんどいず、自然の中でのんびりと遊んでいました。

しかし、復帰後街の様相は一変しました。なぜなら、石垣島が新婚旅行のメッカとして一躍脚光を浴び、新婚旅行のカップルが大挙、島に押し寄せてきたからです。ホテルやレストラン、スーパー、お土産品店、スナック、バー等が立ち並び、街中が華やかになっていきました。それまでの、静かな街が商業都市へと変貌し、サービス業に従事する女性も増えていきました。

次々起こる少年集団暴行死亡事件

1992年、沖縄で初めての中学生による集団暴行事件が石垣島で発生し、中学２年生の男の子が死亡しました。そして、その４年後の1996年にも同じく石垣島で高校２年生の男子が集団暴行事件で死亡しました。復帰前は、こういう集団暴行死亡事件はありませんでした。

なぜ石垣島でたて続けに集団暴行事件が起きたのか、もちろん、街の変貌は集団暴行事件と直接の因果関係はないと思いますが、私は街が商業都市へと変貌していく過程で、少年たちに与える影響はまったく無関係ではないと思っています。

その後の沖縄県内で発生した集団暴行死亡事件と街の変貌を調べていきたいと思います。1993年、浦添市で中３の男子が集団暴行事件で死亡しました。浦添市においては、その８年前にサンエー浦添ショッピングセンターができ、その翌年にはダイエー浦添店が開店しており、街の様相が非常ににぎやかになっていました。

また、2000年那覇市小禄（おろく）で15歳の少年が集団暴行事件で死亡しておりますが、その７年前の1993年に小禄にジャスコという大型のイオンショッピングセンターが開店し、モノレールが通り、見違えるような商業都市へと変貌していました。

そして、1998年北谷町（ちゃたんちょう）美浜に大型のジャスコが開店し、アメリカンビレッジという若者が集まるにぎやかな大型商業エリアが誕生しました。

その５年後、2003年北谷町において中学２年生の男の子が集団暴行で死亡した事件は、全国ニュースとなって、県民に大きな衝撃を与えました。

その頃から私は、街の変貌と集団暴行死亡事件が無関係でないのではないかと思い始めていました。そして、2000年以降次々と大型ショッピングセンターができ、にぎわい始めた本島中部のうるま市のようすが気になりました。まさかと思っていましたが、2009年うるま市で中学２年生の少年が集団暴行で死亡したときは、本当にショックでした。

なぜ、街が変貌すると集団暴行事件が起こるのか

街が商業都市化すると、なぜ集団暴行事件が起きるのか、それが子どもたちにどのような影響を与えていくのかを考えてみたいと思います。

街に大型スーパーができ、ボーリング場やカラオケハウス、ゲームセンター

ができると、きらびやかなスーパーで親といっしょに自由に買い物をし、レストランで食事ができる子どもとそれができない子ども、金を持つ者、持たざる者の格差が顕著となり、それが子どもたちの世界にも大きく影響していきます。前日、家族で行ったボーリングの話やレストランで食べた初めてのピザ、ケンタッキーと得意げに話す子ども、それまで、いっしょに遊んでいた子どもたちが持てる者と持たざる者へと分断されていき、グループ化されていくことでしょう。そして、持たざる者はそれまで感じなかった疎外感を味わっていき、なぜ自分は食べられないのか——お金がないということは子どもの責任ではないのにと、悔しさを味わっていくことでしょう。

そして、持たざる者同士がグループをつくり、なかには万引きをしたり、下級生からカツアゲをしたり、それでも自分ひとりではない、同じ仲間がいるということで何とか均衡を保ち、肩を寄せ合い、グループを維持していくでしょう。そして、その均衡が崩れるとき、集団暴行事件は起きています。均衡が崩れるとは、グループの一員がそのグループから抜けたいと言ったときであり、そのとき残されたメンバーはまた自分たちが見捨てられたという疎外感、喪失感を味わうことになるのです。だから、許せない、生意気だということで、暴力がエスカレートし、死に至るまで暴力を振るうことになるのですが、その暴力は決してその少年だけに向けられた怒りだけではないと思われます。

少年たちは地域が商業化し、それまで味わうことがなかった貧困故の不自由さや惨めさを味わい、子どもの力ではどうにもならない閉塞感のなかで鬱積した怒りもないまぜとなり、死に至る暴力へと発展していくものと思われます。

街が商業都市化すると子どもたちも消費文化に巻き込まれていきます。つくづく思うのは、なぜ街の活性化と同時に、子どもたちが健全に遊べる児童館を同時に作らなかったのか？　せめて子どもが無料で遊べる児童館があれば、もっと子どもは自由に、消費文化の影響を受けず、過ごせたのではないかと思います。

沖縄少年院在院者の調査のきっかけ

2014年９月、沖縄少年院に在院する仮退院前の少年46人を対象に、少年たちの成育歴や非行に至る経緯、家庭・学校・地域環境等を調査した結果が発表されました。調査したのは、九州地方更生保護委員会第三部に所属する委員津嘉山信行氏と筆者が行いました[13]。

調査のきっかけは、県内中学校校長経験のある津嘉山氏と福祉現場にいた筆者２人が、沖縄少年院を仮退院する際の面接委員として勤務していたことが発端でした。少年らに面接する前には、膨大な家庭裁判所の記録を通読しなければならず、そこには少年の成育歴や学校での記録、児童相談所の記録、そして家庭裁判所での審判の記録等も詳細に記載されていました。

そして、それを読むたびに少年らの置かれた環境があまりにも悲惨であり、経済的な貧困のなかで、家庭環境も厳しく幼少の頃から放任され、しつけもほとんどされず、初発非行の万引きが始まっていくという状況を真の当たりにし、その実態を解明すべく調査しました。

沖縄の少年非行の実態

調査は全国の少年院と比較しながら、25項目調査しています。その調査結果から次のような実態が浮かび上がりました[14]。

1　低年齢化、低学歴化と初発非行の時期

沖縄少年院入院者（以下、沖縄）の年齢は、年少少年（14、15歳）が全国の少年院入院者（以下、全国）に比べ２倍であり、14歳から16歳までの少年が56％で半数以上でした。これが、教育程度に連動し教育程度は中卒が43.4%、中学在学中は26.1％で全国の２倍近くありました。

初発非行の時期は、小学６年生以下が78.3％を占め、５歳以下も２人いました。大半は万引きを行っていますが、幼少の頃の万引きはほとんど見逃され、教育的指導を受けた形跡はありませんでした。その結果、万引きはエスカレートしていき、それが年少少年の多さにつながっていました。

2　刑法犯（窃盗）の多さと共犯率の高さ

少年たちが行った非行名は、沖縄は窃盗が74％であり、全国の２倍以上でした。内容としては、自転車窃盗から始まり、バイク窃盗、コンビニ等での酒・食料品窃盗、自販機からのタバコ窃盗等が多く見られました。なかには１人でバイク窃盗30件、自販機荒らし15件で最大150個のタバコを窃取した者もおり、犯行は多岐にわたり常習化している者も見られました。

共犯率の高さも本県の特徴であり、沖縄は84.8%が共犯者を有し、全国57.5%より27.3%も高くなっています。オートバイ窃盗やコンビニ等での商品窃盗を行う際に、集団を構成しながら、巧みに役割分担しつつ実行していることと無関係ではありませんでした。

3　家庭環境、学校環境、地域環境の悪化

沖縄の少年たちの家庭環境の特徴は、単身世帯の多さ、親子関係の不和、貧困、放任、家庭内暴力等でした。幼少の頃からしつけもほとんどされず放任家庭で育ち、家庭における教育的指導もなく、小学校の授業も理解できぬまま中学校へ進学すると、不登校へとつながっていきました。義務教育においては、留年という制度はありません。そのため、中学3年間に入学後1か月しか登校していない者でも、3年後には進学もしない、就職もしない進路未決定のまま卒業させられるということが起きていました。

また、無断外泊や深夜徘徊等で学校や警察から親が注意を受けると、しつけと称して親から手ひどい暴力を振るわれても、誰一人それを身体的虐待と通告されるものはいませんでした。大半の少年が家庭内においては暴力でしかしつけをされていませんでした。その結果、保護者との関係は60%が敵対反発し、無視は37%で実に97.8%の少年が保護者との関係は悪化状態でした。

暴力のなかで育った少年たちは、また地域に出ても、それぞれの地域には中学を卒業した無職少年たちが不良集団をつくり、少年たちを暴力で牛耳っていました。

不良集団との関わりは沖縄では67.4%関りがあると述べ、全国29%の倍以上でした。先輩から酒、タバコ、なかには自分が着用するワイシャツや靴等の万引きを命じられた少年もおりました。

また、その暴力は同じ遊び仲間においても行われており、グループ内での上下関係は暴力の強さにより決められていました。そして、そのグループから抜けるのは命がけであり、なかには重い障害を負わされるほど暴力を振るわれた者もおりました。この暴力の連鎖は、復帰後の少年たちの集団暴行死亡事件と通底するものがあると思われます。

4　再入院率と退院後の就労先確保と進学の困難さ

少年院への再入院率は、沖縄は28.3%で全国の17.8%より10%以上も高く

なっていました。なかには退院後１年を経過しないうちに再入院してくる者もいました。仮退院時に就労先が決定している少年は、28.3％で、残り71.7％は未定のまま仮退院していきます。少年らの教育歴は中卒少年が７割近くを占めていることより、退院後選択できる職業の幅は限定され、それが頻回転職、無職へとつながっていくことが予想されました。なかには院内での学習指導により、勉学する楽しさに目覚め、高校進学を希望する少年もいましたが、せっかく高校受験しても合格する確率は高くはありませんでした。

沖縄の少年非行から見えてきたもの

沖縄少年院での１年近くの矯正教育は、少年たちに大きな成果をもたらしました。ネグレクト家庭のなかで育った少年たちが、歯みがきの仕方や風呂の入り方、箸の持ち方、食事のマナー、日常生活の挨拶の仕方など一から教えてもらい、学業面においては掛け算九九から始まり、２桁の加減乗除、漢字の書き取り、文章の書き方等を学んでいきます。そして初めて信頼できるおとなと接し、学ぶ喜びを見出し、退院後は健全な再出発を目指し、なかには高校進学したいという希望をもって退院する者もおります。

しかし、その大半が帰住先での交友関係を危惧し、なかには退院しても地元には帰りたくないという少年もいました。この調査を行い、初めて少年たちのそれぞれの地元に、中学を卒業した無職少年たちが地域の不良集団として、存在することを知りました。しかし、その少年たちも中学を卒業するときに進路未決定のまま社会へ放り出された少年たちであり、卒業後は誰も彼らのことをかまってくれるおとなはいなかったのです。

沖縄の少年非行の根深さは、離婚率の高さ、若年出産の多さ、失業率の高さ、子どもの貧困率の高さ、児童虐待の問題等さまざまな沖縄の負の問題が凝縮した結果ではないかと思われます。

復帰後50年を迎えてなお、一番の問題は貧困

この50年間は、まさに本土に追いつけ追い越せで過ごしてきた50年ではなかったかと思われます。本土復帰後に、一気に本土で適用されていた法律が沖縄でも適用され、その整備に追われてきたというのが実感です。児童福祉の分

野では、児童館や母子寮、保育所等が建設されていきましたが、その数はまだまだ十分とは言えません。その間、沖縄独自の課題である認可外保育所の問題、若年妊娠・出産の多さ、夜間保育所、夜間学童保育の寡少、学童保育の保育料の高さ等、本土との格差がなくなったとは到底言えない状況があります。

しかし、一番の問題は貧困であり、戦前から戦後、そして現在まで連綿と続く貧困を背景に、離婚、少年非行、児童虐待、若年妊娠・出産、DV問題等、形を変えて表出していますが、これらのすべてに大きく関わっているのが「暴力」ではないかと思います。暴力は、間違いなく連鎖し、力の弱い者へと向かっていきます。「子どもの貧困」と「暴力」の「連鎖」をどこで立ち切るのか。

福祉の現場においては、重層化している課題に対応し、職員がもはやバーンアウト寸前ではないかという感が否めません。また、あまりの現場の複雑さに対応できず、「動かない」という声も聞かれます。

本土復帰50年を前に、コロナという未知のウイルスが蔓延し、さらに子どもを取り巻く環境は悪化し、格差が拡がっていくものと予想されます。そのようなときに私たちは何をすればよいのか、それぞれの現場において、目の前の課題に真剣に取り組むと同時に、その問題に対して予防的観点からも取り組んでいかないと負のループから抜け出せず、沖縄の明るい未来はないものと思われます。

文献

1-2 福地曠昭編著『インジャ 身売りと苦役』那覇出版社　1992年

3-5 沖縄県『沖縄縣社會事業要覧』1932年（昭和７年）

6-9 沖縄矯正友の会『沖縄県矯正百三十年史』新星出版　2011年

10 戦争孤児を記録する会『焼け跡の子どもたち』 クリエイティブ21　1997年

11 幸地努著『沖縄の児童福祉の歩み　思い出の人・時・所』幸地努　1975年

12 『沖縄タイムス』2012年５月15日　1972年5月15日「苦難の道なお続く」沖縄県知事屋良朝苗氏あいさつ（要旨）

13-14 九州地方更生保護委員会第三部委員 津嘉山信行・山内優子『沖縄の少年非行を考える 沖縄少年院を仮退院した少年の実態調査より』2014年

やまうち・ゆうこ

琉球大学心理学科卒業後、沖縄県庁入庁し、児童相談所や女性相談所等福祉の現場に30年余勤務。退職後は沖縄大学で非常勤講師を務め、子どもの貧困問題に取り組む。2018年４月一般社団法人を設立し、若年妊娠・出産問題に取り組む。

母親は首里の要塞地の南側、第1海兵師団戦線を通って2人の子どもを安全な場所へ連れて行くため、この方法をとった。1945年6月、米海兵隊写真資料／沖縄県公文書館所蔵

2人の子どもをおぶっているにもかかわらず、腰も曲げずにすくっと立っているのは、すごいです。しかも母親は裸足です。2人の子どもはカメラのほうを見ていますが、母親は前方をしっかりと見て、凛としています／山内優子

子どもの生きる現場から

1

基地のとなりで暮らす

1-1

米軍辺野古新基地建設と子どもの学び

ことばを奪われ、学ぶ権利を奪われる

喜屋武 幸

元公立中学校教諭・大学非常勤講師

米軍普天間飛行場の辺野古移設問題（以下、新基地建設問題）が浮上して24年が経過しました。キャンプ・シュワーブ（以下、シュワーブ）前では、反対する多くの市民が日々抗議活動を展開しています。長期にわたる新基地建設問題は、辺野古に住む人たちの生活にも大きな影響を与えています。「容認派」「反対派」とコミュニティは分断され、漠然とした不安とストレスに生きづらさを強く感じています。子どもたちとて、それから自由ではいられません。本稿では、新基地建設問題が、子どもたちにどのような影響を与えているのかを「学ぶ権利」の視点から報告します。

地域の分断と補償金

新基地建設問題が起こった当初、名護市議会、辺野古区行政委員会はいち早く移設反対を決議しました。しかしながら、その後、当時の名護市長が容認を表明すると、行政委員会は反対から「容認」へ態度を変化させました。容認の条件として「各家庭１億５千万円」の補償金を要求しましたが、政府は法的根拠がないと拒否しました。一方では、海上埋め立て工事に関する漁業補償として、漁師には総額30億円の補償金が支払われています。

こうして地域には保障金をもらった人と、そうでない人が登場することにな

り、いつしか新基地建設問題の話題を避けるようになります。つまり、語ることばを奪われていったのです。

ことばを奪われるということ

新基地建設問題が、学校で話題になることはほとんどありません。新基地建設問題を地元の問題をとしてとらえ、総合学習で学ぶ機会をつくろうと職員会議で提案してきましたが、カリキュラムに組むことができませんでした。「政治的な問題は題材にしたくない」「デリケートな問題なので避けたい」「何かあったときに誰が責任を取るのか」など、強い不安感・拒否感が見られました。このような問題を保護者と話したことがあります。

教　師：地域の問題として学ぶことができれば、子どもたちの視野が広がり、自分たちの住む地域と社会に関心をもち、学ぶ意欲も高まります。

保護者：先生、私もそう思いますよ。私は容認の立場だけど子どもたちには自分の地元で起こっている問題に関心をもって学んでほしいです。

保護者：でももう、すみ分けは嫌なんです。もう誰も傷つきたくはないんです。だから地域ではあまり話題にはしない。

こうして新基地建設問題は、地域住民、学校現場からことばを奪っていきました。

ある新聞記事で、学校にクレームがきました。新聞の見出しは「地元辺野古の海埋め立ては嫌だ」(『琉球新報』2014年８月17日)。記事の概要は、２年生が辺野古の浜で総合学習をし、それについてのインタビューで、子どもが「大事なサンゴとかがつぶれちゃう。埋め立ては嫌だ」と名前入りで報じたものです。その記事に対して、保護者を名乗る匿名の人から学校にクレームの電話がきたのです。「こういう記事を新聞に載せてもらっては困る」という内容でした。小・中学校の職員は全員集められ、「十分配慮するように」と管理職からの注意喚起がありました。また学校は、この記事に対して新聞社に抗議しています。

こうして学校は、新基地建設問題に関して委縮させられ、学校もことばを奪われていったのです。同時に、子どもたちは学ぶ権利も奪われていきました。しかし、どんなにことばを奪われても、人はことばを介して社会生活を営んでいる以上、感情はことばとなって表出します。「学ぶことの大切さ」を３つのエピソードから考えてみます。

エピソード１「やなオスプレイ反対おばー」

１年生男子生徒が２階から１階に水道ホースを垂らして降りようとしていました。それを見た向かいに住むお年寄りが、「危ないよ、止めなさい」と大きな声で注意しました。するとその男子生徒はとっさに「やなオスプレイ反対おばー（やな：いやなやつ）」と叫んだのです。お年寄りは怒り心頭で学校に抗議にきました。保護者（母親）はショックを受け、涙ぐみながら「なんでこうなるのかね」と終始視線を落としていました。

「やなオスプレイ反対おばー」は、「クソババー」よりも相手にダメージを与えるものとして機能しているのだと思います。同時に新基地建設問題が、住民感情に深刻な影響（ダメージ）を与えていることが垣間見えるのです。

エピソード２「いったーが帰れ、俺たちはここが地元だ」

激しい抗議行動が行われているシュワブゲート前に、３年生の男子生徒数名がいました。翌日生徒を呼んで事情を聞いてみました。

教師：きのうシュワーブの前にいたね。

生徒：うん、毎日うるさいからなんだろうと思ってみんなで見に行った。

教師：そうか、興味があるんだね、それでどうだった。

生徒：おばさんとケンカになった。中学生なのに反対運動に参加して、あんたたち偉いねって言うから、自分たちは賛成だよ。なんでみんなは辺野古の邪魔するわけーって言ったら、おばさんがあーそーねー、だったらあんたたち帰ったほうがいいよって言われた。

生徒：帰れって言われたから頭にきて、いったーが（おまえたちが）帰れ、俺たちはここが地元だよ。あんたたちはよそからお金もらってやってるんだろう。あんたたちが帰れよ、ってケンカになった。

教師：みんなは、あの人たちの行動をどう思う。

生徒：とっても迷惑。辺野古の邪魔をしているとしか思えない。ふざけている。先生、今度は拡声器持っていこうと思う。

生徒たちには、学びたいという欲求があることを強く感じました。だからこそ、地域の人も教師も、誰も語らない基地問題に自分たちで学びに行ったのだと思うのです。

エピソード3「軍用地主がうらやましいんだろう」

2014年7月19日、辺野古の浜で新基地建設反対県民大会が行われました(5500人が参加)。その日中学3年生が、隣接する漁港で釣りをしていました。その中学生へのインタビュー記事が新聞に掲載されました(『琉球新報』2014年7月20日)。インタビューの中で、中学生は次のように答えています。

生徒①：いつもはしに（たくさん）釣れるのに今日はうるさくて一匹も釣れない。路上駐車はするし、ごみは捨てていくし、スピーカーの声が響いて昼寝もできん。

２人の父親は米軍キャンプシュワーブ内で働く。出勤のたび、ゲート前に座り込む抗議市民に怒鳴られるのだという。「なんでウチナーンチュのおやじが…」と悔しそうな顔を見せた。

記者：反対する理由知ってる？

生徒②：「どこかの団体にお金もらってる」「軍用地主がうらやましいんだ」

記者：「海が埋め立てられるのはいいの？」漁師を目指す少年は少し言葉に詰まったが、「決まったことだから」とだけつぶやいた。（記事は原文ママ）

「お金をもらっている」など、学びがインターネット情報などに偏り、新基地建設問題に関する認識が十分とは言えない現状に衝撃を受けるのです。やはり学ぶことを止めてはいけないと強く思うのです。

学ぶ機会を取りもどす学級討論

新基地建設問題を学ぶ機会を奪われた生徒たちといっしょに、学習することにしました。2年・3年生に対してそれぞれ3回(3時間)の学習の機会を確保。1回目は、学習の意義と計画について話し、日々掲載されている新基地建設について記事の読み合わせをしながら現状を把握、そして両親と基地建設問題について意見交換するように勧めました。学級は静まり返り、笑顔もなくとまどっているようでした。1回目の授業終了後、3年生女子が追いかけてきて「先生、これって必ずやらなくてはいけないんですか」と小さな声で尋ねてきました。生徒にとって、新基地問題をことばにすることがかなりの抑圧になっていることを実感させられました。

2回目は、サイレント・ダイアローグという手法[1]を使って、匿名での紙上対話を行いました。方法は①新基地建設問題に対して自分の見解をワークシートに書く、②ランダムに他者からの反論を書き、回収したものを教師が読み上げみんなの意見をシェアしました。教室の空気は張りつめ、生徒の不安と緊張はピークに達しました。自分の意見が全員に紹介されるという不安、他の人はどう考えているかという期待、複雑な思いが、教師のひと言ひと言に集中していることを肌で感じました。

思いもよらない発言「誰が賛成するかー」

紙上対話では、いろいろな意見が出ました。容認する意見や反対意見に、生徒たちは他者の意見に自分の思いを重ねながら、笑顔を見せ始めました。また違う意見に顔を曇らせながら考え込んでいる姿も見られました。最後の3回目の自由討論では、これまでの緊張感が吹っ切れたように、生徒は自由に語り始めたのです。主な意見をまとめると、以下のようなものです。

・基地ができることで活性化する。大きな施設ができると人が集まる。今に満足していては進歩がない。移設によって良くも悪くも客観的に見たらいい刺激になる。

・今でもオスプレイがうるさいのに、もっとうるさくなる。海はお金で売っちゃだめだと思う。これ以上辺野古に基地を増やす意味がわからない。

・反対しても、もう国が作ると決めたこと。今さら反対してももう遅い。おとななら話し合いでちゃんと解決してほしい。辺野古を巻き添えにしないでほしい。

笑顔で討論は進んでいましたが、ある男子生徒の発言で空気が一変しました。その生徒の家庭は貧しく、欠席・問題行動も多く。学習への意欲がなく授業中寝ていることが多いのです。しかしこの3回の学習では欠席もなく眠ることもなかったのです。

「誰が賛成するかー。いったーは（おまえたち）いいさ、補償金もらっただろう（補償金をもらった生徒に対して発言）」

「わったーは（おれたちは）なにもないんだぜ。どう考えてもおかしいだろう、同じ辺野古に住んでいるというのに」

つらく切ない時間が流れました。生徒たちは思いもよらない発言に、この問題が深刻な問題であることを深く考えたように見えました。3回目の授業の終わりには、それぞれがやり切ったという充実感が見られました。アンケート（①容認、②どちらかというと容認、③どちらかというと反対、④反対の四件法）では「容認①＋②」37%。「反対③＋④」63%でした。結果はどうあれ、生徒が学んだという実感を大事にしたいと思うのです。

おとなの姿から子どもは何を学ぶのか

辺野古の新基地建設問題は、子どもたちにとってはもはやそれは生まれながらのネイティブな環境です。自分たちを強く縛りつけ、自由に思いを語ることばと学ぶ権利を奪われた抑圧的な環境です。そんな環境下での子どもたちに、私たちおとなはどんな人生のモデルを示すことができるのか。「子どもを政治に巻き込むな」「国が決めたことだからしかたがない」など、他に選択肢はないと思い込まされています。基地のない未来を想像する創造力を描くことができないおとなの姿から、子どもは何を学ぶのだろうか。それが最大の基地被害であろうと思います。

注

1　ことばを発するのではなく、紙上で匿名により行う自由な対話方法。

きゃん・みゆき

1954年生まれ。元公立中学校教諭。その後、大学非常勤講師。沖縄県スクールカウンセラー。

1-2

いのちへの危険は増している

「復帰」で何が変わったのか？

神谷武宏

普天間バプテスト教会牧師・付属緑ヶ丘保育園園長

2017年12月7日、園舎への米軍ヘリ落下物

2017年12月7日午前10時16分過ぎ、沖縄県宜野湾市野嵩（のだけ）にある緑ヶ丘保育園の上空を普天間基地（米軍普天間飛行場）所属の米軍大型輸送ヘリコプターCH-53Eが通過したと同時に、同機種ヘリの部品が園のトタン屋根に落ちてきました。透明なコップのような形状をし、部品には「REMOVE BEFORE FLIGHT（飛行前に外せ）」と明記され、長さ約10センチ、直径8センチ、厚さ8センチ、重さ213グラムのものです。

事故当時、園庭には30名ほどの子どもたちが遊んでいて、突然ドーンという大きな音が園内に響き、その音でふり返った保育士は、屋根の上で跳ね上がる物体を見ています。その屋根の下は1歳児クラスの部屋で、今から園庭に出ようかとしているときでした。ドーンという衝撃音で子どもたちは、「わーっ」と声をあげ、先生方もいっしょに驚きました。その物体は園庭までわずか50センチの屋根の上で止まっていたのです。園庭に落ちていたら、子どもに当たっていたら大惨事になっていたことでしょう。

米軍はこの事故について部品自体は米軍ヘリCH-53Eで使用しているものと認めましたが、飛行中の上空から落としていないと否定したのです。その部品は全部保管してあるので「紛失はしていない」と米軍側は返答し、日本政府はその回答を受けて、基地内の調査はしていません[1]。

沖縄県警はこの事故に対し、これまで調査中であるとのことで調査状況の詳細は明らかにせず、現場検証も事故当日のみで３年目が経過する2020年８月に再現実験を行ったと新聞報道で知り、同年12月、事故調査の結果、「(米軍ヘリからの）落下物とは特定できなかったが、その可能性を否定するものでもなかった」との見解を発表し、捜査は終了しています。園側の継続調査を求めるも聞く耳を持たず現在に至ります[2]。

このような状況を抱える当園は、「復帰」前の米軍直接統治下時代の1964年に開設し現在に至りますが、戦後の傷跡が深く残る時代から、「復帰」を挟んだ以前と現在で何が変わったのか？　「緑ヶ丘保育園」から見えることを記します。

「復帰」前、開設当時はほとんど緑のない環境で

1964年、緑ヶ丘保育園は普天間バプテスト教会の付属保育園として開設します。教会は1955年から、この地域で米国宣教師の協力を受けながらキリスト教伝道が始まり、時に学校の教室を借りまた天幕を張っての集会が行われ、常に大勢の人々が集まってキリスト教の話を聞いたようです。沖縄戦から10年の頃ですから、心身ともども傷は深く、生きる術を求めずにはいられなかったのでしょう。

米軍は戦後も沖縄を太平洋の要石と位置づけ、不沈空母化するがごとく基地建設が進められていきます。いわゆる「銃剣とブルドーザー」[3]による土地の強制接収により家や畑、墓までもつぶされていきました。教会に通うある女性は普天間基地が造られるありさまを証言してくださいました。普天間基地が整備、拡張されるなかで自分たちの土地が接収され、門中墓[4]がブルドーザーにつぶされたとのことです。そのとき、中から遺体が出てきてブルドーザーの車輪に衣服が引っかかり遺体が引きずられて行くようすを見たというのです。「あの人は、どこそこの誰々だよねー」と皆で心痛め悲しみ、泣いたと言います。

緑ヶ丘保育園の園庭側には、小高い御嶽のある山があります。その山は地域で最も高い山で、戦時中に防空壕が掘られ、今もその壕の痕跡が残されています。戦後米軍は、その山を削り土砂を採取し、普天間基地建設に利用しています。保育園開設当時は、削られた山の石灰石がむき出しになり、ほとんど緑が

なく、周囲は寂しい環境にありましたが、保育園を始めるにあたり、園名を考える中で初代主任を務めた保育士（名護タケ）が「緑ヶ丘保育園」と命名したのです。当時は実際の風景とはかけ離れていましたが、この園名は聖書の詩篇23篇にある「主はわたしを緑の牧場に伏させ、いこいのみぎわに伴われる。」（口語訳）との箇所から与えられたとのことで、この詩篇の言葉は、人は愛される存在としてあるということを教えています。神は「わたしを緑の牧場」という安全な場所へと導き、「わたしを…いこいのみぎわ」という安心な場所へとともなってくださるということです。

その後、百坪余りの園庭を確保し、この場所で子どもたち１人ひとりが、安全に、安心して遊べる場となることを願って保育園が始まっていきました。その後十数年がたつと、いつのまにかうっそうと広がる緑の木々に囲まれるようになりました。今や名にふさわしい「緑ヶ丘」のふもとに保育園があり、まさに「緑の牧場」「憩いの場」としての環境に包まれ、子どもたちがのびのびと遊び、笑い声の絶えない場となって、地域の方々からも、子どもたちの声に元気をもらっています、とお声をかけていただくこともあります。そのような環境の中で、子どもたち１人ひとりが、人に、神に愛されている存在としてあることを大事にして、日々の保育がなされています。

米兵３人による小学生拉致・強姦事件への怒りと悲しみ

1995年９月４日、「人に、神に愛されている存在としてある」べき子どもが、あってはならない事件に巻き込まれてしまいました。小学校６年生の女子が３

人の米兵に拉致され、強姦された事件は、当園においても怒りと悲しみに包まれました。当園の親御さんの中には被害に遭った子の同年代の子を持つ方も多くおられ、怒りと悲しみは相当なものです。同年10月21日に大規模な県民大会が行われ、休めない園の先生方を代表して当時の園長（名護良健）が大会に参加しました。米軍基地がある限り、このような事件[5]はなくならない。基地撤去しかない。大会の怒りは。最高潮に高まったことを思い起こします。

この事件を受けて日米両政府が動き、普天間基地全面返還の合意が決まりますが、本来、子どものいのちの尊厳が犠牲になってからではいけないはずです。しかしこの返還は、「辺野古移設」というかたちに置き換えられました。軍事基地がもたらす事件・事故は、基地の外で起きているのであり、沖縄県内での基地のたらいまわしでは何も変わらないのです。「普天間基地返還合意」から26年がたつ今なお、１ミリたりとも動かないでいます。いのちの尊厳の犠牲が、また迫っています。

「復帰」後、緑の牧場を壊すかのように空から落下物が

緑ヶ丘保育園は、普天間基地から300メートルほどの位置にあることからか、米軍機が園上空を飛び交うことはあります。が、ただ以前は「うるさい」ということは感じても、「危険」と感じるのは近年のように思っています。

2004年８月13日、同市内の沖縄国際大学に米軍大型輸送ヘリが墜落炎上する大事故がありました。当園まで約４キロほどの距離です。米軍機がもたらす被害は騒音だけでなく、墜落事故の危険性もともなうことを肌で感じ、背筋が凍る瞬間であり、1959年「宮森小学校ジェット機墜落事故」[6]を想起させる大事故でした。

また、2012年10月１日に、沖縄へMV-22オスプレイが普天間基地に強行配備されました。初めてオスプレイを目撃したのは、園庭で遊んでいた園児たちが、「園長先生、オスプレイだ！」と叫んで私のところに報告に来て、園舎を飛び出して見たのが最初でした。「未亡人製造機」とも称される軍機で、事故の多発で飛行中止が叫ばれている欠陥機です。案の定、2016年12月に沖縄県名護市の浜辺に墜落しました。同日にもう１機も普天間基地内で車輪が降りず胴体着陸というトラブルを起こし、翌年６月には伊江島と奄美大島で不具合が

生じて緊急着陸。そして2017年８月、普天間基地所属のオスプレイがオーストラリア東部岸で墜落しました。

日本政府は事故を受け、米軍に対して日本国内でのオスプレイの飛行自粛を求めます。当然の対応ですが、しかし米軍は、自粛を無視して翌日には飛行を強行しています。

そのような「危険」な状況を感じている最中に、まさに危険な現実が身に起きたのです。2017年12月７日、緑ヶ丘保育園では翌週末のクリスマス会のため、園児たちは聖誕劇の練習や準備をしていたところに米軍大型ヘリの部品が園に落ちてきたのです。数センチずれていたら、子どもたちに当たっていたかもしれない、いのちの危険が迫っていたのです。

子どもたちの祈り「何かが落ちてきませんように」

今、園児たちは空を見上げて「オスプレイだ」と叫ぶ子はいません。もうめずらしくもない日常のあたりまえの空になっています。でもこのような空が日常であってはいけないはずです。オスプレイや他の軍機が保育園の上空を低空飛行で飛ぶことがあたりまえであってはいけないはずです。ジェット戦闘機が通過すれば、耳を押さえなければ痛くてたまらない空なんて、正常ではないはずです。

以前、３歳の園児が「うるさい飛行機つくった」と言って、レゴ[7]で組み立てたオスプレイを見せてくれました。とても上手でよく特徴をとらえていて、見てすぐに機種がわかりました。本来なら、子どもたちにとって飛行機は「かっこいい」存在であってほしく、夢があってしかるべき存在ですが、ここでは「うるさい」存在として子どもたちに植え付けられています。

また、保育の日課で、キリスト教保育としてお祈りを捧げる時間がありますが、そこでも子どもたちの言葉からは毎日、「戦争が起きませんように」「爆弾が落ちませんように」「何かが落ちてきませんように」という「危険」を感じた祈りが捧げられています。このような空にしたのは誰なのでしょうか？

当園は、「復帰」前の米軍直接統治下時代からこの地域で保育をさせていただいている中で、日本「復帰」で何が変わったのか、「緑ヶ丘保育園」から見えることで言えば、いのちへの危険度は何も変わっていない、むしろ増しているように感じてならないのです。本来なら復帰後は、日本国憲法の下にあり、基本的人権、いのちの尊厳が大事にされるべきですが、憲法よりも日米安保、日米地位協定のほうが優先されている現状がここ沖縄で起きています。

しかし、いのちの尊厳が大事にされないこの現状は許されることではありません。人はすべて愛される存在としてあるのです。平和な空は、どこに住んでいても保障されるべきです。

子どもたちに「危険」を感じさせ祈りが捧げられている現状が、「緑ヶ丘保育園」から見えています。「復帰」50年を迎える今も。

注

1 詳しくは、拙筆「雨しか落ちてこない平和な空を子どもたちに――絶望はそこまで、沖縄・緑ヶ丘保育園米軍ヘリ落下物事故」(日本子どもを守る会編『子ども白書2020』かもがわ出版)をご参照ください。ぜひご一読を願う。

2 県警への調査内容について、当園から何度も現場に来て調査してくださいとお願いするも、事故から２週間後に科捜研が来て、落下物にできたトタンのへこみをシリコンで型を取っただけで終える。後に指紋採取を含む鑑識を行ったが、米軍に対し指紋の照会は行っていない。その理由は「県警として必要がないものと判断したと承知している」と述べるにとどめた。(『琉球新報』2021年１月28日記事)。

3 米国政府は、強制的に接収した土地の賃借契約を結ぶため、1952年11月、「軍用地の契約権について」の布令を公布した。しかし…安さに、契約を結ぶ地主はほとんどいなかった。…米国民政府は1953年に「土地収用令」を公布し、無理やり土地を奪うという非常手段をとった。村によっては立ち退きを拒否する農民の目の前で、家ごとブルドーザーで敷きならすという暴力的な接収さえ行った。(新城俊詔著『沖縄から見える歴史風景』東洋企画　2010年　p.251)

4 沖縄の門中墓(むんちゅうばか)は亀甲墓と言い、石板のふたを開けて遺体を平地に置く(現在は火葬し骨壺を中に納める)。ヤマト(日本本土)の墓とは違い、地面の中に遺体を埋めるということはしない。

5 米兵による女性への強姦・死傷事件は1945年沖縄戦で米軍上陸したときから現在にかけて発生し続けている。「沖縄・米兵による女性への性犯罪」(基地・軍隊を許さない行動する女たちの会作成)によると、事件として発覚するのは氷山の一角という。

6 1959年６月30日、米軍のジェット戦闘機が墜落し、付近の家を引きずりながら宮森小学校に激突し炎上。18人死亡、200人余の重軽傷者を出した。

7 プラスチック製の組み立てブロック玩具のブランド名。

かみや・たけひろ

1962年生まれ。共著書に『ゴスペルのぬるしをあげて　普天間基地ゲート前でゴスペルを歌う会――歩み・記録集』いのちのことば社　2018年

1……3

作文からみる「基地の街」・コザの情景

沖縄の戦後を考える一つの手がかりとして

木谷彰宏

同志社大学〈奄美-沖縄-琉球〉研究センター 嘱託研究員

にぎわう「夜の街」

本稿では、「基地の街」と呼ばれた1950年代のコザの姿を、子どもたちの作文をもとにたどっていこうと思います。コザに焦点をあてるのは、コザが「基地に隣接し、戦後、基地から派生するエネルギーを吸収しながら個性的な文化を育み、形成されていったと思われる街」[1]で、沖縄の戦後を考えるうえで、一つの象徴的な街だといえるからです。

これまで、沖縄の戦後において、小中学校の子どもたちが書いた作文は、必ずしも歴史を語る言葉として顧みられてきたわけではありません。しかし、当時の人々の暮らしぶりや思いなど、そこに生きた人々の社会生活の側面や、街のようすを垣間見ようとするとき、子どもたちの作文に目を向けることは有効な方法の一つとなり得るのではないでしょうか。

ここでは1950年代に、子どもたちによって書かれた三つの作文[2]を見ていきます。

まず、『沖縄の子ら〈作文は訴える〉』に収められている作文[3]です。

よるの町　　　　　　　　　　　　　　コザ小学校二年

わたくしのうちは、アメリカのへいたいさんたちのぶたいにかこまれたセンターという町の中にあります。町はずれには、こだかい山があります。山へのぼると、あかやあおのでんきがついてとてもきれいです。大どおりには人がたくさんいて、とてもにぎやかです。ときどきよっぱらったへいたいさんたちがけんかをして、MPにつれられていくときもあります。

土よう日や日よう日になると、町の大どおりには、アメリカのへいたいさんをまった、たくさんのタクシーがずらっとならびます。くるまのおとや、アメリカのへいたいさんたちのこえや、女のさわぐこえで、やかましくてべんきょうができません。

また、がむうりのせいとや、くつみがきのにいさんたちがたくさんいます。その人たちの中にはせんそうでおとうさんをなくしたためにうちがまずしくなり、おかねをもうけている人もいます。わたくしはそれを見てかわいそうだとおもいます。

（子どもたちの作文については原文ママ、以下も同じ）

この作文からは、コザにある大通りに、米軍人・軍属向けの店が数多く軒を連ね、そこを多くの人が行き交い、ネオンの明かりが煌々（こうこう）としてにぎやかなようすがうかがえます。それは、「基地の街」というイメージを私たちに想起させるかもしれません。

では、この情景はどのようにして形づくられ、変化してきたのでしょうか。そこに住む人たちの姿や思いはどのようなものだったのでしょうか。それらを探るために、先の「よるの町」の少し前に書かれた別の作文を見ていきます。

街のなかの長期欠席の子どもたち

次の作文は、沖縄教職員会が1955年に開催した第１回全沖縄教育研究大会の第４分科会「環境の問題」（沖縄教職員会編『沖縄教育』第２号、1955年）の中で、胡差地区の社会環境がどのように学力に影響を及ぼしたのか、そこから浮かび上がる問題点を解決するためにはどうすればよいのかを検討する文脈で紹介されたものです。

「チユーインガムを賣つている子供達」　中　学　二　女

「姉さん、これ買つて」、そういう声を耳にした私は、ふりかえつてみると、七、八才の子供が二、三人いつしよになつて、チューインガムをもつてレストランの前できれいなお姉様達と外國人に賣つているのが、私の目にうつりました。あゝこの女の子達は、学校を出ないで、こんなことをしているのかと、私はとつさに考えましたが、それ以来私が氣をつけてみると、大きい男の子から、小さな女の子、それに大人までも、くつみがきをしたり、物を賣つたり等しているのは少くありません。

どうして今の子供達はこういうことをしているのか、それは親がそうさせているのか、それとも、自分かつてにしているのか、どうしてこんなことをしているのか、この子達がお金をもらつて喜んでいる姿、私は一日中考えてもわかりませんでした。

こうして、物を賣つている姿を見て、私は、なんともいえないほど、いやな感じを覺えました。レストランの前でパンパンや、ハーニ達[4]に物を賣りつけている姿をみせても平氣でいる。この子供たちをどうかして、これをやめさせ、学校に出られるようにしたいと、私は一日中考えましたが、これという考えがうかびません。それでお友達と相談して見ようと思います。[5]

(原文のコンマ「,」は、読点「、」で表記しています)

毎日学校に通うことがあたりまえだと思っていたある中学生は、同年代もしくは自分より年下の子どもたちが学校に行かず働いている姿を見て、驚きとともに違和感を覚えます。なぜなのか、誰がそうさせているのか、彼女にはわかりません。目に映る情景を否定的に見ている彼女でしたが、見過ごすことができない切実な問題であるとして、自分自身ができることはなんだろうかと考えていることを綴っています。

彼女が街で見た、長期間学校を休んでいる子どもや、遊んでいる子どもの存在は、1950～60年代にかけて、解決すべき教育の課題として認識されていました。この作文が書かれた頃、沖縄の学校教育においては、児童生徒の長期欠席や非行（不良化）が大きな問題の一つとなり、『沖縄教育』や琉球政府文教局研究調査課発行の『文教時報』には、その実態や防止策がくり返し取り上げられています。

1954年の実態調査[6]によると、欠席の理由は小学生では「本人による」(53.2%)が「家庭による」(46.8%)を上まわり、中学生ではそれが逆転(42.1%、57.1%)します。また、家庭の事情で欠席するなかでは、小学生では「家庭の無理解」(41.0%)、「家計を助ける」(28.0%)が高率となり、中学生では「家計を助ける」(44.8%)が最も高くなっています。

子どもが長期にわたって学校を休む背景に、家業や家族の世話など家庭の事情が大きく関わっており、その家庭では、学校に通うことに価値を見出せていなかったことが見て取れます。本人の病気など、学校に通うことができない、やむを得ない事情がある子どももいますが、調査結果からは、今の言葉で言えば、「ヤングケアラー」として、家族の世話や家計を支えるために長期欠席している子どもがいることがわかります。

開発の進む街と子どもたち

では、先の「チユーインガムを賣つている子供達」を書いた彼女が見た街はどのような情景だったのでしょうか。当時の街は子どもたちにどのように映ったのでしょうか。それらを探るために次の作文を見てみましょう。

「私 た ち の 村」　　　　　中 学 一 男

ある日、ぼくは学校へと道をいそいでいた。ここらへんは、さびしいというよりは静かな所である。いつもなら学校へ通う小学生の姿も見えるが、今日は人一人見えない。そして静かだつた。しばらく行くと仂きにでかける大人たちが元氣よく通りすぎて行つた。急に今までの静けさを破るかのように、車の警笛がピーとなつた。道路には、ハイヤーが三、四台とまつていた。その中に運転手らしい人がねそべつていた。僕はなんとなくだらしなく思つた。道々の料亭やカフェーは、ほとんど戸がしまつていた商店街では、もう戸をあけつぱなして二、三人の客が買物をしていた。前のカフェーなどにくらべるとなんとなく差がある。僕たちの村にはそういう所がたくさんある。午後になるとそういう所の音樂や、映画館のスピーカーなどの雑音で勉強の邪魔になる位である。校外に一歩でれば映画館、カフェーなどで、ぼくたち子供には珍らしいものばかりである。学校では自由の映画見学を禁止している。僕は小学校の頃はよく映画を見たものだ。そして中学校に入つてからは、なぜか見る数が少くなつた。

父母も中学生らしくなつたねという。考えて見ると自分でも、ふしぎな位である。学校の近くは映画館が建ちならんでいるのになぜか見る氣もしない。とにかくぼくたちの村はそういう所が少くない。

ぼくたちの村にはこれ以上そういう所ができると、都会のようにはなるが、どうかと思う。そして自分たちの村には自分たちでりつぱな村にしたいと思います[7]。

(原文のコンマ「,」は、読点「、」で表記しています)

この作文は、二つ目の作文と同じく、1955年の『沖縄教育』の胡差地区の報告に掲載された作文です。

作文を読むと、コザの街の中心部の開発が進み、映画館やカフェーなど、子どもにとって、珍しいものが多く立ち並ぶ空間になっていたようです。車や人が行き交い、昼間ともなれば、建物から流れてくる音で町は喧騒(けんそう)に包まれていきます。朝、ハイヤーに寝そべっている人や、料亭などが閉まっていることが描かれていることから、夜も街がにぎわっていたことがうかがえます。ただ、喧騒が勉強の邪魔になる、映画館がたくさんあっても見る気もしないと綴っているところをみると、彼はにぎやかな街への変化をあまり快く思っていないようです。

彼のような、この地域の学校に通う児童生徒と、変化していく街との関わりは、実際どのようなものだったのでしょうか。先の報告[8]によると、「盛り場に住居を持つ生徒の数」の調査では、児童生徒の家の近くに映画館やカフェー、料亭などの娯楽施設や接待をともなう飲食施設があったことがわかります。また、「盛り場で遊んだことのある生徒の数」の割合をみると、胡差中では約23%（1289人中296人）、胡差小では約50%（464人中236人）の児童生徒が「ある」と答えています。これらの調査結果からは、娯楽施設など新しくできた施設と隣り合わせの生活をしていた子どもたちの姿がうかがえます。

変わりゆく街・コザの情景

では、彼が見たコザの街の情景はどのようにして形成されていったのか、その歴史的経緯をたどってみることにします。コザの街がある越来村[9]は、戦前は純農村地域でした。しかし、戦後、村の７割以上を軍用地として接収され、「基地を背景にした商業都市への転換」[10]を余儀なくされていきます。当時、村長であった城間盛善氏の回想[11]から、見ていきましょう。

「嘉手納空軍という巨大な基地を抱えていた」越来村には、働き口を求めて人々が押し寄せ、人口は増えていくばかりでした。他方で、米軍に占領された土地は、「村民が農業をしたいと望んでも」返してもらえる望みはありませんでした。このようなことから、城間村長は、「基地を背景にした商業都市への転換」を選択していきます。こうして、コザの街では、1950年頃から、ビジネスセンター構想計画を皮切りに、商業都市への転換を図る、胡屋十字路を中心とした都市計画が進められていきます。

一方、沖縄各地では、1953年４月以降、米軍の「土地収用令」に基づいて、「銃剣とブルドーザー」と呼ばれる土地の収用が次々と進められ、基地建設が本格化します。米国がすでに収用・占有している土地については、米国による土地使用が「黙契」として確認され、引き続き土地の使用が継続されていきました。

このように、沖縄の他の地域で土地の収用が進められていった一方、越来村では、都市計画上必要とされる土地の解放を求め、それに対して米軍がそれらの土地の使用について再検討した結果、徐々に解放が実現していきます。

1953年２月頃、胡屋十字路近辺の土地が解放された（「越来村に華やかな都市計画特飲街を整理年末までには面目を一新」『沖縄タイムス』1953年８月５日）のに続いて、翌1954年６月30日、胡屋十字路に面する米軍・嘉手納航空隊の物資集積所であった部隊敷地の一部（現在の琉球銀行コザ支店周辺）が解放されます（「胡屋十字路の集積所を開放」『琉球新報』1954年６月29日。解放日に関しては、「胡屋十字路八千坪開放」『沖縄タイムス』1954年７月20日）。残りの部隊敷地（現在の沖縄市一番街商店街周辺）も同年７月20日付で解放（前掲「胡屋十字路八千坪開放」）されることが決まり、２か月後の９月20日に解放されました[12]。

こうして解放された土地に面したゲート通り[13]一帯は、はじめに紹介した作文「よるの町」に綴られているように、センター通り（現在の中央パークアベニュー）とともに、コザの街の中の一つの歓楽街として、土地解放後から施政権復帰前後にかけて米軍人・軍属向けの店が数多く軒を連ねていきます。このにぎわう街に、生活のための稼ぎ口を求めて、県内外からやってくる人もいました。「チユーインガムを賣つている子供達」や「私たちの村」を書いた中学生は、おそらく、この変わりゆく街の情景を見ていたのではないでしょうか。

今を生きる私たちに問いかけるもの

本稿で引用した作文が所収されている『沖縄教育』は、当時の学校が抱えるさまざまな課題の改善を目指して発刊されていました。それら提起された課題に共通する目標が「学力向上」でした。子どもたちの学習環境の問題も、その環境を改善することで、学力の向上を目指していたといえます。

作文からは、子どもたちの教育環境の問題も、貧困や経済をめぐる問題が根底にあり、現在にも通じる諸課題が内包されていることが見て取れます。対症療法的な解決策ではなく、各地域の文化的・歴史的な経緯を踏まえ、それぞれの問題に通底する課題解決を、関連する分野が協働で考えていく、といったアプローチが必要になってくるのではないでしょうか。

本稿では、1950年代に書かれた子どもたちの作文と、関連する資料をつき合わせ、街の情景とその街に生きる人々が抱く思いを重ねてきました。そこから見えてきたのは、人々が生きていくために変化していった街と、そこに集った人たちの姿でした。

多くの人が引き寄せられ、集まった街、コザ。そのコザに生きた人々が、戦後その時々に選んできた道を「生きていくため」の選択としてとらえるとき、コザの街に今も染み込んでいるであろう、ここで生きていた人々の血や汗や涙の意味をどのように考えていけばいいのだろうか、ということが今を生きる私たちにつき付けられています。

注

1　恩河尚「コザの時代を考える　台風によってつくられた街」沖縄市役所総務部総務課　市史編集担当『KOZA BUNKA BOX』創刊号　1998年　p.25

2　作文の引用にあたっては、旧仮名遣いや現代ではあまり使わない表現や誤用も散見されますが、原文のとおりに引用しました。なお、二つ目と三つ目の作文に関しては、原文のコンマ「,」は、読点「、」で表記しています。

3　日本教職員組合・沖縄教職員会編『沖縄の子ら〈作文は訴える〉』(合同出版　1966年　p.136-137）所収。初出は『さざなみ』第７号　1956年。なお、個人情報保護のため、作者の名前は記載していません。

4　子どもたちがどう見ていたかというと、見た目や風紀上よくなく、社会に悪影響を及ぼすなど、否定的な見方をする子どもが多い一方、「わからない」という子どもが３割～４割弱程度（コザ小学校では29.9%、コザ中学校では約36.4%、コザ高等学校では37.7%）います。「一家の生活を支えている者もいる」「今の沖縄では仕事がないから仕方がない」「こうしたことをしなければ食べていけない」など、生活面や経済面を指摘する声もあります。(沖縄教職員会編『沖縄教育』第２号　1955年　p.21-24）

5　前掲　p.29

6　研究調査課「長期欠席児童生徒の実態」『文教時報』第12号　1955年　p.3-8

7　前掲『沖縄教育』第２号　p.29

8　前掲　p.25-27

9　越来村は、1956年６月13日にコザ村に名称変更し、同年７月１日にコザ市へと昇格しました。その後、1974年４月１日に美里村と合併し、沖縄市となります。

10　沖縄タイムス社編『私の戦後史』第６集　1982年　p.288

11　同上。

12　沖縄市役所総務部総務課　市史編集担当「英文資料にみる『ゲート通りの土地解放』」『KOZA BUNKA BOX』第15号　2019年　p.66-73
ここでは、ゲート通り一帯の土地解放に関わる英文資料が、翻訳と合わせて紹介されています。

13　ゲート通りは、戦前、1905年に郡道、胡屋—嘉手納線（現在の県道20号線）として整備され、道路は泡瀬方面から胡屋、上地を通り、現在の嘉手納基地内を経て、嘉手納に至っていました。また、道路沿いには嘉手納製糖工場へさとうきびを運搬するためのトロッコ道も整備されていました。1945年４月１日、米軍が沖縄本島に上陸すると、戦前日本軍が建設していた中飛行場（現在の米軍嘉手納飛行場）を占拠し、一帯を軍用地として接収し、通りを軍道として整備していきました。また、ゲート通りは、1973年８月10日に「空港通り」と名称を変更し、2005年５月に「コザゲート通り」と再び名称変更しました。浦崎綾奈「コザゲート通り・65年」『KOZA BUNKA BOX』第15号　2019年　p.8-21

きたに・あきひろ

1992年生まれ。現在、同志社大学〈奄美-沖縄-琉球〉研究センター嘱託研究員。専門は沖縄現代史。

1……4

忘れ去られる戦争孤児

今、子どもの人権と戦争責任を問う

川満 彰
沖縄戦研究

沖縄戦の渦中にいた子どもは、軍隊にとって戦闘の妨げであり、住民からすれば避難をじゃまする存在でした。そして敗戦を迎え、戦争孤児となった子どもは社会の片隅へと追いやられ、戦争孤児の人数は引き取られたことで減少し、徐々に社会から忘れ去られようとしています。

なぜそのようなことになったのでしょうか。

民間人収容地区と戦争孤児

大本営は本土決戦に備えるため、沖縄戦を持久戦（捨て石）と位置づける一方、米軍は本土決戦の備えとして沖縄島の全島要塞化を目的に上陸してきました。そして米軍は中南部で日本軍と戦闘を交えながら、占領した土地に飛行場や軍事施設を次々と設置。一方の北部へ進攻すると、海岸沿いの集落を民間人収容地区と位置づけ、そこへ強制的に住民を収容したのです。

1945年８月末時点で、民間人収容地区に収容された住民の数は約33万人、沖縄島の12か所の民間人収容地区に14か所の孤児院が開設されました。民間人収容地区では食糧配給所、公衆衛生施設（便所や理髪所、病院など）が設置されましたが、住居は雑居状態、食糧は常に不足、トイレにおいては塀のない男女共同使用も多く、住民の人権は剝奪されていたといっても過言ではありません。多くの体験者が「収容所では毎日のように人が死んでいった」と述べており、そのような環境下での孤児院設置でした。

その頃の孤児院について公的資料は見当たらず、実態は明確ではありません。当時の孤児院を調査した浅井春夫氏（立教大学名誉教授）は、資料が見つからないのは孤児院がネグレクトの状態で「米軍にとって〝不都合な隠蔽〟でもあった」と述べます（『沖縄タイムス』2020年９月17日）。

また、後述しますが、戦争孤児となった子どもの多くは孤児院へ入っていません。南部で米軍に捕まり、北部の大浦収容地区へ入った外間亀吉さん（当時８歳）は、兄姉と３人で「海岸沿いを毎日歩きながら海藻や貝を採ったりして暮らしていた」と述べています(筆者聞き取り 2017年)。1945年10月末から11月にかけ、米軍は収容地区を解放します。孤児院は残り徐々に統合されますが、孤児院に入らなかった戦争孤児は、個々もしくは親戚らといっしょに帰村し、多くが親戚・知人らに労働力として引き取られていたことが判明しています。

田井等孤児院とコザ孤児院

田井等孤児院で父が院長となり、自らも孤児院で過ごした仲井間憲児さん（当時11歳）は「母屋は縁側まで子どもであふれていた。シラミだらけの子は、駆除が済むまで家畜小屋で寝かされた」「50人を超える子どもたちに世話係は10人ほど。ほとんどが朝鮮半島出身の女性だった」と述べています（仲井間憲児氏の講演 2011年)。同じく、田井等孤児院で妹と２人で過ごした本部町出身の座波律子さん（当時13歳）は「孤児院には60から70人くらいの子どもたちがいて」「（６月下旬以降に）連れてこられた子どもはほとんどダメでした。赤ちゃんや小さい子、痩せている子、重態で連れてこられた子、自分の名前もわからない子どもたちがたくさんいました」と回想します[1]。同じく田井等孤児院に入っていた国吉守さん（当時10歳か）は「毎日食事で体力も回復。元気になると馬に乗り、歌を歌い、楽しく過ごした」と述べており（2011年６月23日沖縄タイムス)、田井等孤児院では綱引きなど運動会のような楽しかったようすを語る人もいますが、傍らで亡くなっていく子どもも多かったことも事実です。

1945年７月14日付の『うるま新報』に、コザ孤児院は「孤児院施設は現在、計六一八名にまで膨らんだ」と記されています。この人数が実態を表しているのであれば、おそらくこの時期でもっとも大きな孤児院です。コザ孤児院で世話係として働いていた元ひめゆり学徒隊の津波古ヒサさん（当時17歳）は、栄養失調で入ってきた子どもたちの下痢がひどく「きれいに拭いて寝かせたの

目隠し鬼ごっこをしている子ども。指導しているのは、元ひめゆり学徒隊の津波古ヒサさん
沖縄本島のコザにて。1945年８月４日／沖縄県公文書館所蔵

に、（翌朝になると）髪の毛から顔、手足と体中が便にまみれているのです」「（一日が終わり）また恐怖の朝を迎えるのでした」と述べます[2]。

コザ収容地区の総務課長だった宮城盛輝さん（当時52歳）は、病院に孤児が運ばれてくるようすを「いわゆる孤児ですな。どんどん、どんどん死ぬんですね」「人夫に掘らして大きな墓場、墓場というのはうんと大きな穴を一か所に掘らして、それにどんどん、どんどん投げ込むんですよ。死に次第、誰ということもわからんですよ。毎日毎日何百人と死んだでしょうな」と振り返ります[3]。盛輝さんの回想には戦争孤児だけでなく一般のおとなや子どもの死亡者も含まれると考えられますが、それをさし引いても多くの孤児が亡くなったと推測できます。

孤児院に入らなかった戦争孤児

北中城村出身の与那嶺フヂ子さん（当時12歳）は、召集された父と兄が戦死、身重だった母と妹（当時７歳）、弟（当時２歳）といっしょに、米軍に捕まり宜野座地区へ収容されます。そして生まれたばかりの赤ちゃんと母を亡くし孤児になりました。ある日、フヂ子さん姉弟を見かねて「区長さんみたいな人が私たちの所に来て、『あんた方、孤児院に入っていなさい』と迎えにきていた。しかし『あっちに入ったらみんな死んでしまって、生きては出られないというからいかない（略）』と断った」と述べています[4]。宜野座の孤児院でも多くの子どもが亡くなっていたのです。戦前の沖縄は、孤児院や養老院はなく、両親が亡くなると親戚や知人、地域社会で面倒をみるという慣習がありました。戦争孤児となった子どもは、孤児院がどのような場所なのかを知る由もなく、多くの戦争孤児は孤児院に入ることを拒み、親戚や知人に引き取られるか、あるいは浮浪児として暮らすかの選択しかありませんでした。

上間（うえま）幸仁さん（当時12歳）は、父は兵士として中国で戦死、いっしょに逃げていた母と母の妹が艦砲の直撃を受けて犠牲となり、３か月の妹ヒロコさんを抱きかかえながら屋我地島内をさまよいました。幸仁さんは、集落の人々の避難場所に行くと「赤ん坊はひもじいので泣く。すると周りからアメリカーに見つかったらみんな殺されるから『赤ん坊を殺しなさい』と言われた。自分の妹を殺すわけにいかないと思っていたら、今度は『あんたがやらなかったら私が』という人が２、３人でてきた。大人たちが…」とふり返ります。その場を逃げて古いお墓のなかに避難した幸仁さんは「あの時は小雨、霧雨が降っていた。お供え用の茶碗に水が溜まっていたので、それにタオルを浸して赤ん坊の口に当てると吸う。しかし最初は吸っていたが、しばらくすると吸わなくなった」と述べます。妹のヒロコは、墓の中で亡くなり、幸仁さんは「オカァに赤ん坊を連れに来てちょうだいよ、と言いながら泣いていた」と筆者に話してくれました。

戦後、幸仁さんは祖父に引き取られますが、祖父が亡くなり、学校に１日通っただけで親戚に引き取られました。幸仁さんは親戚での暮らしを「学校にも行けず、朝から晩まで牛やヤギの一日３回の草刈り。人の手伝いをして手間賃をもらっても私の稼ぎはみんなその家にいった。農作業に漁業、スクラップ業、なんでもやった。しかし、家から追い出された」と述べます。筆者が追い出された理由をたずねると「18歳になったので、役場からの父の遺族金が打ち切られた…」と話してくれました[5]。

南部で鉄の暴風渦にいた女性（当時７歳）は両親や兄妹を亡くし、祖母から叔父の手へ渡りますが「水汲みから始まり、朝早く起きて庭の掃除、買い物などの手伝いをやっていました」「高校は、叔父の子どもたち（女性のいとこ）と同じ高校を望んだのですが、別の高校しか行けませんでした。叔父が『あなたは親がいないんだから』って…。親がいないというのはこういうことか、と知らされました。それで自分の立場を忘れるために勉強しようって。でも勉強も、当時は石油ランプで、石油がもったいないからって消されました」。女性は「あの頃はしょっちゅう、死にたいと思っていました」と話してくれました(筆者聞き取り 2017年)。

民間人政府の変遷と子どもの犯罪

沖縄は米軍政府に統治されたことで、行政機構が目まぐるしく変遷します。沖縄島の場合、沖縄諮詢会（1945-46年）、沖縄民政府（1946-50年）、沖縄群島政府（1950-52年）となり、サンフランシスコ講和条約で日本から沖縄が切り離されたことで、1952年４月１日に琉球政府が設立します。この頃、東アジアの情勢を見渡すと緊迫状態が続いており県内に駐留していた米軍は朝鮮戦争（1950-53年）が休戦となる頃、基地建設を加速させるため強制力のある「土地収用令」を公布、それを阻止しようと住民は「土地を守る四原則」を決議(1954年)、基地建設を許さない島ぐるみ闘争（1956年）へと進展します。

その頃の犯罪にどれぐらいの戦争孤児が関わっていたのかは不明ですが、1951年の警察局の児童犯罪統計によれば沖縄本島だけで窃盗803件、軍施設立入179件、売春135件、軍需品不当所持51件、その他合計で1515件となっています[6]。翌年の警察本部刑事課の売春婦実態調査（1952年１～９月）では、総数529人のなかに15歳５人、19歳67人が含まれ、セーラー服ほしさに米人と関係した中学生がいたと記しています（『沖縄タイムス』1952年11月21日夕刊)。そして６歳の女の子が米兵に強姦され、殺され、棄てられるという由美子ちゃん事件もこの頃（1955年）でした。住民は押しつけられた行政の枠組みのなか、土地問題や米軍基地から派生する事件事故と抗いながら暮らし、その歪みは子どもたちに圧しかかっていたと考えられ、さらに社会の片隅にいた戦争孤児への影響は大きかったと考えられます。いずれにせよ、実質的な米軍支配下での沖縄の暮らしは、子どもたちにとって最悪な環境でした。

米軍政府から引き継がれた戦争孤児

『沖縄の社会福祉25年』（沖縄社会福祉協議会、1971年）には、民間人収容地区の辺土名、田井等、瀬嵩、福山、漢那、石川、前原、胡座、糸満、百名の孤児院に「約1000名の孤児や肉親と離ればなれになった児童たちがそこに収容された」と記されています。孤児院にいた戦争孤児は民政府へと引き継がれました。

沖縄民政府期の1946年５月８日付の経済小委員会議事録に、又吉康和委員の「養老院・孤児院の費用を節約する。現在一一か所あるが之を五か所に縮小する」という発言が記されています[7]。そして軍政府の「養老院・孤児院の予算は何所でやるか」の質問に、同じく又吉は「養老院・孤児院の予算は総務部で編成し軍政府負担とす」と答えており[8]、孤児院は運営費に苦慮していたことがわかります。その約半年後、1946年11月８日の『うるま新報』では「孤児に福音　首里、胡座、百名の三養護院を整備」「当時八か所あった児童の数は二九六人」と記されています。浅井春夫氏は「結局のところ子どもの福祉の発展をめざしたのではなく、囲い込み施策をより合理的に推進したにすぎない」と批判します[9]。

1949年11月、これまで５つに統合された孤児院・養老院は首里石嶺に沖縄厚生園として統合され、そこから児童福祉施設部分が分離、1957年に石嶺児童園が誕生しました。その頃になると戦争孤児だけでなく、親の疾病、家庭崩壊問題の子どもたちも入園します。

忘れ去られる戦争孤児

1953年、児童福祉法が制定されると戦争孤児の環境整備が進みます。同年、戦争孤児を対象とした民間養護施設の愛隣園が開園。米国人宣教師らのChristian Children's Fund（CCF：キリスト教児童福祉会）が母体となった愛隣園は、当初47人の戦争孤児でスタートし、入園者を募るため各市町村を訪問しながら戦争孤児を引き取ります。その後、経営悪化に苦しむ愛隣園を支援するため、琉球政府は1960年から委託費を支給するようになりました。

同じく53年、琉球政府は里親制度を導入し、その家庭に生活扶助金を支給、戦争孤児を引き取った親戚らはその制度を利用するようになります。社会福祉事業畑を歩んできた幸地努氏は「この制度があったがゆえに多くの児童が施設入所をせずに縁故者などのもとで養育され、しかも無事で、精神生活面では、施設入所児以上に豊かな生活をおくれたことはほぼまちがいないと確信している」と述べています[10]。しかし、環境整備が進む一方で、戦争孤児の存在は忘れ去られようとしていました。

1953年7月に、琉球政府文教局調査課がまとめた資料によると宮古島・八重山諸島を除く沖縄県本島及び周辺離島において、両親を失った児童・生徒4050人となっており[11]、翌年の琉球政府社会福祉の調査（1954年1月31日現在）では、18歳未満の戦争孤児は沖縄本島で約3000人と報告しています[12]。

前述した収容地区内の孤児院にいた約1000人という大ざっぱな人数をはじめ、この戦争孤児数の隔たりの大きさ、宮古・八重山諸島が含まれていないことなどから推測すると、琉球政府設立期に至っても戦争孤児の実態調査は行っていないと考えられます。また、1年間で1050人の減少数は戦争孤児を親戚や知人らに預けたことで数えていないと推測します。戦争孤児数が年々減少していく現象は本土でも同じで、本土で調査した金田茉莉氏は「文部省らの方針で200人以上を（孤児学寮の）校長がどしどし養子に出した」と述べています[13]。このような施策は、子どもの人権を無視するだけでなく、将来にわたって戦争孤児の存在が忘れ去られ、同時に戦争孤児の起因となった戦争の実相も見えなくなります。戦争孤児は誰に引き取られても存在します。

また幸地氏の言う、里親（親戚）が親身となって「豊かに生活をおくれた」子どももいましたが、それ以上に労働力として、なかには学校に通うことも許されない屈辱的な生活を強いられていた戦争孤児も多かったことも事実です。前述した女性（当時7歳）は「親戚にいじめられるというのは、他人にいじめられるよりつらかった」とふり返り、上間幸仁さん（当時12歳）は「親戚に他人のように育てられた」と述べています。筆者自身、戦争孤児の方々に「戦後の暮らしを教えて欲しい」と依頼すると「何を今さら」と断られ、その表情から虐げられた過去を知られたくない、親戚が身近にいるので話せないという思いが透けて見えます。

戦後27年たった1972年に沖縄が復帰すると、戦争孤児はおとなとなり虐げられた境遇を誰にも話すことなく暮らしを営むようになります。彼らは、過去の境遇を社会問題としてとらえるのではなく「戦争だから…」「しかたない」「不運だった」と自らを責める以外ありませんでした。そして家族をもつと、「過去を話してもしょうがない」として徐々に封印します。

戦争孤児の戦後の暮らしは、引き取った親戚らや見て見ぬふりをしていた地域社会だけの問題ではありません。戦争孤児問題解決の糸口は、先の大戦を起こした日本政府が戦争責任を正面から向き合うことから始まります。復帰50年を迎えた今、戦争非体験者が日本政府へ戦争孤児の補償問題を提起するなど、さまざまな取り組みが求められています。

注

1 名護市『名護市史本編・3　名護・やんばるの沖縄戦』名護市　2016年　p.415-418
2 公益財団法人沖縄県女師・一高女ひめゆり平和祈念財団立ひめゆり平和祈念資料館『生き残ったひめゆり学徒たち』同　2012年　p.63
3 琉球政府『沖縄県史　第９巻　各論編８　沖縄戦記録１』1971年　p.154-155
4 北中城村役場『北中城村史』2010年　p.239
5 川満彰『沖縄戦の子どもたち』吉川弘文館　2021年　p.199
6 那覇市社会福祉協議会40周年記念誌編集委員会編『戦後那覇市の社会福祉の歩み』那覇市社会福祉協議議会　1996年　105p.
7 『沖縄県史料　戦後２　沖縄民政府記録１』沖縄県教育委員会　1988年　p.23
8 沖縄県立図書館史料編集室『沖縄県史料　戦後２　沖縄民政府記録１』沖縄県教育委員会1988年　p.23
9 浅井春夫『沖縄戦と戦争孤児』吉川弘文館　2016　年p.110
10 幸地努『沖縄の児童福祉の歩み』私家版　1975年　p.28-32
11 平井美津子『シリーズ　戦争孤児　③沖縄の戦場孤児ー鉄の雨を生きぬいて』汐文社　2015年　p.7
12 那覇市社会福祉協議会40周年記念誌編集委員会編『戦後那覇市の社会福祉の歩み』那覇市社会福祉協議議会　1996年　p.105
13 浅井春夫・川満彰編『戦争孤児たちの戦後史１　総論編』吉川弘文館　2020年　p.124

かわみつ・あきら

1960年生まれ。主な活動は平和ガイド。主な著書や論文『陸軍中野学校と沖縄戦』2018年、共編『戦争孤児たちの戦後史１　総論編』2020年、『沖縄戦の子どもたち』2021年、いずれも吉川弘文館。

1……5

基地関係者の子どもの就学を阻む「地位協定の壁」

自治体間の対応差を是正していくために

北上田 源
琉球大学教育学部

14歳の女の子が書いた米大統領への手紙

「勉強は私たちにとって、とても大切なんです」

「学校に行けなくなった現実に、寂しさ、落胆、悲しみ、そして怒りは同じ立場の友達みんな味わっているのです。大統領に何ができるのか考えてください」
（『中日新聞』1998年11月11日夕刊）

これは、米国の14歳の女の子が米大統領宛てに書いた手紙の一節です（原文は英語）。沖縄出身の母親と米軍人の父との間に生まれた彼女は、家庭の事情により慣れ親しんだ米国を離れ、母の故郷である沖縄に戻る直前にこの手紙を書きました。文面には、沖縄には自分が必要とする学びの場がないことを心配する気持ちがあふれています。学校に通うことができないと、医者になるという彼女の夢の実現は難しくなります。その焦りが、彼女に大統領宛ての手紙を書かせる原動力になりました。その後、彼女は実際に沖縄でどこの学校にも通わず、家事の手伝いなどをする毎日を過ごすことになりました。

全国の米軍基地の約７割が集中する沖縄では、米軍基地に関係する子どもが数多く存在します。私は、これまで約20年間にわたって沖縄のフリースクールでそうした子どもたちの教育に関わってきました。また、2014年以降は、沖縄県子ども日本語教育研究会（以下「研究会」）[1]の事務局役として、沖縄県内の公立学校に通う外国につながる子ども[2]たちが直面する課題の解消のための取り組みを進めてきました。

冒頭の例にあったように、父親（米兵）の突然の異動命令にともなって、ある日突然教室からいなくなる子どもはたくさんいます。また、家庭の事情で次から次へと教育機関を転々と移っていく子どもも少なくありません。

沖縄では、近年さかんに「誰一人取り残すことない優しい社会」という言葉を耳にします。その言葉を聞くたびに、私はこれまで接してきた基地関係者の子どもたちのことを思い出します。そして、本当に私は彼ら／彼女らを取り残してこなかったのかと、自責の念を抱かざるをえません。

米軍基地に関わる沖縄特有の課題に着目して

外国につながる子どもたちが公立学校に就学しようとするときにさまざまな課題に直面することは全国的にも知られるようになってきました。文部科学省が重い腰をあげて、ようやく外国人の子どもたちの就学実態調査に取り組んだのは2019年のことでした。その調査によって、沖縄県内でも公立学校や外国人学校に通っていない「不就学」の可能性がある（自治体が所在を把握できていない）子どもの数が174人にのぼることなどがわかりました[3]。

しかしながら、同調査の対象となったのは住民登録がある外国人の子どもだけでした。その中には、沖縄県に数多く存在する基地関係者の子ども－地位協定上在留資格はなく、住民登録がないまま沖縄に暮らす子どもたちは対象に含まれていません。そこで、研究会では文科省調査の発展的調査として、同調査では対象となっていない二重国籍の子どもや基地関係者の子どもの就学の問題にも焦点を当てる形で、2020年末から沖縄県内全41市町村教委を対象とした調査を実施し、2021年９月発行に報告書をまとめました[4]。本稿では、その調査結果から見えてきた課題の１つである、基地関係者の子どもの公立学校への就学に関わる制度上の課題について紹介していきます。

「米軍基地関係者の子ども」とは

今回の調査にあたって「基地関係者の子ども」としたのは、「日米地位協定（SOFA）上の身分で日本政府の管理を受けない米軍基地関係者の子ども」のことです。これは一般的な用語である「米軍人・軍属の子ども」と同義であり、日米地位協定により住民登録等日本の法令で定められている諸手続きを免除されている子どもたちのことです[5]。そうした子どもたちは、ほとんどの場合、米軍基地内学校に通うことになりますが、公立学校への就学を希望する場合も少なからずあります。その理由としては、例えば異文化の中で子どもを学ばせたい、家族のルーツにつながる日本語を習得させたい、基地内学校を退学することになりやむを得ず公立学校に行くしかないなどの事例があります。しかし、そうしたさまざまなケースに対応するための受け入れ態勢は未整備で、実質的には市町村教育委員会が個別の対応をしているのが現状です。

「地位協定の壁」の対応に追われる自治体の姿

本稿の結論を先に書くと、今回の調査によって「地位協定の壁」が基地関係者の子どもの就学を阻むものとなっていることがわかりました。それには２つの意味があり、１つ目は地位協定によって自治体が基地関係者の子どもの存在自体を把握するのが難しくなっているということ。２つ目は、住民登録と紐づかない居住が可能になる地位協定によって、意図しない形で子どもの就学が難しくなってしまうことです。

まずは、１つ目の「壁」について調査結果をもとに説明していきます。例えば、「自治体内に居住する基地関係者の人数が把握できるか？」という設問に対して、「はい」と回答があったのは６自治体です（母数は41：以下すべて同じ）。ただ、この６自治体はすべて米軍基地がなく、人口も多くない離島であり、人数としてはすべて「０」となっています。それ以外の自治体は、人数はもちろん、居住しているかどうか自体が把握できないとの回答でした。

それでも、そうした「見えない」基地関係者の子どもが公立学校への就学を希望することがあります。「基地関係者の子どもの就学にあたって課題となったことは何ですか」という設問に対して寄せられたいくつかの自治体の回答は、以下のようなものになります。

> 「住民登録が無いことから、異動情報等の確認も出来ず、未届けで転出（居）、出国することがあり、実態調査もできないため、その後の学校運営に支障をきたす」

「基地内学校の夏休みだけなど、短期の在籍・登校を希望する場合の対応等課題がある」

「緊急の基地閉鎖などにともなって子どもが登校／送迎できない」

上記のように、日本国籍を持たない基地関係者の子どもたちは住民登録がなく、その存在自体を自治体は把握していません。そのため、そうした子どもの就学希望があると、各教委の担当者はその対応にかなりの時間と労力を割かれることになります。

自治体ごとの差が大きい就学条件

そのようにして各自治体が独自の対応を積み重ねてきた結果、基地関係者の子どもの就学に関して、自治体間の差が大きいことも明らかになりました。そのことを、調査結果をもとに確認していきます。

「基地関係者の子どもが公立学校への就学を希望した場合、在籍可能ですか」という設問に対して、「はい」との回答があったのは12自治体（29%）、「いいえ」が１自治体（２%）、「場合による」が25自治体（61%）となっています[6]。「場合による」と回答があった25自治体から挙げられた理由や事例として多いのが、「住民登録があること（A）」（15自治体）、「自治体内に居住実態があること（B）」（６自治体）となっています。

この回答について少し補足すると、基地関係者の子どもであっても日本国籍（大半が日米二重国籍）を持っている子どもはいます。そして、その場合は住所が基地内であっても居住している自治体に住民登録ができます（任意）。一方で、日本国籍を持たない外国籍のみの基地関係者の子どもは、住民登録の手続きはありません（なくても居住可）。つまり、上の設問に対する回答としてAの条件が入っているということは、外国籍のみの基地関係者の子どもは就学できないということになります。それに対して、Bの条件は住民登録の有無には関係なく、住居の契約書等で居住証明ができれば、外国籍のみの基地関係者の子どもであっても国籍に関係なく就学できることになります。

ここに見られるような自治体ごとの対応のバラつきがあるというのは、どこの自治体に暮らすかということで就学の可否が変わってしまうということです。これは、公平性という観点から見ても改善されるべき点だと言えるでしょう。

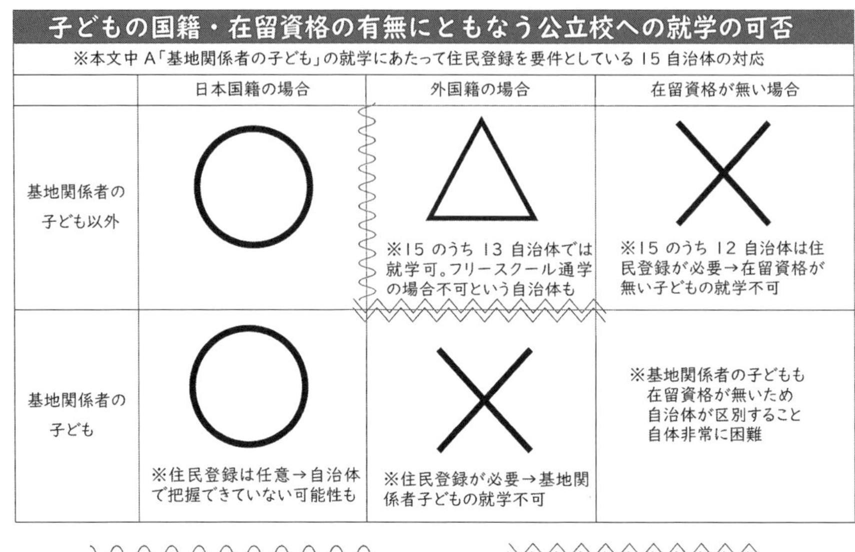

子どもの国籍・在留資格の有無にともなう公立校への就学の可否

※本文中A「基地関係者の子ども」の就学にあたって住民登録を要件としている15自治体の対応

	日本国籍の場合	外国籍の場合	在留資格が無い場合
基地関係者の子ども以外	○	△ ※15のうち13自治体では就学可。フリースクール通学の場合不可という自治体も	× ※15のうち12自治体は住民登録が必要→在留資格が無い子どもの就学不可
基地関係者の子ども	○ ※住民登録は任意→自治体で把握できていない可能性も	× ※住民登録が必要→基地関係者子どもの就学不可	※基地関係者の子どもも在留資格が無いため自治体が区別すること自体非常に困難

従来問題とされてきた「国籍の壁」

調査で見えてきた「地位協定の壁」

基地関係者の子どもにだけ設けられる就学の壁

また、上記の設問に対する回答を、別の設問の回答と組み合わせると、基地関係者に特有の就学にあたっての「壁」があることがわかります。例えば、今回の調査では「基地関係者以外で外国籍の子供が公立学校へ就学を希望した場合、在籍可能ですか」という設問もありましたが、それに対する自治体の回答は「はい」が25自治体（61%）、「いいえ」が１自治体（２%）、「場合による」が15自治体（37%）となります。

ここで「はい」と答えた25自治体のなかには、先の基地関係者の子どもの就学に関わってAの「住民登録がある＝日本国籍を持つ」子どもしか就学できないという回答をした自治体の多くが含まれます。つまり、こうした自治体では通常の外国籍の子どもであれば基本的には就学可能であるにもかかわらず、基地関係者の子どもであれば途端に外国籍の子どもが就学の対象から外れてしまうのです。

なぜこうした対応になるかというと、これらの自治体は原則として「住民登録の有無」を就学の可否の判断基準としているからです[7]。その原則を採用する自治体に住む外国籍の子どもにとってみると、自身が基地関係者の子どもであるがゆえに就学が拒まれてしまうことになります。自治体側にはまったく就学を拒もうという意図はないでしょうが、住民登録と紐づかない居住が可能になる地位協定の性格上、結果的には外国籍のみの基地関係者の子どもの就学が県内の３分の１以上の市町村で拒まれてしまっているのです[8]。これが２つ目の「地位協定の壁」の実態であり、１つ目の壁と比べてもはるかに見えにくいものの、該当市町村では基地関係者の子どもの就学を困難なものにしています。

「誰一人取り残さない」教育現場を実現するために

全国的には、これまで外国につながる子どもの就学にあたって「国籍の壁」が大きな問題とされてきました。日本国籍を持たない外国人の子どもは就学義務がないとの解釈から、希望すれば受け入れるという「恩恵的」な対応にとどまっているという問題です。そうした問題は沖縄にも存在し、全国と共通する問題として解決が必要なものです。それに加えて今回の私たちの調査からは、これまで知られていなかった「地位協定の壁」が基地関係者の子どもの就学や自治体の対応を困難なものにしているという実態が見えきました。

この課題は個別の自治体の対応の不手際ではなく、地位協定をめぐる制度上の問題に起因するものです。したがって、改善のためにはこれまで沖縄県などが強く訴えている地位協定の改定が必要になってくるでしょう。もちろんそれは非常に難しい問題ですが、これは子どもが学ぶ権利に関わる問題です。例えば軍人軍属の身分の問題とは切り離して、子どもの就学に関連する部分だけは自治体の権限を大きくするというような方向性は考えられないでしょうか。

その根本の問題が解決されなくても、第１段階としてできることはあります。それは、ここで紹介した自治体間の対応の差を是正していくためのガイドラインや基準を県や国がつくることです。それができれば、現在各市町村教委の担当者が背負わざるをえない負担や困難は、一定程度軽減されるはずです。

いずれにしても、自治体の担当者の個別の努力に任されてしまっていたこの問題は、それだけではないレベルでの対応が必要となる問題であることは明らかです。「誰一人取り残さない」という施策を掲げる沖縄県が、解決のための主導的な役割を果たすことが期待されます。

注

1　同会の名称は、2014年の発足当初「沖縄県JSL児童生徒支援ネットワーク」で、2019年度に改称。2021年10月現在までに24回の勉強会を開催し、メンバーは沖縄県内の日本語教室担当者らを中心に約50人になる。ホームページhttps://jslonet.jimdofree.com/

2　本稿で子ども自身の国籍に着目するときは「外国人の子ども（外国籍の子ども）」と書きます。一方で、子どもの国籍にかかわらず両親のルーツなど文化的・言語的背景に着目するときは「外国につながる子ども」と書きます。

3　全国全市町村教育委員会を対象とした文部科学省「外国人の子供の就学状況等調査」、結果の概要は以下で閲覧可能。

https://www.mext.go.jp/b_menu/houdou/31/09/1421568_00001.htm

また、同調査についての沖縄県の市町村の回答の全体像は次の論文を参照のこと。髙橋美奈子・渡真利聖子・中川麻美・平良ゆかり・天願千里佳「沖縄県における『外国人の子供の就学状況等調査結果』に関する一考察」『琉球大学教育学部紀要』第97集　2020年　pp.119-141

4　沖縄県子ども日本語教育研究会『沖縄県における外国人の子供の就学状況等発展的調査（沖縄県全41市町村教育委員会調査）』2021年。なお、本稿では紙幅の関係や読みやすさの観点から、実際の質問や回答の概要や趣旨を抜粋する形で記載している部分も多くあります。また、ここで紹介しているのはあくまでも「就学」段階の課題のみであり、実際に就学ができた場合にも数多くの課題があることは言うまでもありません。

5　この「基地関係者の子ども」には、沖縄県内に多い「日本人基地従業員の子ども（保護者が基地で働いている子ども）」は含まれていません。一般的に日本人基地従業員の雇用者は日本政府で、使用者は在日米軍になるため、「軍人・軍属＝地位協定適用者」ではないためです。

6　ここで条件なしで就学可としている12自治体のうち、米軍基地所在市町村は４市町のみです。このことからも、自治体が基地関係者の子どもに門戸を開いているかどうかは、基地の所在と単純に結びつくわけではないことがわかります。

7　この原則は基地関係者の子どもの就学を拒むだけでなく、在留資格がない外国人の子どもの就学をも拒むことにもなり、全国的には大きな問題となってきました。そのため、文科省も「居住実態」に基づいた就学を進めるように通知（2006年：18文科初第368号）を出しており、ここで挙げた自治体の対応はその通知からしても問題があります。ただ、通常基地内には自治体職員が入れず居住実態の確認作業は困難をともなうため、この文科省の通知自体も沖縄の実態に即したものとは言えません。

8　ある自治体からは、外国人の子どもの就学に関わって「両親が軍人軍属の場合は不可」と単刀直入な回答がありました。これは、本文で紹介した「意図せざる排除」ではなく、明確な形で外国籍の基地関係者の子どもの排除と言えるものです。ただ、この自治体のこうした対応の背景には大きすぎる担当者の負担という問題があり、本稿最後で提案したようなガイドライン／基準の策定によって変更される余地がある対応ともいえるでしょう。

きたうえだ・げん

1982年京都市生まれ。大学進学のために2000年に沖縄に来た年から「平和ガイド」の活動を始める。2001年からは沖縄県内のフリースクールなどでボランティア・教員として教壇に立つ。2021年より現職。専門は平和教育、異文化間教育など。

2

そだちをつなぐ保育

2-1

子どもの命を預かる仕事「保育」

セーフティネット・世帯支援の要として

川武啓介
やえせ北保育園園長

寄り添うことで見える困難さ

「ここの給食がないと、この子は栄養失調になっています」と話したＡさんの母親が、お迎え時に保育園の玄関で倒れました。医務室で休んでもらい話を聞くと、母親自身も十分に食事をとれておらず、家でもたびたび倒れては救急車を呼び病院で点滴を受けているということでした。

その日は、このまま母親が車を運転し帰るのも心配だったので、私が運転を代わり職員に別の車で追走してもらい送迎しました。途中、私がパンやインスタント食品を購入し母親に渡し「夜間に親が倒れ意識がなくなったら、Ａさんの命も危ないから」と説明して、地域の配食サービス事業につなげました。母親は県外の出身者で、元パートナーのDVが原因で離婚し引っ越して来たばかりで、地域に身寄りや頼る人もない状態でした。Ａさんが卒園するまでに、近隣から虐待通報を受けることや、母親が一時行方不明になることなど、いろいろなことがありました。Ａさんが卒園した後に、新しいパートナーとの間に第２子が生まれたのですが、その後の世帯状況はしばらくわからずにいました。

Ａさんの卒園から数か月後、小学校の先生から、新しいパートナーが自殺したという連絡を受けました。その瞬間、私は「子どもと無理心中もあるかもしれない」と感じ、この世帯を知る教育委員会のコーディネーターに相談をして、その日のうちに世帯訪問を行いました。母親から卒園後のＡさんのようすやパートナーの自殺までの経緯など、話を聞いていると、「夜になると、子どもと死ぬことも考える」とこぼした母親を「とにかく孤立させないことが最優先」と感じた私は、即座に「入園のための面談をするから明日、赤ちゃんといっしょに保育園に来て」と約束を交わしました。後日、この世帯の緊急入所の必要性を保育担当課に説明し、保育を始めました。

このときに入園した第２子のＢさんは、３歳頃からひどくグズるようになりました。母親の関心をひくための行動だったと思います。母親が迎えに来ても帰ろうとしないＢさんに対し、母親が腹を立ててＢさんをおいて帰ることが続きました。そんなときは、私がＢさんを自宅まで送り、その都度、母親の相談を受けるようにしました。そのような関わりを続け、園でも話ができるようになると、しだいに母親が子どもを怒鳴る姿は減り、お迎え時もＢさんを辛抱強く待つ姿が増えてきました。

(事例は個人の特定につながらないよう、複数の事例から再構成しています)

「途切れない支援」のために

Ｂさんが５歳になる頃には、保育園での生活も母親との関係性も落ち着いてきました。そこで、Ｂさんが卒園する前に、地域の子育て支援とつなげようと考えました。これまで生活や子育ての困難さから逃避したり、子どもや自分自身を傷つけたりしていた母親に、これからは周囲の人を頼り、子育てができるようになってほしかったからです。

それから私は、困ったときは母親自らSOSを出せるような関わりを意識的に取るようにしました。また、Ｂさんの就学したあとの放課後の過ごし方や地域で起こりうるリスクについても具体的に話し合いました。Ｂさんの卒園間際には、保護を必要とする子育て世帯支援の窓口として自治体ごとに設置されている、要保護児童対策地域協議会（以下、要対協）を通して、ファミリーサポートセンター事業や、子どもの居場所事業の利用など、地域にＢさん世帯支援のネットワークをつくりました。

Ｂさんが卒園して数年がたちますが、現在でも関係機関と連絡を取りながら、この世帯を見守っています。

コロナ禍で再確認された保育の役割

沖縄県のDV発生率、離婚率、若年出産率などの数字は全国に比べ軒並み高く、完全失業率や子どもの貧困率は、全国平均の倍もあります。これらの数字からも、沖縄の子どもを取り巻く状況の厳しさは予測できますし、実際に支援をしてきた世帯は、DVや貧困などの課題が幾重にも重なり、子育てはおろか生活自体に困窮し、多様な支援を必要とする場合が多いと感じています。

このような世帯支援に限らず、保育現場で起きる園バスや遊具での死亡事故の報道を見るたびに、「明日はわが身かもしれない」と肝を冷やしていました。そして、コロナ禍を経た今、「保育は子どもの命を預かる仕事」であり、地域の子どもを守るセーフティネットの一部であると、以前より多くの人に理解されたのではないかと感じています。感染対策として、くり返し唱えられた「密集、密接、密閉の３密を避ける」ということが、徹底できない保育現場は、常に感染への不安を抱えてきました。

本来、子どもの命を預かり守る「保育」の現場が感染を広げ、園児のみならず、職員やその家族の命を危険にさらすかもしれないという不安から、休園しなければ感染は防げないと思うこともありました。しかし、緊急事態宣言にともない、「公共施設の閉鎖・学校の休校」となっても、保育園が一律に休みになることはありませんでした。

それは、社会活動を維持するために保育園が必要であり、子どもの命を守り、子どもの発達・成長、子育て支援に重要な施設であることの表れであったのではないかと思います。

また、感染者が出て休園となった場合に、家庭内での児童虐待が増える可能性も当初より危惧されていました。そして、実際に2021年８月末に大阪府で、３歳男児が同居する母親の交際相手から熱湯を浴びせられ死亡する事件が起こりました。男児の通う園がコロナ感染にともなう休園中に起きた事故でした。このような死に至らぬまでも、子どもの安全を脅かすハイリスク世帯については、保育が途切れる前に自治体が中心となり、子どもの命を救うセーフティーネットの構築を考えるべきだと思います。

「子どもの命を預かる」という重責

「セーフティネット」を直訳すると安全網となります。安全網とは、高所から落ちたときに下で支える網です。仮に「保育園」が1本の命綱となり得ても、この1本が切れてしまえば落ちてしまいます。子育て世帯をしっかり支えるセーフティネットをつくるには、1本の命綱ではなく何本もの綱が寄り集まった網、セーフティネットが必要なのだと思います。

2018年、東京都目黒区で父親の虐待により5歳の女児が死亡した事件を受け、国より「保育所、認定こども園及び認可外保育施設から市町村又は児童相談所への定期的な情報提供に関する指針」が出されました。そこに、「学校や保育園から児童虐待ケースに関し、1か月に1回の定期的な情報提供を標準とする」ということが示されたので、私は地域のセーフティネット構築に、大きな改善を期待しましたが、今日まで要対協などに具体的な取り組みがみられないことは、残念です。

ただ、子どもが減少するなか児童虐待が一向に減らないことからも、保育園と他機関とが連携し「セーフティネット」を構築することは、今後より重要になると思います。虐待を受けている子ども自らSOSを出すことは難しく、それゆえに周囲から見えにくい・気づかれにくい問題です。保育園の多くは長年地域に根ざし、子育て世帯に寄り添うことで「子ども・親のSOS」に気づき、支援機関につなぐ起点となる子育て世帯と地域をつなぐ「要」だと感じています。

「小さなSOS」を拾える保育

当園では、親子で保育と給食が体験できる日を毎月1回、地域子育て支援事業として行っています（現在、コロナ禍のため休止中）。そこに、毎月通う母子家庭があり、母親は2歳となるCさんを保育園に預けて働きたいと希望していました。Cさん親子は祖父母との同居でしたが、祖母には障害があり、Cさんを保育園に預けなければ母親は就職活動もできない状況でした。

そこで私は、保育担当課に世帯状況を説明し、世帯の困難状況を調べてもらい、翌年度の４月にＣさんは入園することができました。母親はおおらかな雰囲気で、子育てへの困り感も見せないのですが、保育園や行政からの連絡事項が伝わらないことや、自動車運転免許の講習を受けても免許の取得ができないなど、生活面での困難さがたびたび見られました。また、入園申込申請書に毎年のように不備があり、Ｃさんが５歳児に上がる年に担当課から、「申込書に添付する勤務証明を再三求めても提出がないうえ、連絡もつながない状況なので、次年度の４月入園は無理です」と連絡が入りました。

担当課から同じように説明された母親は、幼稚園に入れたらいいという認識でしたが、これまでこの世帯に関わってきた園職員は、保育が途切れることに一様に不安感をもっていました。そこで私は、新しく保育担当課に配属された職員にも、この世帯の気づかれにくい生活面での困難さや、過去にあった子どもの転落事故、養育面での危機管理に関することなど、保育が途切れた際に考え得るリスクをまとめ「Ｃさんの保育を切る場合は、これらのリスクへの対応もお願いします」と、学校教育課と保育担当課へ情報書を提出しました。

その後、担当課より保育継続の依頼があり、無事に小学校就学まで保育をつなぐことができました。

「冷たい！」「気持ちいい！」園庭で水遊び

誰もが平等に保育を受けられる社会へ

ここ数年、県内でも公立保育所・幼稚園の民営化が進み、多様な保育や運用形態が増えています。３歳以上の保育は無償化となり、多様な保育を「選べる世帯」は、メリットを感じるかもしれません。しかし、園の保育内容や方針によって、料金の直接徴収が設定されるなど、「選べる保育」は「世帯を選ぶ保育」にもなり得ます。

保育の選択も大事ですが、選べない世帯の保育も保障されなくてはいけません。なぜなら選べない世帯のなかにこそ、緊急的な保育の必要性や、子どもの命に係わるケースが少なくないからです。

しかし、民営化が進み公立の保育所や幼稚園が減ると、保育現場をもたない行政は子育て世帯の抱える「子どもの貧困」や「児童虐待」など、見えにくい問題を直接把握する機会が減り、地域課題に即したセーフティネットの構築をさらに難しくさせていると感じています。

先日、「2021年をピークに県内人口が減少傾向にある」との報道もあり、今後は県内でもさらなる都市化・過疎化が進むことも予想されます。さまざまに変化する社会のなかで、困難さを抱え、取り残され、孤立する子育て世帯がないように、どの地域においても、子どもの命を預かることのできる「保育」が、平等に保障されることを願っています。

かわたけ・けいすけ

1978年、沖縄生まれ。障害児保育や児童虐待などへ関心を持ち、地域の支援機関との連携の模索を続ける。2016年、公立保育所全廃の政策に対し、町法人園長会の会長として反対、保育団体を通し署名活動など、保育の公的責任を追及する運動を行った。

検証
基地
保育
学校
家族
医療
労働
貧困
提言
資料

みんなにやさしく みんなとなかよく

あじゃっこの約束のことば

三木元子
あじゃ保育園園長

新潟生まれの私は東京で保育を学び、1976年、友人たちに「いよいよ故郷に帰るんですね」（いつも沖縄の話ばかりしていた）と見送られ、夫の故郷沖縄に移住しました。

1977年、那覇市ガジマル保育園園長として保育をスタート。そこは古島郵政団地の１階部分が保育園で、園児の80％は団地に住んでいました。「自然は最高の教師である」をモットーに、私は子どもたちを思う存分自然の中で、心身ともに健康で感性豊かな思いやりのある子に育つように願いました。そしてハンディキャップをもつ子も、お年寄りも外国の人ともふれあい、共感し、尊重しあえる心が育つように心がけたいと思いました。

フェンスの穴から…ある日の散歩

ある日、保育園のすぐ近くに広大な敷地があることに気づきました。フェンスが張りめぐらされていましたが誰もいません。よく見るとフェンスに穴があいている所もあり、米軍住宅地で現在の天久新都心。こんな広い所があるのに保育園の子どもたちは思う存分遊ぶ場所もありません。何とかできないかある人に相談すると、アメリカ大統領に手紙を書いたら？」とニヤニヤしながら言われました。

が、そうだ！　あの破れ穴からもぐり込んでみようと思った無鉄砲な私は、子どもたちを連れて入ってみました。木々は豊かで小鳥はさえずり、小さな池あり、小高い山あり、「さあ、散歩って、手を離して自由に歩くものよ！」などと言いながら、ルンルン気分で散歩しました。今思うと、よく誰にも見つからなかったなと思います。今、こっそり告白します。

飼育で知るいのちの喜びや悲しみ

私は小さい頃から小動物が好きで、ウサギや山羊、犬、ニワトリたちが友だちでした。保育園でウサギをもらったのをきっかけにお父さんたちに飼育小屋を作ってもらい飼育活動を始めました。わが園のニワトリやウサギたちは小屋から出入りは自由で、土を踏んで動きまわります。そのためか、みんな野生児？で、いないと思ったら、木の上で寝ていたり、ウサギも土を掘って赤ちゃんを産んでいたりします。

時にはこんなことも！　外の畑の中にニワトリが卵を産んで温め始めました。そこは猫がくるかもしれないし、雨が降ればびしょぬれになる所。いくら小屋に入れようとしても入りません。羽も汚れ、必死にがんばる母鶏を子どもたちは心配そうにのぞき込み、ついに不要になった机を小屋のように立てかけ、雨や風を少しでも防ぐように工夫しました。ある日ピーピーという声にかけ寄るとヒヨコが産まれていました。「ワァー、ウマレタ！」。園中の子どもたちが集まり、「カワイイ！」「オカアサンスゴイ！」「ヨカッタネ！」みんなの顔がキラキラ輝やいていました。

ウサギも土を掘り、自分の毛を抜いて巣を作り、穴の中を出たり入ったりしてようやく巣立ちします。オッパイをやるお母さん、まとわりつく子ウサギ、それをじっーと見つめる子どもたち。喜びだけではなく死という悲しい事も経験しました。子どもたちは土を掘ってお墓を作り、お祈りする。あるとき、待ってて！とお母さんウサギをだっこしてきました。そしてお母さんウサギにも足をパチパチさせて、ウートートー（お祈り）、エサ取り、掃除、ゴミ捨てもみんなでやり、お便所までも作っていたが誰？も使わないのでいつのまにかなくなってしまいました。こんな活動のなかで自然に他者を知り、やさしさを身につけ、いのちの喜びや悲しみを知っていきます。

私の5歳の戦争体験、長岡にて

私は新潟の唯一の戦災都市である長岡市で生まれました。1945年8月1日、私が5歳のときでした。「空襲だ！」という声に庭に作った防空壕に飛び込んだものの隣家から火の手が上がり、裸足で祖父と手をつなぎ逃げました。あちこちに焼夷弾が落ち、ますます火の手は上がり、信濃川にかかっている長生橋を渡ろうとしますが、上空をB29爆撃機が頻繁に飛んでおり、すきを見て渡ろうとしますがなかなか渡れません。

「さあ、今だ！」の声に夢中で走り渡ったときの緊張感と恐ろしさ。何もかも焼けてしまったふるさと長岡、125機ものB29が投下した爆弾は16万3000発余といいます。たくさんの人々が亡くなりました。私のかわいがっていたウサギたちも、みんな死んでしまいました。

そして戦後、何もないところからのスタート、おとなたちのいさかいが続くなか、5歳だった私が高齢になった今でも、ゴーという戦闘機の爆音、あちこちで燃え上がる火の中…毛布をかぶって祖父の手をしっかりにぎりしめながら逃げまわったことが、よほどショックで怖かったのでしょう。心に焼きついており、ときどきハッとするほど鮮明に思い出すのです。

それなのに、今も世界中のあちこちで戦争が起こり、たくさんの人が亡くなり、弱い者ほど飢え、犠牲になっています。今の子どもたちのなかには、テレビ等で戦闘機をかっこいいと見ているという…恐ろしいことです。幼児期に見たこと、感じたことはいつまでも意識の根底に残っています。

悩みながら書いた絵本『みちこ』

沖縄のある出版社から沖縄を題材した絵本づくり（6冊セット）に参加してほしいと依頼を受けました。私の担当は6月。慰霊の日に向けて戦争をテーマにしたもの。私は自分の幼児体験と沖縄戦を結びつけ、子どもの心に入りやすいものと考え、「みちこ」と「ヤギ」を登場させ、話を展開してみました。編集会議のほかのメンバーからもアドバイスを受け、販売されました。

ところが、予約していた1保育園から返品。その理由は「子どもには豊かな夢のあるものを与えたほうがいい。戦争を取り上げた絵本は幼児期には適さない」と言われました。幼児向けとしてどう表現するか、悩みながら書いた絵本でした。はたして楽しい夢や美しいものだけが子どもの心を育てるのでしょうか。

沖縄の今を見て、感じて、考える

島々をとりまく海は息をのむほど美しく、世界遺産である緑豊かな山々、ヤンバルクイナたち、この美しい沖縄が第2次世界大戦では地上戦となり、24万人余が亡くなりました（沖縄住民はその3分の1人あまり）。本土の6％の沖縄に全国の74％の基地があり、今新たに辺野古に基地を作ろうとしています。今でも多くの遺骨が地下にあるというのに、その遺骨の混じった砂を辺野古基地に使うというおろかな人たち。数知れない不発弾が住民の住んでいる場所から今も出てきていて、撤去のため、そのつど、避難を余儀なくされている沖縄。

園では、子どもたちに実際にあった

戦争の悲惨さを追体験し、感じ考えられるよう、6月23日の慰霊の日を戦没者慰霊のための大切な日として位置づけ、平和教育に取り組んでいます。

「平和月間」慰霊の日
沖縄戦を知る

2015年には、「表現活動を通して平和の芽を育む」をテーマに取り組みました。6月23日の慰霊の日に合わせて6月を「平和月間」とし、まずは子どもたちと戦争とはどんなものか、なぜ戦争のことを知らなければならないのかについて考え、絵本の読み聞かせを通して具体的に学びました。

そして子どもたちに「みんな平和でいるためには、どんなことをしないといけないか？」と問いかけてみました。「戦争をしない」「戦争をしたらダメって言う」「みんなにやさしくする」「誰とでも仲よくする」などの子どものことばをつなげていき、「あじゃっこの約束のことば」ができました。

みんなにやさしく
みんなとなかよく
こころといのちを　たいせつにして
せんそうをしない
たのしく　しあわせな
へいわな　せかいを　まもります

園では、その年にもよりますが、2～3か所の慰霊碑めぐりに取り組んでいます。ある年は、ひめゆりの塔で、戦争が激化していくなかで直接戦争に関わったひめゆり学徒隊の生存者からも話をしてもらうことによって当時の壕の悲惨な状況を詳しく具体的に聞くことができました。平和の礎（いしじ）では、沖縄の人だけではなく他県や海外の方も沖縄戦で亡くなったすべての人の名前が刻まれていることを知りました。平和の礎を抜けると広場があり目の前に沖縄の美しい海が広がっています。ここで千羽鶴を捧げ、「あじゃっこのことば」を言い、みんなで祈りました（巻頭「写真で見る復帰前・復帰後」参照）。

慰霊碑をめぐり終えたあと、感動を表現につなげていくことでより強く心に残していきたいという思いから、そこで感じたこと、心に残ったことを作品にする取り組みをしました。「赤ちゃんも死んでいた」「爆弾の大きさに驚いた」「苦しそうにしていた」などのいろいろな意見を出す子どもたち。それを自分で考え、絵を描き、切り取って大きな紙に貼って、保護者がお迎えのとき、各自で説明したり、園の隣の特別養護老人ホームのおじいさん、おばあさんたちにも見せたり、おじいさんたちからも戦争で体験したことを聞く活動にもつなげました。

「見て、聞いて、感じて、考えて、表現していく」感性豊かなこの幼児期こそ平和を意識していく大切な時期だと思います。このような経験を積み重ねていくことができれば、子どもたちは将来自らの力で平和を希求するようになるのではないのでしょうか。

保護者とつながり、平和を考える

３年前には保護者と辺野古の海で泳いだり、貝拾いをしたりして遊びました。こんなに美しい海なのだから大切にしなくてはと、みんなの笑顔が語っていました。

2019年からのコロナ禍で、人と人とのがつながりにくいなか、2021年には保護者に「平和へのメッセージ」を書いてもらいました。そこには、保護者の想いがにじみ出るようなメッセージが集まり、それをつなげてピロティに貼りりめぐらせました。

「おいしいごはん食べられてしあわせ」「みんなが笑顔で毎日過ごせますように」「あたりまえでなかったことがあったことを忘れないように」「人が人を想い大切にすること」「戦争しないで世界中のみんながなかよくなれますように」「ぐっすり眠れるように」等々いろいろな平和への想いが寄せられました。

人間としての基礎ができるこの幼児期の子どもを育てる保育園、保育者と保護者がしっかりつながり、子どもを大切にしながら、「しあわせって、平和ってな〜に？」「戦争って怖いね！」「戦争したらダメだよね！」とくり返しくり返し語り続けたいと思います。

沖縄県の平和祈念資料館の白い壁に書かれている展示むすびのことば「戦争をおこすのはたしかに人間です／しかしそれ以上に／戦争を許さない努力のできるのも／私たち人間ではないでしょうか」を子どもに伝えながら、私たちおとなもしっかり心に刻み、戦争のない平和な世界にしたいと思います。

みき・もとこ

1941年新潟県長岡市生まれ。1965年、東京に出て保育を学び保育士として私立・公立保育園で10年間勤務する。1976年、夫のふるさと沖縄に移住。社会福祉法人郵住協福祉会ガジマル保育園、あじゃ保育園に園長として44年間勤務。この間、沖縄県私立保育連盟会長・副会長・研修部長、沖縄県保育協議会会長、那覇市園長会会長の役割を担う。

2…3

戦前・戦中・戦後 本土と異なる過酷な保育環境

生まれたときからの保育の保障を

糸洲理子

沖縄キリスト教短期大学

沖縄戦終結後の子どもの環境

1945年に沖縄戦が終結した後、沖縄は日本本土から切り離され27年間、アメリカ軍の占領下にありました。このことが、日本本土とは異なる沖縄の保育として、子どもの育つ環境にさまざまな影響を与えることになりました。

沖縄での地上戦にともない多数の戦争被災者が出現することを事前に予想していたアメリカ軍は沖縄上陸以前から被災者の保護に関する計画を策定、公布して、戦争孤児や孤老の他、一般の避難民や捕虜が抵抗しない限りにおいて保護、収容を開始しました。

実際、沖縄戦により老人、子ども、女性など非戦闘員の一般住民が多数巻き込まれ死亡・負傷するという被害の他、約1,000名が戦争孤児となったことから、アメリカ軍は各地に収容所を設置して戦争捕虜や一般住民の保護に努めました。この保護については、沖縄県生活福祉部『戦後沖縄児童福祉史』(1998年)[1]に次のように記されています。

> 難民の中には、戦争で全く身寄りをなくした孤児や孤老が数多く含まれていて、それらの収容保護については一般住民に対する住居、衣料、食糧、医療等の宣撫賑恤策の一環をなしていた。

アメリカ軍は戦火による焼失を免れた既存の建物やコンセット（組み立て式かまぼこ型兵舎）、天幕などを利用して、沖縄本島内の辺土名や田井等、瀬嵩など11の地区に収容所を設置しました。そのうち数か所の収容所には孤児院と養老院を併せて設置し、孤児や約400名の孤老を各地の孤児院や養老院に収容しましたが、特に孤児のおかれた環境は苛酷で、前掲書は以下のように示しています。

とりわけ孤児院に収容された子どもたちは、激戦の最中に父母に死なれたり、あるいはこれを見失って危うく拾われてきたのが殆どで、まだ乳離れしない乳児や幼児も多く、中には幼少のために自分の名前も出身地も知らない孤児もいて、これらの子どもたちには、適当に施設で命名するしかなかった。

沖縄民政府布令第１号「託児所規則」下での保育所

戦後の過酷な状況の下、各地では成年男女を中心に多くの住民が復興に向けての労働作業に駆り出されました。特に戦争による男性の人的被害が大きかったために、復興作業には女性の労働力が必要不可欠でした。それは、米軍による食糧等の提供を受けながらも、戦火から開放された一般住民を中心にして、壊滅的な状況にあった生活基盤、社会基盤、経済基盤の本格的な建て直しが沖縄にとって急務の課題だったためです。

この復興作業に際して、作業の効率を重視した当時の行政機関である沖縄民政府は1947年２月20日、志喜屋孝信（しきやこうしん）知事により、沖縄民政府布令第１号「託児所規則」[2]を公布しました。この「託児所規則」は第１条で「託児所は住民の労務機能能率推進に資するとともに、幼児の保護保健を図るを以って目的とする。」と規定しており、行政機関が復興作業の推進のために成年男女、特に女性の労働力を見込んでいたことがうかがえます。ここから、託児所設置の要求も高まったことが考えられます。

この「託児所規則」第１条に加え、各地の収容所において、戦前の学校教育関係者や代用教員、幼稚園教諭、保育所保母などの幼児教育関係者らを中心に、幼児や児童・生徒に対する教育の再開と保護に向けた動きが各地で起こり、米軍の指導・命令の下、戦後の学校教育[3]が再開されました。同時に、沖縄本島各地でキリスト教関係者や地域の篤志家らによる幼稚園や保育園の設置が起こり、幼児教育・保育の復興が始まりました。なお、「託児所規則」第

４条は、託児所の設置者を市町村長、設置の認可は知事に受けると規定しましたが、同規則による託児所の設置記録は現時点では見当たりません[4]。

当時は、復興作業に出る母親・父親に代わって、年長の兄姉が幼い弟妹の子守りをすることが一般的でした。さらに、家族の中の子どもに加え、祖父母、あるいは近所の子どもに子守りを頼むこともありました。これは戦前からの沖縄の慣習[5]であり、保育所・託児所に頼らずに身内による養育の一般的な例として、戦後もその慣習が存続したことも同規則による設置が見られなかった１つの要因として考えられます。

一方、比較的戦災被害の少なかった離島の宮古、八重山では、1946年頃からすでに幼児のための施設が設置されていました[6]。

この当時の施設は、そのほとんどが「幼稚園」と呼称しており、実質は今日の幼稚園の形態に近いものが多くありました。保育時間は午前の２時間や１日８時間、場所も部落会事務所や公民館事務所を利用し、中には屋外で青空保育をするなど、保育時間も保育場所も各施設で異なっていました。こうした幼児教育・保育施設間の違いは、当時の沖縄が日本本土から政治的、行政的に分離されていたために厚生省（当時）による児童福祉法が適用されなかったことに加え、沖縄独自の児童福祉法もその時点では存在しなかったために行政機関の設置認可や監査等の行政行為が及ばなかった、あるいは不十分だったことによります。

琉球政府による児童福祉法の立法作業

日本本土の厚生省による児童福祉法（法律第164号）は、1947年12月12日に制定、1948年１月１日に施行されました。しかし、アメリカ軍の占領下にあった沖縄には日本本土の児童福祉法が適用されませんでした。前掲『戦後沖縄児童福祉史』によれば、琉球政府による児童福祉法の立法作業には、日本本土等へ留学し帰沖した留学生らと、米国民政府公衆衛生社会事業部係官だったハワイ州出身の日系２世山崎亮一を加えて行われました。沖縄の児童福祉法立案に関しては、アメリカの法律や制度は参考にせず、日本の厚生省による児童福祉法を参考にしました。作業の結果、琉球政府による児童福祉法は、1953年10月19日に立法第61号として、行政主席比嘉秀平により署名公布されました。

占領下の沖縄の保育は、保育時間、保育場所、保育内容等すべてにおいて、救貧的色彩が濃い、個人の善意による施設での保育が大勢を占めていました。この「救貧的色彩の濃い」「個人の善意による」保育行為が、長年のあいだに行政関係者や保育関係者、保護者の意識に影響を及ぼし、「５歳児保育問題」の大きな要因の１つになったと考えられます。

つまり、幼稚園１年保育や「５歳児保育問題」[7]という、かつて見られた沖縄特有の保育問題は、1945年の沖縄戦終結後、27年に及んだアメリカ占領下での教育政策と保育政策に端を発した問題であり、沖縄が日本本土に復帰して以降も長らく続いた問題となったのです。

沖縄に特有の「５歳児保育問題」

戦後、私立幼稚園は３年保育を行ってきましたが、公立幼稚園は５歳児の１年保育を行っていました。

こうした状況の背景には、戦後のアメリカ軍による教育政策と、それを受けて、沖縄側が幼稚園を義務教育並みに扱い、幼稚園教育の整備振興を進めたことがあります[8]。一方、保育所は、戦後の復興に従事する保護者に対しての「救貧色彩的」施設として始まりましたが、琉球政府の財政難や保育行政の理解不足が保育所の整備振興の遅れに大きく影響したと推測します。さらに沖縄の社会がもつ相互扶助の精神と住民の性別役割分担意識が合わさって、保育所が幼稚園より一段下の施設であるかのような意識を生み出す要因となったと考えられます。このような住民の意識と戦後の幼稚園教育の整備振興が、保護者の幼稚園志向を強化することにもつながったと推測します。

このことから、幼稚園１年保育や５歳児の保育問題という沖縄特有の保育問題が出現した主な要因は、第１に戦後27年間の占領期にアメリカの幼児教育制度を準用したことで沖縄の幼児教育を「教育」と「保育」に分けたこと、第２に財政基盤の弱かった琉球政府による幼稚園、保育所の整備と振興政策の差にあったと考えられます。

この２つの大きな要因を基に、学校制度の中に組み込まれて義務教育並みに扱われるようになった幼稚園と、戦後の復興の中で救貧的色彩の濃い施設とみなされた保育所というそれぞれの位置づけが、占領下、さらに1972年の本土復帰以後も行政関係者や保育関係者、保護者、子ども、地域社会の中に根強く浸透し、「保育所は4歳まで、5歳になったら幼稚園へ」という就学前の保育を選択する際の意識形成に大きく関与したのではないかと推測します。

その後、2000年代初頭から、沖縄県内の一部自治体では、公立幼稚園で4歳児・5歳児の2年保育を開始しました。しかし、県内の多くの自治体では2000年代半ば頃まで、保育所に入所している「保育に欠ける」状態の子どもでも、ほとんどは5歳になると主に地元の公立幼稚園へ1年間のみ就園しました。これらの子どもたちは幼稚園在園中も保護者の就労により「保育に欠ける」状態は当然引き続いており、午前中は幼稚園、午後は学童保育等で過ごし、結果的に二重保育が行われていたのが実態でした。この間、一部の公立幼稚園では、午後の預かり保育を行う園もありました。

2015年度に「子ども・子育て支援新制度」が施行されて以降、沖縄県内の公立・私立の保育所や幼稚園の認定こども園への移行が進んでおり、幼稚園1年保育や5歳児の学童保育利用といった沖縄特有の課題は、改善されつつあります。

保育・子育て環境を取り巻く課題

戦前・戦中・戦後の沖縄の歴史、特に沖縄戦（1945年）と27年間に及んだアメリカ軍による占領、1972年の日本「本土復帰」以降の社会的・経済的要因や労働環境などが重なり合った結果と考えられる沖縄の保育や子育てに関する課題は、他にもあります。

沖縄県企画部統計課が毎年公表している「100の指標から見た沖縄」によれば、全国一低い所得、非正規雇用率の増加、高い完全失業率、県内都市部での核家族化の進行、離婚率の高さとひとり親世帯（母子世帯・父子世帯）の増加が見られます。また、上述した戦後の沖縄の歴史的経緯が、「5歳児保育問題」や高い待機児童数[9]など沖縄特有の保育・子育て問題として、現在も深刻な影響を及ぼしています。

その他にも特筆すべき点としては、全国と比べても非常に多くの認可外保育施設（無認可保育園）が存在してきたことがあげられます。財政的な理由等で当時の琉球政府は5歳児クラスまで設置した公立保育所を十分に整備できなかったため、復帰前の沖縄では認可保育所の数が絶対的に不足していました。1964年から日本政府の援助により保育所整備が進められましたが、沖縄戦後27年間に及ぶアメリカ軍による占領と日本本土から切り離された時間的な空白は、非常に大きな影響を及ぼしました。施設側、行政側双方の財政的事情から認可化が進まない中、多くの認可外保育施設が「保育に欠ける子ども」を受け入れる受け皿の役割を果たしてきました[10]。復帰前後を通して、認可保育所と認可外保育施設がそれぞれ、延長保育や乳児保育、休日保育など保護者の多くのニーズに応え、子育てと仕事を両立する保護者を支えてきたのです。

保育は子育て世帯のセーフティネット

経済的に困窮する世帯では、家事や子育てと仕事の両立が特に難しくなります。仕事や収入に対する不安や悩みなどにより子育てに対する心の余裕を奪われることで、家庭で親と子どもが十分に関わる時間が足りずに、子どもが幼いうちから親子関係が希薄になる可能性が高まります。さらに、貧困家庭は身近に子育ての相談をする相手が少ないなど社会的孤立に陥る可能性が高いため、育児ストレスを抱えやすく、子どもを叩(たた)いたり、厳しく叱るなどのマルトリートメント（不適切な養育態度）を引き起こしやすくなります[11]。

沖縄県は2015年度に沖縄の子どもの貧困に関する調査を行い、2016年１月29日に「沖縄子ども調査結果概要　中間概要」を公表しました。この調査で、沖縄県の子どもの貧困率は29.9％（2015年度時点）で、全国平均（2012年）の約２倍という衝撃的な調査結果が明らかになりました。沖縄県の子ども３人に１人が貧困の状態にあり、特に、ひとり親世帯の貧困率は58.9％（全国平均54.6％）という非常に厳しい状況もわかりました。

このような沖縄の厳しい子育て世帯の状況に加え、2020年初めから世界中で深刻な感染を引き起こしている新型コロナウイルス感染症が沖縄県の経済状況の悪化を加速させており、非正規雇用者を中心とした雇い止め、収入の減少などによる経済的・心理的不安を深刻化させています。一方、新型コロナウイルス感染症の感染予防のために、保育所・幼稚園・こども園等の就学前保育・幼児教育施設では、保育の制限や保育行事の縮小・中止、家庭保育の協力依頼などが頻発しています。また、小学校以上の学校教育の現場では臨時休校や時差登校、分散登校、学校行事や部活動の縮小・中止など子どもの発達や学習機会にさまざまな影響が出ています。

こうした保育・教育の縮小や家庭保育等が保護者には新たな心理的負担となり、2020年度は児童虐待の増加など、子どもとおとな双方に深刻な影響を及ぼしています。

子どもは、生まれながらひとりの人格をもった人間であり、すべてのおとなからその人権を尊重され、健やかに育つ権利を有する固有の存在です。特に乳幼児期は心身の発育・発達が著しく、人格の基礎が形成される最も重要な時期です。この時期は心身ともに安定した状態でいることができる環境と、愛情豊かなおとなの関わりが特に必要となります。

児童憲章（1951年）の前文は、こう記しています。

児童は、人として尊ばれる。
児童は、社会の一員として重んぜられる。
児童は、よい環境の中で育てられる。

すべての子どもには、家庭環境や経済状況などで差別されたり、格差で苦しむことなく、その存在を尊重され、愛情を豊かに受けて幸せを感じながら、よりよく育ち、自分の人生を主体的に生きる権利があります。

保育所は福祉の窓口として、子どもの最善の利益に基づき、子どもがより良く発達するために援助すること、保護者が安心して子育てと仕事を両立できるように、保護者とともに子どもを育てるために支援することにより、子育て家庭のセーフティーネット[12]の役割を果たすことが求められます。

戦前・戦中・戦後を通して、沖縄の子どもたちは日本本土の子どもたちとは異なる、決して望ましくない過酷な環境の中で育てられてきました。しかし、沖縄の社会やおとなたちは、子どもたちが育つ環境を少しでもより良いものにしようと努力を続けています。

子ども1人ひとりの命と安全・安心な暮らし、「子どもらしくいられる」環境をめざして、生まれたときからの保育の保障が、今、強く求められています。

注

1 沖縄県生活福祉部『児童福祉法制定50周年記念　戦後沖縄児童福祉史』沖縄県生活福祉部　1998年　p.3

2 幸地 努『沖縄の児童福祉の歩み　思い出の人・時・所』1975年　p.77

3 学校教育については、以下の史料に詳しい。
琉球政府文教局『琉球史料　第三集　教育編＜復刻＞』那覇出版社　1988年

4 幸地　前掲書　p.78

5 注１参照。これについては、渡真利源吉氏（社会福祉法人基督教児童福祉会愛隣園元園長）にインタビューを行った際に同様の証言があった（2004年10月20日）。

6 幸地　前掲書　pp.78-79

7 神里博武「沖縄における５歳児保育問題（１）」『沖縄キリスト教短期大学紀要』第24号　1995年　pp.103-111　他

8 神山美代子「沖縄の戦後幼稚園教育の形成過程――捕虜収容所から日本復帰までを中心に」『沖縄キリスト教短期大学紀要』第29号　2000年　pp.91-116

9 厚生労働省「保育所等関連状況取りまとめ（令和２年４月１日）」（令和２年９月４日）
https://www.mhlw.go.jp/content/11922000/000678692.pdf
2020年４月１日時点の待機児童数は全国（47都道府県、政令指定都市、中核都市）で合計12,439名、１位は東京都2,318名、２位は沖縄県1,212名。

10 神里博武「第２章　沖縄・保育の変遷と課題　第２節　認可外保育施設」おきなわ・保育の歴史研究会『復帰40周年記念　沖縄保育のあゆみ』平山印刷　2013年　p.170

11 中村強士「３　保育所保護者への調査からみえた貧困　解決策としての保育ソーシャルワーカーの配置」秋田喜代美・小西祐馬・菅原ますみ編著『貧困と保育――社会と福祉をつなぎ、希望をつむぐ』かもがわ出版　2016年　p.108

12 実方伸子「保育の現場からみる子どもの貧困――子どもと家族をまるごと支える」浅井春夫・松本伊智朗・湯澤直美編『子どもの貧困　子ども時代のしあわせ平等のために』明石書店　2008年　pp.80-83

いとす・あやこ

沖縄生まれ。専門は保育学。現在は、沖縄の子どもの育つ環境を中心に保育・幼児教育について研究しながら、保育者養成教育に関わっている。

自助と共助により
民間主導で独自の発展

幼稚園５歳児の午後の居場所確保から

垣花道朗

NPO法人沖縄県学童・保育支援センター

始まりは幼稚園５歳児の預かり保育

沖縄県では、戦後27年間の米軍統治下で小学校敷地内にキンダーガーデンとして５歳児の１年間だけ通う公立幼稚園が整備されたため、共働きやひとり親世帯の子どもも４歳で保育所を卒園し公立幼稚園に入園することが慣例となっていました。

しかし、当時の幼稚園では預かり保育がなかったため、午後の保育を必要とした保護者たちは、お互いの家で子どもを預かり合うことや、４歳まで在籍していた保育所や認可外保育施設等に依頼するなどして午後の居場所確保に奔走しました。その居場所で小学校入学後も継続して預かったことが学童保育の始まりだといわれています。

働く保護者の願いを紡いだ学童保育つくり運動

1978年４月に県内初の父母共同運営の学童保育として開所した上間学童保育所（現上間児童クラブ）の経過報告（1982年４月３日）には、「幼稚園や小学校に行くようになると、下校後をどう過ごさせればよいか夏休みの間、田舎の実家に預けて病気や宿題のことを気にしながら親子がバラバラに暮らさねばならない現状を何とかしなければならないと８名のお母さんが集まって作ったのが上間学童保育所です。1978年４月10日アパートの１部屋を借りて13名の児童で出発しました。再三の市教育委員会との交渉を行い（中略）運営委員や父母の努力と学校職員の理解で５年目に分離にともない念願の校内空き教室に移転が決まりました」と、母親たちの５年間の奮闘が記されています。

また、1982年４月に浦添市で開所した、なかま学童クラブの５周年記念誌には、「1982年１月31日に浦添市に学童保育所をつくる会を結成し、その後、市への要請、『カギっ子』アンケート実態調査実施、３月19日から場所を探し、３月23日に場所が決定、そして３月28日に浦添小学校区学童保育所として児童12人、指導員２名でスタートとした」と、わずか２か月間で学童保育を開所した経緯が記載されています。

しかし、公的支援がないなかでの運営は厳しかったようで、開所１か月後に発行された「なかまだより第１号」には「お皿・コップ・お箸・スプーン等がまだの方は早めに持たせてください。経費節約のためティッシュペーパー・トイレットペーパー・ゴミ袋を毎月１個ずつ持たせてください。（中略）古新聞・古雑誌・空き瓶等の廃品を回収したいと思いますので、ご近所等に呼びかけられて集まったらご連絡ください」と保護者へのお願いが書かれています。

わが子の放課後生活の充実を願う１人ひとりの保護者の願いや行動（自助）が、学童保育つくり運動（共助）として紡がれ、その積み重ねが行政（公助）を動かしたことが、今日の学童保育の礎となっているのです。

1970～1990年度までの学童保育

沖縄県学童保育連絡協議会15周年記念誌によると、県内初の学童保育は、1970年に那覇市教育委員会社会教育課の管轄で安謝、大道、儀保で開設した「留守家庭子ども会」でした。その後、本土復帰の1972年に「那覇市留守家庭子ども会設置運営に関する規則」を制定、1978年に久場川児童館、真和志幼稚園、大道自治会事務所に市直轄の留守家庭子ども会を開所し、1979年に「那覇市留守家庭子ども会運営団体に対する補助金交付要綱」を制定し、１か所あたり年間60万円の補助金を交付しています（直営３か所、共同運営２か所）。1980年代に入ると那覇市以外にも学童保育は広がりますが、都市児童健全育

図表1　1980～1990年度までの学童保育数と実施自治体数

年度	学童保育数／実施自治体数	実施自治体の所管
1980	8か所／2自治体 那覇市：7か所（公立公営3、共同運営6）、 沖縄市：1か所（不明）	那覇市：教育委員会社会教育課 沖縄市：不明
1982	22か所／8自治体 那覇市：13か所（公立公営2、共同運営11） 浦添市：2か所 沖縄市・名護市・石垣市・豊見城村・読谷村・南風原村：1か所	那覇市：教育委員会社会教育課 その他の市町村：所管なし、補助なし
1985	25か所／6自治体	記載なし
1987	23か所／6自治体 那覇市：16か所（補助方式16） 浦添市：3か所（補助方式） 沖縄市：1か所（共同運営・補助あり） 名護市・佐敷町・豊見城村：1か所（補助なし）	那覇市：福祉部児童課 沖縄市：教育委員会 浦添市：福祉部
1990	33か所／8自治体	5市、1町、2村

出所：全国学童保育連絡協議会『学童保育年報 №3、5、10』実施状況調査より筆者作成

成事業の対象として実施した自治体は那覇市・沖縄市・浦添市の3市のみで、その他は補助金なしで運営されていました（図表1）。

1983年に那覇市学童保育連絡協議会が市内13か所を対象に行った実施調査によると、在籍児童数325人中、幼稚園5歳児が147人（45.2％）、1年生が111人（35.2％）で、利用ニーズの中心は幼稚園5歳児でした。13か所の内7か所が公的施設、4か所が民間施設を活用していました。平日の開所時間は10～18時、土曜日は半日保育で10～15時。指導員の勤務時間は、週40時間以上のフルタイム勤務で、給与は60,000～100,000円で、職員体制は平均2.4人でした。月額利用料は、平日の昼食提供がある幼稚園児が最も高く、平均で公営が9,000円、民営が13,221円、1年生は平均で公営が5,500円、民営が8,953円となっています。

1991年度以降の学童保育

この期間、国の学童保育施策は3つの転換期を迎えます。1つ目は1991年の放課後児童対策事業開始、2つ目は1994年の「緊急保育対策等5か年事業」

図表２　1991～2020年度までの学童保育実施か所数の推移

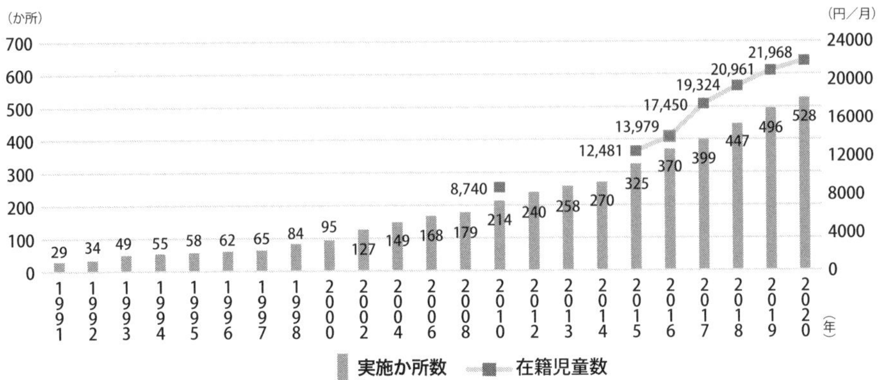

出所：1990～1998年度は全国学童保育連絡協議会『学童保育年報 №３、５、10』実施状況調査、沖縄県生活福祉部『平成６年・平成９年版生活福祉行政の概要』より筆者作成
2002～2020年度は「沖縄県放課後児童クラブ実施内容等調査ダイジェスト版」より筆者作成

における５か年で9000か所の整備計画策定、３つ目は1997年の児童福祉法改正によって1998年度から法定化された放課後児童健全育成事業の実施です。特に1998年度の法定化は県内の学童保育整備の推進力となりました（**図表２**）。

そして2015年度の子ども・子育て支援新制度施行により、学童保育は市町村が実施主体である地域子ども・子育て支援事業に位置づけられました。これにより、条例による設備運営基準の制定、ニーズ調査の実施と整備計画の策定などが、市町村の責任で行われた結果、学童保育の整備はさらに促進され、2020年度には実施か所数528か所、利用児童数21,968人となっています。一方で、基準により対象児童が「小学生」となったため、復帰前後から沖縄の子育て世帯を支えてきた、学童保育での幼稚園５歳児の受け入れは、その役割に幕を下ろしました。

「所得格差が利用格差」沖縄県の学童保育の現状

沖縄県の学童保育は、全国とは異なる特徴が見られます。

①民間施設活用率が64.1％（全国23.7％）

②民間運営が89.1％（全国21.7％）

③月額利用料8,000円以上が69.7％（全国29.6％）

図表3　市町村ごとの全学年と1年生の月額利用料（平均）の比較

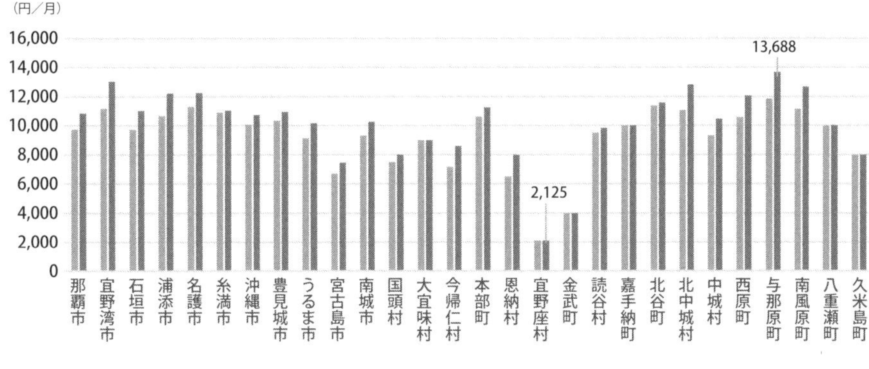

出所：「2020年度 沖縄県放課後児童クラブ実施内容等調査ダイジェスト版」より筆者作成

④66.2％に家賃等の賃借料が発生している

⑤48.8％が車両を使用して児童の送迎を行っている

これは、全国は、保育所整備と同様に、自治体主導の公立公営や公立民営（委託事業）を中心に整備したのに対し、沖縄県は民間主導の民立民営（補助事業）で整備されたことに起因します。また、民立民営では、実施場所や送迎の有無等が利用料に反映されるため学童保育ごとに利用料が異なります。そのため、市町村が実施する同一事業であるにもかかわらず、１年生で月額最大11,543円（年額138,516円）の差が生じています（**図表3**）。

沖縄県は民間運営により多様化した学童保育の平準化を図るため、2007年９月に「沖縄県放課後児童クラブ運営ガイドライン」を作成しました。その後、2009年度に「沖縄県学童保育支援事業」、2010年度に「沖縄県放課後児童クラブ環境整備事業」を実施したのち、2012年度からは、全国並みの公的施設整備と利用料低減を図ることを目的とした「沖縄県放課後児童クラブ支援事業」を開始します。

そして、2016年度からは子どもの貧困対策推進基金で「放課後児童クラブの利用料負担軽減を図る事業」を開始し、2019年度実績によると15市町村で、学童保育利用児童の9.2％にあたる1,931人が利用しています。

希望するすべての子どもが利用できる学童保育を

県は2022年度からの振興計画（素案）で「誰も取り残さない社会」「切れ目のない支援」の実現を目標に掲げていますが、保育所から学童保育への「切れ目のない支援」については、どのようになっているでしょうか。

2017年度の福祉行政報告例によると、県内の公立・認可保育所と幼保連携型認定こども園を利用している３歳児は11,385人でした。この３歳児が１年生となった2020年度の１年生の学童保育利用人数は7,647人で、３歳児時点の約33％にあたる3,738人が学童保育を利用しなかった、あるいはできなかったと推測できますが、その要因は何でしょうか。

県の2017年度認可保育所階層別割合によると、第２階層（世帯年収約260万円以下）以下は21.4％、2018年度の県子ども調査で小学１年生をもつ世帯のうち年間収入300万円未満は29.4％、2019年度の就学援助率は24.3％となっています。保育所のような無償化や応能負担がない学童保育では、高額な利用料が第２階層以下の利用を妨げている可能性が高いと推測できます。前述の通り、県の貧困対策基金を活用している市町村もありますが、本来は、福祉サービスの利用機会を平等に保障する観点から、子育て支援の一環で実施されるべきではないでしょうか。

保育から学童保育へと誰も取り残さずに、切れ目のない支援を実現するためには、「所得格差が利用格差」となっている現状を、「学童保育を必要としているすべての子ども（世帯）」が利用できる環境に改善していくことが必要です。そして、この実現を図ることが、次の10年、そして50年後の子どもと保護者から課せられた宿題であると考えます。

かきのはな・みちあき

1975年生まれ。NPO法人沖縄県学童・保育支援センター理事。社会福祉士。学童保育育ち、元学童保育指導員の経験を生かし、沖縄の学童保育のさらなる充実を目指して日々奮闘。

高い利用ニーズ

2……5

沖縄児童館ものがたり

あそんで寄り添い、地域につなぐ

山崎 新

那覇市国場児童館館長

思いっきり、どろんこ遊び

戦後沖縄の児童館のあゆみ

児童館は、遊びを通して子どもの健全育成に取り組む児童厚生施設です。戦後の日本では、1947年に児童福祉法が制定され、第40条によって、「児童遊園、児童館等児童に健全な遊びを与えてその健康を増進し、又は情操をゆたかにすることを目的とする施設とする」と規定されました。戦後まもなくは、民間の出資で児童館が少しずつ作られていましたが、1963年に国庫補助が創設されたことから、全国的に児童館が急速に増えていきました。

そんな日本から切り離され、アメリカ統治下だった沖縄では、1954年に「子供博物館ペルー館」が那覇市久茂地に開館しました。この施設は、在ペルー沖縄人からの寄付等をもとに建設され、沖縄PTA連合会が運営する民設民営のため、利用にあたっては入場料が必要でした。沖縄子どもを守る会編『子ども白書1958年度版』には、さまざまな展示や映画上映、卓球や遊び場を提供し、年間約3万人の利用者があったと記されています。「子供博物館ペルー館」は、1966年2月に那覇市久茂地に開館した「沖縄少年会館」に役割を譲り、同年

６月に閉館しました。
「沖縄少年会館」は、全国からの寄付やカンパを原資として建設され、沖縄子どもを守る会が運営主体となり、行政からの運営支援を得て、子どもが無料で利用できる施設でした。沖縄初のコンクリート打ちっ放し建築の外観に、プラネタリウムや科学展示室、図書室や修学旅行時の宿泊機能を備えた大型施設で、子どもの遊びだけでなく、沖縄全体の教育活動を支える、とても大きな役割を果たしていました。

沖縄初の公立児童館が誕生したのは1978年５月ですが、それまで沖縄の子どもたちの遊びは、自治公民館や教育隣組といった民間の力によって支えられました。全国では、戦後20年を迎える頃から行政の責任で子どもの遊びを支える仕組みが動き始めましたが、沖縄はさらに13年を要しました。戦争で社会と生活基盤を破壊された沖縄の子どもたちにとって、遊びという成長の営みを行政に支えられなかった33年間は、あまりにも長かったように思います。

1978年５月、沖縄初の公立児童館、那覇市久場川児童館が開館し、行政による子どもの遊びの環境づくりが始まりました。公立図書館や公民館なども少ない中で児童館の整備が始まっており、行政や地域が、子どもの遊びを支えることの重要性を認識していたように感じられます。那覇市では、市民や自治会が土地を寄贈して児童館を設置した例もありました。

久場川児童館の開館以後、昭和が終わる1989年までの約10年間に、22館が県内各地に誕生しました。主な立地としては、団地の隣接地域や新興住宅地内、集落人口が増えた地域などでした。その後は、小学校に隣接して整備されたり、老人センターや放課後児童クラブを併設するなど、さまざまな特徴をもった児童館が誕生しました。2021年度現在、県内には19の市町村に75の児童館が設置されています。

子どもたちの現実と柔軟に向き合い、つなぐ

県内の各児童館では、児童の遊びを指導する者（以下、児童厚生員）がいっしょに遊んだり、遊びを提案しながら関わることで、子どもたちとの信頼関係を深めています。また、日々の遊び以外にも、映写機を使った映画上映会や各種体験講座、お祭りやお遊戯会、遠足やキャンプなどの自然体験、空手などのクラ

ブ活動を実施していました。そして、字自治会などが活発なところでは、集落対抗運動会など地域の催しに児童館が加わり、子どもたちと地域がつながる機会づくりにもなっていました。そして、児童館は地域や市町村の状況によって活動の仕方を柔軟に変えています。例えば、名護市児童センターは名護市唯一の児童館のため、開館当時は出前児童館を活発に行い、地域公民館等を子どもの居場所にする「子どもの家」活動を支援するなど、名護市全域の子どもの居場所づくりをサポートする役割を担っていました。

近年、子どもの虐待などが注目され、厚生労働省が2018年に発出した「改正児童館ガイドライン」では、児童虐待等の不適切な養育への対応などが明記されましたが、沖縄の多くの児童館ではずっと以前から、暴力や育児放棄といった不適切な養育環境で暮らす子どもたちと関わってきました。

暴言を浴びせられる、食事が用意されていない、学校行事に来てくれない、きょうだい児と差別され高校以降の学費を払ってもらえない、親が精神的に安定しない、このような養育環境にいる子どもは少なからずいて、苦しみを抱えながらも、問題行動や自傷行為をすることで耐え忍んでいることもあります。そのような子どもに対しての公的支援は現在も十分ではなく、抜本的な解決ができないままの場合も多くあります。そのような子どもたちに対して、児童厚生員は耳を傾け、寄り添いながら見守り、励まし、いっしょに支えてくれる支援者を探し、児童館ができる関わりを模索し続けてきました。

心身の痛みを手当てするまちの中の保健室

お腹を空かせた子どもたちといっしょに料理を作ったり、同じ服ばかり着ている子には、「あなたに似合いそうだから着てくれない？」と声をかけて、寄贈された衣類を持ち帰らせたり、困っている女子児童に生理用品をこっそりあげたり。子どもたちの求める支援としては不十分かもしれませんが、児童厚生員は工夫を凝らして、人としての関わりを続けてきたように思います。

沖縄戦によって家庭を破壊され、アメリカ統治下では厳しい生活を助けてもらえず、米軍基地に公園を作る土地を奪われ、厳しい環境で生きてきた、沖縄の子どもたちの戦後。健康で文化的な最低限の生活が保障されず、人権を守られなかった沖縄の70年余の時間は、苦しい状況の子どもたちを深く傷つけてきました。そして、安全で安心できる養育環境を経験できなかった育ちの課題は、世代を超えて、現在の子どもの生活にも影を落としています。

そのような社会のなかで、沖縄の児童館と児童厚生員は、養育が困難な家庭の子どもたちの心身の痛みを手当てしながら寄り添う、まちの中の保健室のような機能を果たしてきました。

妊娠期から青年期まで子育て・子育ちを支える

2016年度の全国児童館実態調査[1]の結果から、2015年度の延べ利用人数を沖縄県と全国とで比較したところ、以下のような特徴が見られました。

① 利用者数は、全国では０歳から２歳までが2822人に対し、３歳から就学前が775人に減少するが、沖縄県は０歳から２歳までの1,388人に対して、３歳から就学前が1290人とほぼ変わらない。

② 利用者平均が中学生1.82倍、高校生1.64倍と、全国の平均値より高く、中高生のニーズが高い状況にある。

③ 小学生の自由来館平均値が全学年で全国平均値の約２倍となっている。

この調査を見ると、さまざまな理由から保育園等に通わずに、児童館を利用して子育てをしている親子が一定数いることや、児童館の一般利用ニーズが全国より高いことがわかります。無料で、誰もが利用できる児童館は、沖縄の子どもたちや子育て世帯にとっては利用しやすい施設だと考えられます。

このような、誰もが利用できるハードルの低さを生かして、中高生を対象とした青少年向け児童センターの設置や、東京都葛飾区のように児童館で母子健康手帳交付やマタニティ相談ができる体制づくりなど、妊娠期から青年期まで多様な関わりができる児童館が増えていってほしいと願っています。

注

1 「平成28年度全国児童館実態調査」実施：一般財団法人 児童健全育成推進財団

やまざき・あらた

東京都出身。環境NPO活動、大学生支援、放課後等デイサービスなどでの勤務を経て、2012年、子どもの遊び・学びが豊かな社会づくりを目的に、一般社団法人沖縄じんぶん考房設立。2017年から現職。

3

分断される学校

3-1

全国学力テストに疲弊する子ども・教師

深刻な孤立・格差、学校を安心の居場所に

藤原幸男
琉球大学名誉教授

初年度から６回連続最下位だった沖縄県

全国学力・学習状況調査（以下、全国学力テスト）は小学校６年・中学２年、主に国語、算数・数学の２教科を対象にした悉皆（しっかい）（全数）調査です。2007年度に始まって、2021年度で14年が過ぎました。

沖縄県結果の推移を見ましょう。

図表１を見てください。小学校では2013年度までは６回連続最下位で、全国平均を大きく下まわっていました。それが2014年度は全国平均近くまで上昇し、その後はほぼ全国平均以上を保持しています。中学校は全国平均にほど遠く、全国最下位です。ただ全国平均との差はしだいに縮小してきています。ここでは、小学校を見ていきます。

初めて実施された2007年度は、全国平均との差が国語総合は－7.6％、算数総合は－7.0％です。詳細をみると国語Ａ（知識）－5.0％、国語Ｂ（活用）－9.0％、算数Ａ（知識）－5.8％、算数（活用）Ｂ－9.3％で、Ｂ問題（活用）が低すぎました。ある小学校教諭は、「過去問題がなく、出題傾向も分からないため『対策』ができなかった。……全国テストはそのままの力が表れてしまった」と述べています[1]。

学力テストは制限時間の中で所定の問題をすべて解かなければなりません。

図表1　全国学力・学習状況調査結果（全国平均正答率との差）の推移 2007- 2019年

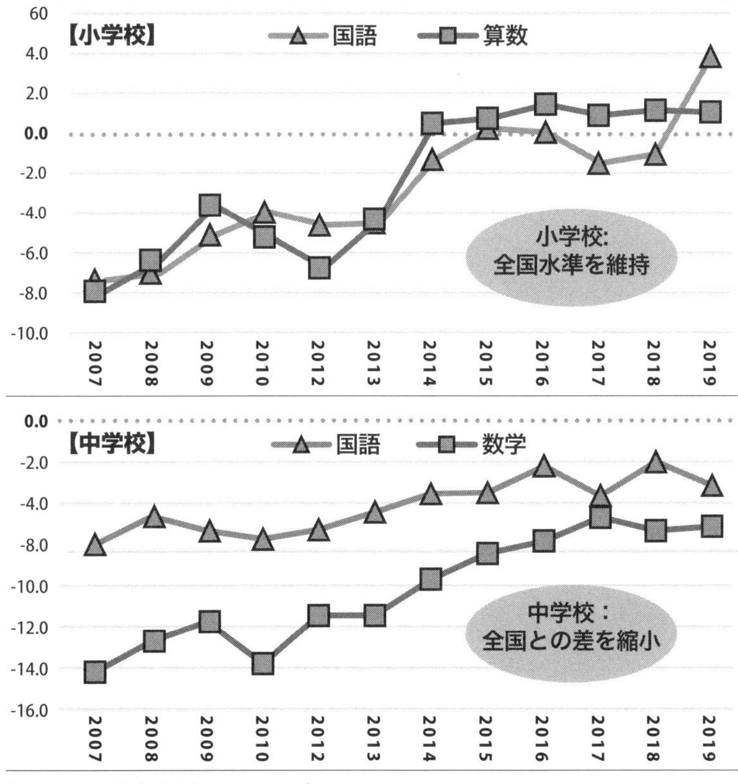

出所：沖縄県教育委員会ホームページ
「沖縄県学力向上推進5か年プラン・プロジェクトⅡ（令和3年度版）」
注 1：縦軸０は全国平均
2：2007-2018年までの値は、A問題とB問題の合計の平均値

1つの問題をじっくり考えていては時間不足になります。児童質問紙調査を図みると、国語Bでは、「解答時間」は「全く足りなかった」は12.7％（全国平均7.0％）、算数Bでは、「全く足りなかった」は15.6％（全国平均8.0％）でした。調査問題は「難しかった」は国語Bで30.0％（全国平均24.6％）、算数Bで32.6％（全国平均24.3％）でした[2]。

問題の内容理解に時間がかかり、制限時間の中で解答することが難しかったことがうかがわれます。

その後、過去問の練習などを取り入れて平均正答率は緩やかに上昇していき

ますが、それでも６回連続で全国最下位でした。沖縄県の多くの子ども・教師・県民は全国最下位が指定席になっている現実に諦めの境地でいました。

2014年度全国学力テストにおける躍進

ところが2014年度の全国学力テストで躍進します。前年度は国語Ａ・算数Ｂが46位、国語Ｂ・算数Ａが47位で、国算総合で最下位だったのに、2014年度は国語Ａ・国語Ｂで全国32位、算数Ａは全国６位、算数Ｂは全国34位で、国算総合で全国24位でした。想定外の快挙でした。

沖縄県結果が発表された『琉球新報』８月26日付は、「今や学力も全国レベルだ。堂々と自信をもってほしい」との県教育長の声を紹介しています。

この結果を生み出したのは、年度途中からの組織的・集中的な学力対策でした。最下位脱出を悲願とした県教育長が年度途中の11月に義務教育課内に学力向上推進室を設置しました。設置に先立って、教育長は９月に緊急全県小中学校長会を招集して、全国学力テストの次年度目標を全国30位に置くと宣言し、強い決意を見せました[3]。

学力向上推進室は２月には「年度末および新年度当初における学習内容の定着の徹底について（依頼）」という文書を発出し、県の目標として、「小学校は30位台。中学校は全国平均正答率との差を更に縮める」と数値目標を提示しました。具体的目標として、「特にＢ問題については、全国学力・学習状況調査や県到達度調査の『過去問題』を授業等で活用して、題意の捉えや考え方を理解させる」、「年度末、新年度当初の期間、朝の活動を『補習指導』に充てる」、「定着の不十分な児童生徒に対して、昼の時間帯や放課後、春休み期間に『個別指導』を行う」と具体策を示しました。これを受けて学校は猛烈に取り組み、小学校全国24位に躍進しました。

その後、国算総合で2015年度20位、2016年度13位、2017年度21位、2018年度17位、2019年度６位となりました。

学力競争に巻き込む３つの管理システム

躍進の背後には、県教育委員会の体系的な対策がありました。学力を上げるために「授業内容と方法、子どもの指導管理を全県でそろえる」ことが強調され、そのためのシステムが2013年度から開始されました[4]。

1　県が直接学校を指導管理できる「学校訪問」

指導主事が学校訪問して、授業参観します。発問･板書などの授業スタンダード・授業づくりを助言するとともに、管理職には学力向上マネジメントを助言し、学力向上対策を徹底しました。直接出向くので影響は大きかったようです。

2　県が各学校のテスト点数を管理指導できる「Webシステム」

Webでテスト問題を配信し、教師が学級人数分印刷、実施し、結果をWeb入力します。県で管理・点検します。短サイクル（月に1回程度）で、5月から翌年1月まで8回実施します。最終段階で、Webテストと関連づけて県学力到達度調査を実施します。テストの問題には難問が含まれ、テストのために特別授業を実施したりして、対策に苦労しました。

3　「教職員評価システム」

県教育委員会は「学力向上推進プロジェクト」（2016年）で児童生徒の学力の成果判断は「全国学力・学習状況調査を指標とする」とし、数値目標を小学校「目標値（H33）＋2.0」としました。この数値目標はそのまま「教育振興基本計画（後期計画）」（2017年）に記載されました。

沖縄県のある教諭は、「県が掲げる『学力向上』のために各学校、各教員が目標設定を強いられる。点数はその中で最も分かりやすい指標だ」「目標達成のために、自分のクラスの平均点上昇が教育の中心になっていく」と言っています[5]。

2018年度から全国学力テストの平均正答率を教職員評価の成果目標として位置づけ、「学力向上の取り組み」を評価し、給与に反映できるようにしました。

こうして、教師は全国学力テストの競争に巻き込まれました。このことが学力テスト一辺倒の事態を生み出し、子ども・教師を疲弊させ、学校教育を荒廃させました。

図表２　2021 年度全国学力テスト都道府県別正答率

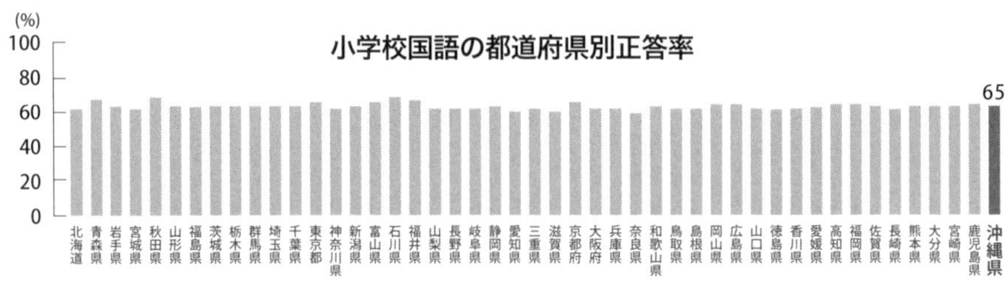

出所：国立教育政策研究所ホームページ
「令和３年度全国学力・学習状況調査（都道府県別）および（指定都市別）調査結果資料」

数値目標と学校・教員評価による正答率の平準化

このような管理システムを実施しているのは沖縄県だけだと思われるかもしれませんが、そうではありません。各都道府県とも類似の対策を行っています。

各都道府県では、全国学力テストを基準にした数値目標によって学力管理を行っています。[6]数値目標は市町村教育委員会、学校・教師には「達成しなければならない目標」に転化し、「(全国）学力テストの結果が到達目標に達しない場合には、何らかの罰則規定、もしくは学校評価や教員の人事評価などの『ハイステイクス』な状態を生み出す危険性が潜んでいる」[7]と学力研究者は指摘しています。全国もこの方向にありますが、県教育委員会はいち早く教職員評価の結果を給与に反映させ、教員間に競争をもち込んでいます。

『沖縄タイムス』(2021年９月１日付）は「近年はほとんどの都道府県の正答率は横一線で、全国１位との差も誤差と言えるレベルにまで縮小している」と指摘しています（図表２)。

この傾向は、2015年度テストですでに指摘されています[8]。

同じような取り組みをすれば似た結果になります。正答率が平準化するのは必然です。しかし、子どもの貧困率・就学援助率が高い学校では、子ども・教師に過酷ながんばりが要求され、抑圧は大きいのです。

「授業がつまらない」から「つらい」に深化

小学校教諭の船越裕和は、「１月になるとほとんどの小学校で県到達度調査に向けての対策が始まり、……特に５年生では、授業を使って過去問や類似問題に取り組ませることもあり、５年生の教室が受験のための予備校のようになり、『もういやだ』『授業がつまらない』と愚痴をこぼし、表情が暗くなっていく子がたくさん出てきます」と述べています[9]。

５年の県到達度調査終了（２月）から６年の全国学力テスト直前（４月）までは、全国学力テストの過去問練習に集中するため、「つまらない」は「つらい」に深化していきます。

学校・教室から逃げ出す子どもたち

国語・算数の多量の問題が毎日宿題に課されます。宿題ができなければ休み時間・放課後を使って仕上げますが、船越によると「子どもによっては毎日放課後残されることになるので、苦役になります。担任の指示に抗って放課後の教室から逃げ出し、翌日担任に叱責される子もいます」。

「算数が苦手な子の補習指導をした女性小学校教諭は連日の補習に疲弊した子の『学校なくなればいいのに』などの声を紹介。『学テ対策は確実に勉強嫌い、学校嫌いを生み出している。…』」（『沖縄タイムス』2015年５月４日付）

パニック、疲弊、過労、睡眠不足

「文章の読み取りに時間がかかる傾向がある発達障害の高学年の子は、学テ対策で出された多量の宿題に毎日５時間以上かかり、心身ともに苦しんでいた。／心配した親が『もうやらなくてもよい』と言っても、プレッシャーで机から離れられず、パニックを起こすこともあった。宿題が連日深夜までかかるため翌朝起きられず、学校では学習に集中できず叱られる、という悪循環に陥っていた」、「別の子は学校でのプリント学習と宿題の多さで頭痛やストレス、過労、睡眠不足に悩まされ、一時的に不登校になった」など、深刻な事態が報告されています。（『沖縄タイムス』2015年８月25日付）

不登校児、自閉症・情緒障害特別支援学級在籍児の急増

このような事態を反映してか、沖縄県の小学校の不登校児（生徒1000人当たりの割合）は、2012年度頃までは全国並みでしたが、2015年度以降は小学校

全国１位で、直近の2019年度は全国２位（12.4人）でした（文部科学省「児童生徒の問題行動・不登校等生徒指導上の諸課題に関する調査」)。学校から子どもが逃走しているのです

小学校に設置されている自閉症・情緒障害特別支援学級に通う児童は、2010年度は210人でしたが、2019年度には2554人となり、10年間で12.2倍に急増しています。学級数は、2010年度は60学級でしたが、2019年度には435学級になり、10年間に7.2倍に増加しています（文部科学省「学校基本調査」)。普通学級からの排除の疑いを感じます。

画一的基準、学テ対策に合わせられない子どもは、学校・学級から排除されてしまいます。学校に合わせられない子どもの排除ではなく、多様性が認められ、多様な個性をもった子どもが共存・共同し、学び合える場所に学校を変えていくことが求められています。

コロナ禍における学習と全国学力テスト

新型コロナウイルスの感染拡大の影響で、2020年度の全国学力テストは中止になりました。2020年の３月から５月中旬まで全国一斉休校で、学校は、一斉休校中はプリント学習とオンライン教育でしのぎ、解除後は７時間授業、土曜授業、夏休み短縮をしました。授業の進度は速まりました。学校でさまざまな工夫をしても授業時数の確保は困難でした。

この事態に文部科学省は、学校で指導できない内容（２割程度）を「授業以外の場」で学ぶことを決め、指導計画の仕分けをしました（６月５日通知)。20日分の授業に相当する宿題が課されました[10]。これでは家庭格差が拡大します。

全国学力テストは、2021年度は例年の１か月遅れで、2021年５月27日に実施されました。沖縄県結果は、小学校は全国平均程度（国語＋0.3％、算数−1.2％)で、前回からはだいぶ低下しましたが何とか全国水準を維持しました。

しかし、親が勉強を見る余裕がない共働き家庭・ひとり親家庭では、宿題が放置され、子どもの孤立が増大しました。家庭格差が深刻です。学習支援を強化するとともに、学校が子どもの孤立や不安を解消し、安心の居場所になることが求められます。

注

1 『学力ってなに ―― 「最下位」の衝撃を超えて』沖縄タイムス社　2008年　p.21

2 藤原幸男「全国学力・学習状況調査の沖縄県結果の検討」『琉球大学教育学部教育実践総合センター紀要』第15号　2008年　p.12-13

3 諸見里明『学力テスト全国最下位からの脱出 ―― 沖縄県学力向上の取組み』学事出版　2020年 p.108-112

4 和泉康彦「全国学テ最下位から６位（2019）へ ―― その光と影」吉益敏文・濱田郁夫・久冨善之編『検証・全国学力調査』学文社　2021年　p.25-26
和泉「光と影　全国学テ６位とはじき出される子ども、親、教師」『共育者』第24号　沖縄県民間教育研究所　2020年　p.8-9

5 「"学力向上"の現場 ―― 17年度全国学力テスト」『琉球新報』2017年８月31日付

6 「ネット座談会『学力テスト体制』の実態に迫る ―― 全国からの発信」『教育』2014年10月号　p.13-20

7 北野秋男「『競争』と『評価』に向かう日本の学力テスト政策 ―― アメリカに接近する日本の学力テスト政策」佐藤仁・北野秋男編『世界のテスト・ガバナンス ―― 日本の学力テストの行く末を探る』東信堂　2021年　p.29

8 船越裕和「学ぶ権利を奪い続ける沖縄の学力向上運動」日本子どもを守る会編『子ども白書2020』かもがわ出版　2020年　p.100

9 伊禮三之「豊かな学びと楽しい授業」『共育者』第10号　沖縄県民間教育研究所　2015年　p.2

10 「学校再開後も続いた子どもの災難」前川喜平『権力は腐敗する』毎日新聞出版　2021年 p.181-184

ふじわら・ゆきお

1948年生まれ。琉球大学名誉教授。専門は教育方法学。2014～2018年、沖縄県民間教育研究所で所員として活動。「全国学力テスト」「子どもの貧困」「特別なニーズを持つ子どもの支援」などに取り組んだ。

行政の心理士の立場から

3……2

不登校に 子どもたちの声を聴く

授業における学びとケアの同時追求

岸本琴恵

名護市教育委員会

沖縄県の不登校児童生徒の推移とその特徴

沖縄県の不登校児童生徒数は、2013年より増加傾向にあります（図表1）。2008年から2012年の５年間で半減した本市の不登校数（102名→41名）も2013年（85名）を境に増加しています。これらの減少と増加の背景には何があったのか、そしてこれから減少させるために何ができるのか、行政の心理士の立場から子どもの声を手がかりに省察を試みます。なお、本稿では、カウンセリング場面で得た情報について本人、保護者の了解を得て記載しています。

文部科学省は過去（2005年）の調査において、沖縄県の不登校の様態が他府県の「不安などの心因性」とは異なり、「遊び非行型」が最も多いことを明らかにしました。当時の遊び非行型不登校の子どもたちの声は「学校に行ったけど、服装違反だから帰された」「髪の色を黒に戻してから来るようにって言われた」「スカートの丈が短いから…」などです。学校側は教育の目的である「人格の完成」を目指し、子どもたちに規律を教え、懸命に対応していました。そして「１人の生徒の校則違反を許すと他の生徒もまねをし、学校が荒れるのでは」と心配する学校もありました。ところが学校の正門前で帰された子どもた

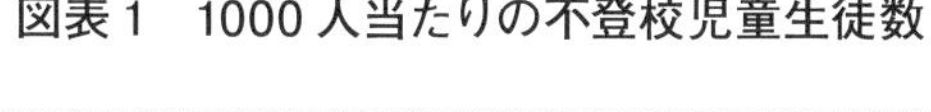

図表1　1000人当たりの不登校児童生徒数

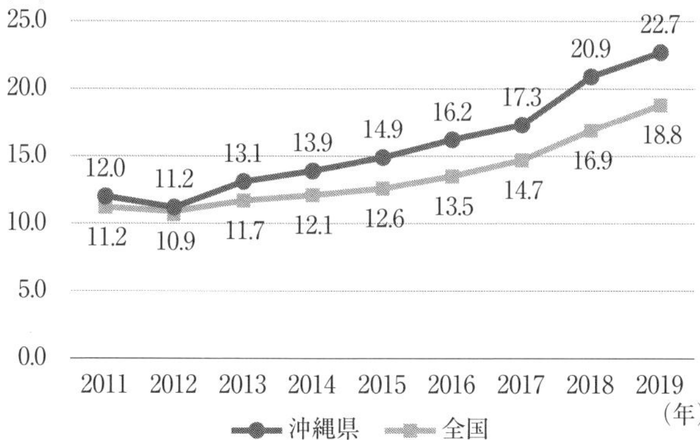

出所：文部科学省「児童生徒の問題行動・不登校等生徒指導上の諸課題に関する調査」より

ちのなかには、学校に戻らず、街で仲間を探し、そこに居場所を求めた子もいました。当時のこのような家に帰すという沖縄特有の指導は、子どもが学校に居られないという「排除」の構造をつくり出し、想定外にも不登校の増加につながったといえます。

沖縄の教育史を分析した村上呂里は「沖縄における学校教育は、中央からの伝達と内地との同化を旨とする統制的性格を有していた」[1]と述べ、さらに「教授スタイルも伝統的に一方的な指導になりがちであった」と指摘しています。また、浅野誠は「管理主義的指導をしているということは、実は指導の原則と方法が見えていないことの告白である」[2]と述べています。これらの指摘から、沖縄の教育には根深い統制的な管理主義の構造があり、そのなかで教師は適切な指導方法が見出せないままに、管理的指導を選択せざるを得なかった可能性があります。本来、子どもの心をケアする営みは、子どもの声に耳を傾け、その子の世界を聴き取ることから始まります。一方的な指導では、子どもの声を聴くという応答の関係を築く機会を失ってしまいます。子どもたちの声の続きを聴けば、おとなが向き合うべき問題の本質が見えてきます。「帰されても着替える制服ないのに」「お家の鍵持ってないし」「髪の毛を黒にする液を買うお金ないのに」。

中2のアスカは「服装違反を直すくらいならアスカ死ぬから。だって服装違反したから、やっと小3からのいじめがなくなった」。アスカにとって違反した制服は自身を守る鎧(よろい)だったのです。子どもたちの校則違反はあくまでも2次的反応であり、もっと心の奥にある傷つきや不安などの1次的な問題にこそ、私たちおとなは目を向け、対応する必要があったと言えます。

不登校減少の背景／指導から支援（ケア）へ

子どもの対応は管理主義に基づく統制を求める指導以上に、不安や困り感、傷ついた心に寄り添う支援（ケア）の視点が必要であると理解した教師たちは、「これ以上この子たちを傷つけてはいけない」と、服装違反をしている子を受け入れ、子どもたちの声に耳を傾け困り感に応答し始めました。生徒たちは、服装違反をまねることはせず、生徒に寄り添う教師の姿をまね、教室が互いに支え合う、どの子にとっても安心できる居場所となりました。生徒の声に応答することを決めたアスカの学校は、アスカの声を聴き、想像を絶する生きづらさを目の当たりにします。過去のいじめがトラウマになっていること、発達に特性があること、自傷行為が止められないこと、福祉の支援の手続きがまったくなされていないこと。それらの課題は、教職員が協働して関係機関と連携し対応しました。卒業の日、アスカは「この学校の生徒でよかった」と先生方にお礼を言い、泣きじゃくった姿が今も忘れられません。

近隣の中学校では不登校だった２年生のシンが、２学期から登校し始めました。夏休みのあいだに髪を染めてしまい、教室への入室を許可するか否か、職員室が二分されます。担任が「今この子を教室に入れないと、２度と登校できないかもしれない。教室に入れてください。他の生徒は（染髪の）影響を受けません」と生徒を信頼し、勇気を出して必死に職員に訴えます。この夏休み、担任は他の職員と協力し家庭訪問をし、シンと関わり続けていました。入室を後押ししてくれたのは、学級の生徒たちです。「先生、シンを教室に入れて。俺たち髪型とかまねしないから」。シンが教室に入るなり、生徒らがうれしそうな表情で「おまえの髪よ、何かこれ」と声をかけます。シンは笑顔で照れくさそうに頭をかく。後に生徒らは言う。「シンは俺らにこんなふうに言ってもらいたいんだよ、小学校の頃からそうなんだ」。

その後、紆余（うよ）曲折はあったものの、シンの不登校は改善しました。そのシンの学年は小学校５年生の頃より学び合いの授業を経験していました。文科省が推奨する「主体的・対話的で深い学び」に先んじて中学校区で挑戦していたとも言え、仲間と支え合い学び合う感覚が身についていたのです。この支え合う教室は地方紙で紹介され、内閣府の沖縄貧困対策担当者にも視察されました。視察団はシンが仲間に支えられ学び合っている姿を見逃さず、「これは貧困対策に大いにつながる」と評価し、さらに「生徒たちの卒業後の進路を把握し、中学校の進路指導の効果と課題を明らかにしていく必要がある。それが貧困対策、ひきこもり、ニートの予防になる」との貴重な助言をいただき、教師たちの励みとなりました。このように、子どものケアを2013年以降も続けたシンの学校は、不登校が増加していません。

一方、ある小学校では５年生のタクが集団になじめず不登校となり、担任は対応に悩んでいました。しかし、タクは「もう大丈夫、教室に行ける」「教室が怖くなくなったから」と登校し始めました。きっかけは担任の声かけだったことが、タクの語りからわかります。「先生が、『タクさん、本当はとってもがんばってたんだよね』『きっといろんなことに困っていたんだよね』って俺のことをわかってくれた」。担任は「支援会議を重ね、保護者からタクの特性や思いを聴くうちに、この子の行動が障害の特性や困り感からだったことがわかり、助けてあげたいと思ったんです」と語りました。母親は「先生がこの子のことを理解してくれて、愛情を注いでくれることが何よりうれしいです」と、涙とともに語りました。

以上の事例に示すように、本市では2008年より特別支援教育を学校教育の中核に据え、指導から支援（ケア）へのシフトを発信していました。合言葉は「どの子も絶対に排除しない。すべての子どもをすくいあげる」でした。このようにインクルーシブ（包摂、すべてを包み込む）教育の思想を行政が打ち出すと、先生たちは子どもを支援（ケア）し、５年後小中学校の不登校は半数以下に減少したのです。

再び増加した不登校

2013年から、学級崩壊など教室の荒れとそこから生じるいじめや不登校の相談が増加し、教室を参観する業務が増えました。この荒れの根底には子ども同士のつながりを阻む過度の競争原理がありました。できる子できない子の二極化が顕在化し、傷つき、安心して過ごせなくなった子が、後に不登校になるケースがありました。できない自分を責め、無気力になり学びから離れる子もいました。「恥をかくから教室はもう嫌だ」と休み始めたカイトは暴力行為をくり返し、後にその理由を「みんなを見返したかった」と語りました。このような2013年からの学級の荒れは、子どもの表情の硬さ、人を見下し馬鹿にする言葉の多さ、教師への反抗的態度など教室のギスギスした雰囲気が特徴でした。その雰囲気が耐えられないと成績優秀なレイは不登校になり、後に女子の集団にいじめられていたことがわかりました。いじめの理由は、「いつも目立っているから」でした。

2013年から強化された学力向上策は、その目的が平均点や順位の向上ととらえられ、教師たちを競争に追い立てられる感覚に陥らせました。教師の焦りや不安は子どもたちにも伝播し、学校を競争的な空間へと変え、子ども同士のつながりを阻み、教室の荒れを引き起こしました。このような教室の荒れや不登校増加は、またしても想定外であったといえます。我々行政は、学力テストの本来の意義と学びの本質を理解し、子どもと教師の尊厳を守りぬくことを最優先に考えるべきだったのです。

ある中学校では、不登校が６％と過去最高になりました。生徒の声です。「先生たちがテストの点の悪い人を学級に貼り出した瞬間、学校が怖くなって２度と行かないと決めた。人権侵害だよ」「貼り出された友だちが泣きそうになっていて、かわいそうで見ていられなかった」と怒り、涙ぐみました。しかし、すべての学校が過剰な競争原理に陥っていたわけではありません。不登校のリキは転校後に登校し始め、自信を取り戻し、第１志望の高校に進学しました。リキの語りです。「この学校は学力、学力って誰も言わないからプレッシャーがなくて天国だよ」。

子どもをケアし、学びを保障する授業づくり

本市のＶ字型のような不登校の減少と増加は、すべての子どもをすくいあげるというインクルーシブ教育の思想と、その後訪れた点数や順位を競う学力向上の競争原理の相克であったともいえます。この矛盾が教師を惑わせ、子どもたちの荒れや不登校の増加を引き起こした大きな要因ととらえられます。そこ

で本市は、すべての子どもをケアし、学びを保障する授業づくりについて、教育方法学者の村瀬公胤氏の指導のもと、文科省の研究指定を受けました[3]。

その授業は①ペアやグループ学習で「おとなりに聞いてみよう」とつなぐことで子ども同士が支え合い、②質の高い課題と教材の工夫で「やってみる、ためしてみる」を増やします。この新たな挑戦に教師も学年団で支え合い教材研究を行うと、子どもたちが主体的・対話的で深く学び始めました。

小学校５年生のルイは、欠席や教室からの飛び出し、授業妨害がありましたが、教具を手にしてやってみることをきっかけに、授業に参加するようになりました。10点台だった単元テストも３学期には80点台となり、教師たちを驚かせました。本研究のアンケートに書かれたルイの感想です「４年生のころは算数をしなかったけど５年生になって算数をするようになった」。QUテストの学級満足群は増加し、学力テストのポイントも上がりました（4.6P）。ケアと学びの保障が同時に実現できるという事実に、この学校の教師は励まされ、その後の不登校ゼロにつながりました。

子どもたちの声は、この沖縄で考えるべき教育の姿を教えてくれています。私たちおとなは、子どもたちが発している声を聴き取る責任を負っています。

★文中の子どもの名前は仮名です。

引用文献

1　村上呂里編著『教育格差をこえる日本・ベトナム共同授業研究――「教え込み」教育から「子ども中心主義」の学びへ』明石書店　2015年

2　浅野誠『子どもの発達と生活指導の教育内容論――生活指導は何を教えるのか』明治図書　1985年

3　岸本琴恵・勝連啓介・村瀬公胤「二次障害を予防する学校教育の改革」日本小児精神神経学会プログラム抄録集　2016年

名護市教育委員会『個性が輝く授業づくりⅡ：平成27年度文部科学省委託　発達障害の可能性のある児童生徒に対する早期支援研究事業報告書』2016年

きしもと・ことえ

2005年より名護市教育委員会 学校教育課。臨床心理士、公認心理師。名桜大学非常勤講師。主な論文に「道徳における規範とケアの相克:『二人称的かかわり』の視点による『規則の尊重』と『相互理解, 寛容』の再定義」（共著）日本教育方法学会『教育方法学研究』44巻　2019年

3-3

つながることが支援のスタート

気づきを関わるきっかけに

具志堅新志

中頭教育事務所スクールソーシャルワーカー

沖縄のスクールソーシャルワーカー配置

スクールソーシャルワーカー（以下SSWr）とは、子どもの置かれている環境を本人、家庭、学校、地域、行政、関係機関と連携し整え、子どもが元気に楽しく充実した生活が送れるよういっしょに考えていく福祉の専門職です。県内では2008年より、６市町村18人のSSWrが配置されました。その後、配置する市町村は増えていき、現在は15市町村68人、県教育事務所22人、合計90人のSSWrが学校や教育委員会にて働いています（「スクールソーシャルワー研究会おきなわ」2020年度調べ）。また、これまでの課題であった有資格者（社会福祉士、精神保健福祉士）の割合も４割へと増加し改善しています。2019年より県教育事務所SSWrの待遇は改善し有資格者の割合が9割となりましたが、市町村の待遇は改善されておらず、有資格者の割合が３割と課題があります。

子どもの変化／増える不登校、発達障がいの多様化

私は小学校３校、中学校１校を担当しています。働き始めた2014年度の相談内容はおよそ、非行50％、不登校・登校しぶり30％、発達障がい10％、その他10％でした。しかし最近の相談内容は、不登校・登校しぶり50％、発達

障がい20％、その他20％、非行10％と変化しています。相談内容からもわかるように非行の子どもは減少し、不登校・登校しぶりや発達障がいの子どもが増加しています。発達障がいに関しては、学校や保護者の理解が広まり、本人の特性の理解や、適切な支援を受けるため診断を取得するケースが増えています。以前は否定的な保護者が多かったのですが、現在は保護者からの診断や福祉サービス、進路に対する相談が増えています。不登校については、その数の増加だけではなく、その状況も多様化し、低学年化してきています。

不登校の背景／厳しい家庭環境

不登校の対応について、学校や家庭も登校させることが目的ではなくなっています。以前は学校も家庭も登校を強要していましたが、現在、学校では、登校を強要せず、子どもの状況に応じ担任を中心としたチームで支援を行っています。また、無理に登校させようとする家庭は減少しています。

不登校の要因についてはさまざまですが、私の対応する子どもの場合は、家庭環境によるものと発達障がいの２次障害によるものが多いです。家庭環境に起因するケースでは、ひとり親世帯、親以外の養育者との世帯、家族に身体・精神疾患のある世帯、生活困窮世帯、虐待やDVがある世帯など、家庭環境が厳しい世帯ほど不登校が多いです。そのような子どもたちがすべて不登校になるのではありませんが、厳しい環境では、子どもにエネルギーが十分に満たされておらず、学習や友人、SNS、教員や部活との関係など、何かのきっかけで登校が減少し不登校になるケースが多くあります。

発達障がいの２次障害によるものでは、学習や友人関係、集団活動、行事などの学校生活での困難の積み重ねから子どもがつらくなり登校が減少し不登校になるケースが多いです。

学校の発信・連携、教員の気づき、地域の見守り

学校の家庭に関する意識は大きく変化しています。これまで学校は家庭の問題に対しあまり立ち入らないようにしていましたが、現在では学校から子ども

検証
基地
保育
学校
家族
医療
労働
貧困
提言
資料

の置かれた情報を発信し、行政や関係機関などの外部機関と連携し、子どもの環境を整えていこうと動いています。学校は、子どもを通し家庭の変化に気づきやすい機関です。申請がないと動きづらい行政などと違い、積極的にアウトリーチができる貴重な存在です。子どもの変化に教員が気づき関係機関と連携することにより、課題の予防や、家庭の支援につながります。

教員の福祉に対する意識も変化しています。以前は就学援助制度について把握していない教員も多くいましたが、今では学校事務職員からだけではなく、教員からも就学援助制度の説明や提案も行うようになり、就学援助を利用する世帯は増えています。

地域の意識も変化しています。居場所や子ども食堂、自治会の支援など活動が広がり、地域で子どもを見守り育てるという流れが生まれています。

コロナ禍の影響／登校の改善につながるケースも

コロナ禍による外出自粛や不規則な休校、部活動の休止から、登校意欲の減少、スマホ依存、生活リズムの乱れが起こり遅刻や欠席が増えています。これまでの不登校の子どもに加え、登校できない、しない子どもも出てきています。

しかし、悪いことだけではありません、学校によって差はありますが、特に小学校ではGIGAスクールの導入が早まり自宅でタブレットを使い、リモートで学習や学校の活動に参加できるようになっています。休み時間もタブレット越しに、登校している子どもと自宅で学習している子どもが楽しそうに交流しています。不登校の子どもが家からではなく、学校の相談室にてタブレットを使い授業に参加するなど、登校状況の改善につながるケースも出ています。自宅からリモートで参加する子どもは私が受け持っている小学校の高学年クラスでは平均８名ほどいます。その数はコロナ禍の落ち着きに応じ徐々に減少しています（2021年．９月現在）。

環境が落ち着いてこそ見える将来

貧困、虐待、ヤングケアラーなど厳しい状況に置かれている子どもは現在もいます。当事者の子どもは「それがあたりまえの日常で、将来のことなど考えられなかった」と話していました。保護者も同じで、「日々の生活をこなすことがやっとで、相談することや子どもと向き合う余裕がもてない」と話していました。学校からの電話もよい連絡はほとんどないため、連絡を取ることが億劫になる保護者や、給食費や校納金の未払いがあるため学校との連絡を避ける保護者もいます。生活が厳しければ、なぜ相談しないのかと思うかもしれませんが、相談することにも勇気やエネルギーが必要です。また課題も1つだけではなくいろいろな問題が絡んでいるケースが多く、何をどこからどこに相談すればよいのかわからないと言う子どもや保護者が多くいます。

また、本当の相談は、信頼関係が築けてから出てくることも多くあります。そのため厳しい家庭ほど相談を待つのではなく、最初の関わりはまわりがつくることが必要です。特に教員や子どもに関わる方は、子どもの変化に気づきやすいポジションにいます。その気づきこそがとても重要で、それが関わる「きっかけ」になります。そこを糸口に子どもや保護者とつながることができます。つながることが支援のスタートであり最も重要なことです。

貧困、親の障がい、不登校から改善した子どもは「落ち着いたから、まわりに目が向けられるようになった。親の愛情やまわりの支えに気づくことができた。そのときに変われた自分を実感した」と話していました。その子どもは現在高校へ進学し、将来は人を支える仕事がしたいと話しています。

このように環境が落ち着いてからこそ、将来は見えるものであり、環境を整え誰もが希望をもてる社会をつくらなければなりません。現在、子どもの環境に対する社会の意識は向上しています。それが一過性のものではなく、常に皆が気にかけ、関心をもち、支え合える社会を維持していきましょう。

ぐしけん・あらし

1977年生まれ。社会福祉士、精神保健福祉士、公認心理師。適応指導教室、高校教員、障がい児支援に携わり、2014年よりSSWr。2019年より全日制高校、定時制高校の就学支援員も兼務。

3-4

苦悩や喜びに出会う対話 思考し続ける教師の覚悟

子どもの声を奪わないために

森山良太
沖縄県公立小学校教諭

いっしょにしゃがみ込む風景

夏休み直前の今にも雨が降り出しそうな曇り空の下、私は支援学級在籍で3年生の真治のあとを追って校舎を出ました。真治は施錠された校門を乗り越え走っていきます。私も真治と同じように校門を乗り越えて走りました。真治は校門を出てすぐの民家の駐車場の奥に入り、涙を拭いました。私は駐車場の入り口で止まり、涙を拭いました。「真ちゃん、ぼくはつかまえたりしないから、ここにいていい？」と静かに声をかけると真治はうなずきました。10分ほどじっと待っていると、真治は私の隣に来ました。「嫌なことがあったんだよね」と声をかけると、真治は「つかまれたこと」とつぶやきました。

15分ほど前、授業が始まっても教室に入らない真治は、ふたりの教師に両腕をつかまれ、職員室前の廊下で泣きじゃくっていました。専科の授業で空き時間だった私が、真治の「放せ！　放せ！」という叫び声に気づき、真治をつかんでいる教師たちに「もう放してください。ぼくが信ちゃんにつきあいますから」と言うと、教師たちはようやく手を放しました。両腕を放された真治は、一目散に校舎から飛び出したのでした。「つらかったね。嫌だったね」と私が言うと、真治は私のお腹に頭を寄せて、「授業おもしろくないんだもん」とつぶやきました。それからふたりでしゃがみ込んで蟻の列を見ていました。すると真治が、「桑の実、もうついてないんだよ」と私の顔を見上げて言いました。「もうついてないの？」と返すと、「今は季節じゃないんだよ。桑の木、見に行く？」と言うので、ふたりで校庭の桑の木を見てまわることになりました。「裸足、痛くない？」と聞くと、「毎日裸足だから平気だよ」と真治は水たまりもかまわず進んで行きます。幼稚園の桑の木の下に立った真治は、「ほら、実はないでしょ」と私に言います。桑の木を見上げると真治が言うようにひとつも実は付いていませんでした。「セミがたくさんいるねぇ。でも高くて捕れないや」と言うので顔を見ると、真治は穏やかな表情に戻っていました。真治の穏やかな顔を見ながら、10年ほど前、雷斗と校舎の裏の植え込みの下にしゃがみ込んで話したあの場面と同じだと感じました。

３年生の雷斗はカッとなるとまわりの子に暴力を振るう子でした。その日もカッとなった雷斗は教室を飛び出し、玄関に向かいました。前日ちょっとトラブった同級生の靴を取って外に出ようとしたところを、「それは絶対許せない」とふたりの教師に両腕をつかまれました。私は「ありがとうございます。放してやってください」と頼み、雷斗の腕を放してもらいました。

教師たちが手を放しても、怒りがおさまらない雷斗は、４人分の靴を手に玄関を出ていきます。私は雷斗についていきました。植え込みのあいだに靴を隠そうとする雷斗に、「だめ！　それじゃ。すぐに見つかってしまうよ」とアドバイスすると、雷斗は驚いた表情で私を見ました。

森山「こんな感じで。落ち葉で覆わなきゃ。ほら、こんな感じ」
雷斗「先生、ここは？」
森山「いいねぇ。木の葉に隠れて見えないねぇ」

ふたりで靴に乾いた落ち葉をかぶせていると、雷斗はようやく穏やかな表情に戻りました。

教室に入らない真治と学校を飛び出した雷斗には、理由がありました。でも、その理由は教師たちに聴き取られることなく、単に「ダメなことはダメ！」と両腕をつかまれ自由を奪われ、黙らされたのです。

声を奪うその先にある学校スタンダード

こういう声が奪われる体験は、学校の中に満ちているように思います。6年生の昌磨が「○○先生、むかつく」と言いました。「なんで？」とたずねると、「だってしつこい！」と昌磨。5年生で昌磨と同じクラスだった賢も続けます。「そうそう！　棚の整理とか椅子を机の下に押し込むとかしないと、超しつこく『しなさい』って言った」。

「1年生のとき、学校休みたいって何度も思ったんです。給食を完食しないとダメだって怒鳴られて」と、涼香は1年生のときの恐怖体験を話しました。「先生とおしゃべりしながら、『整理整頓苦手なんだよ』とか『野菜きらいだから』とか、話さなかったの？」とたずねました。賢は「だって言っても聞いてくれないのに」ときっぱりと言いました。涼香は「先生が言うことが絶対正しいって感じでしたから」とつぶやき、昌磨は「あの先生とおしゃべりなんかしたくない」と怒ったように言いました。

「宿題しないと、帰るまでに必ずやれって言われてきた」「そうじ時間は黙々清掃だからって、しゃべってたら怒られた」と、集まってきた子どもたちは、堰（せき）を切ったようにこれまでの教師に対する不満を話し始めました。

それぞれの事情を考慮しないダメ出しばかりの指示には、教師個々の良心に基づく教育的判断を否定する「チーム学校」の柱となる学校スタンダードが見えます。「あたりまえのことをあたりまえに」というスローガンで、教師は子どもたちに「あたりまえ」の行動様式を迫ります。子どもそれぞれの事情を聴き取った顔をしながらも、「でもね」と教師のやってほしい指示をくり返します。子どもの事情よりも学校スタンダードを優先する教師の「指導」は、子どもの声を奪うことになり、教師不信・学校不信を招くことがわかります。

席に着かない和希の気持ちを聞き取りながら

私は和希とクラスの子どもたちと話すことで、子どもの声を聴き続けることの大切さをあらためて感じさせられました。

2年生の和希は、授業が始まってもベランダで水遊びをしたり教室を歩きまわったり、ロッカーにもぐったりして、ほとんど授業に参加しませんでした。

6月になって、特別支援担当の教師から、和希の保護者との面談を行うことを伝えられました。面談が始まってしばらく、和希の両親の表情はこわばっていました。

特担「森山先生、2年生になってこの1か月ほどの和希さんのようすを担任としてどう感じていますか?」

森山「たしかに席に着くことは、ほぼありません。教室のいろんなところで過ごします。時には廊下でも。和希さんは『やめてね』ということはやめます。そして危ないことはほとんどしないし、せいぜいベランダを水浸しにするくらいです。床に転がっていても『はい、はい!』と挙手して発言します。授業にも参加できます。だから、支援員がいなければ今後の和希さんは困るだろうとは、今は考えていません」

両親の表情が緩んだように感じました。

父親「森山先生が大丈夫とおっしゃってくださるなら、大丈夫なんでしょう。たしかにまだ2年生で幼い盛りです。私も小学生の頃は和希と同じような子だったことを覚えています。よく先生に怒られました」

約2時間の面談は「和希の気持ちを聞き取りながら指導すること」を確認して終えました。とは言え、クラスの中には席につかず動きまわる和希を「変な子」と見る子たちがいました。それで私は、学級の子どもたちと話し合いをもちました。

席離れにネーミングと市民権を

森山「和希って、ずっと席に着かないね」

子ども「1年生のときもそうだったもん」

森山「和希が席につかないことで困ったことある子いる?」

和希と同じ班の千恵が手をあげます。

千恵「班で話し合うときに席についてないから話し合えない」

次に挙手したのは優人です。

優人「優くんの筆箱を勝手に取ったことがあって、いやだった」

森山「それはいやだよね」

和希は私の足もとにあおむけになって、画びょうと磁石で遊んでいます。でも、目と耳はこのやりとりに集中していることがわかりました。

森山「ほかにもいる？　いないみたいだね。和希が授業中に歩きまわることで困ったことがあったらどうすればいいかな？」

子ども「やめてって言う」

森山「和希はそう言われたらどう？　やめる？」

和希「わかんない」

森山「そのときはぼくも注意するね。和希の誰のじゃまにもならない席離れと、じゃまになっちゃう席離れに名前をつけようよ」

千恵「ふわふわしてるから、風船行動がいい！」

森山「それじゃ、ジャマになるほうは？」

亮二「わかりやすく、ジャマ行動でどう？」

子ども「おもしろい！」「いいね」

和希だけではなく他の子どもたちもまた、「次の時間は風船行動します」と言い、ふわふわ体験を楽しみました。また、たくさんの子どもたちがロッカーの中に入る体験をしました。どの子も「うわ〜、ロッカーから見ると教室の風景が違って見えるよ」と喜びました。

席離れの理由、和ちゃん先生誕生！

７月、授業中他のことをしている和希に、「どうして授業中、別のことしてる？」と声をかけました。「だって、つまんないんだもん」と和希は言います。休校期間中に、和希は父親といっしょに、教科書の内容を全部勉強したと言いました。私は和希の風船行動の理由をようやく知ったのでした。

和希は、すでに予習している内容を教えるだけの授業をつまらないと行動で示していたのです。

森山「ごめんね。つまらない授業してきて。こんな授業だったらどう？　和希は漢字が得意だし音読も得意。だから、教科書の音読は基本的に和希にリードしてもらう。国語の授業で漢字テストをするから、その解答を頼む。算数はぼくが黒板に書いてみんなが解いた問題の解答と解説を和希にしてもらう。どう？」

和希「(目を大きく開いて) いいよ」

国語の授業では音読リードと黒板に書く漢字テストのマル付けを和希はしました。算数の時間には、通称「Thinking time」に、サザエさんのオープニングソングをじゃまにならない音量で歌い踊りました。問題を解く子どもたちは和希を見て笑顔になり、いっしょに口ずさみながら問題を解きました。和希は解き方がわからず困っている子の横にしゃがんで、ていねいに教えました。子どもたちは「和ちゃん先生」と呼び、和希はこぼれるような笑顔で応えました。10月から和希は「班遊び」を班の子といっしょに楽しみ、学級内イベント「夢のコンサート」ではダンスコースのメンバーになって休み時間も給食時間も、メンバーの子と汗だくになって踊りました。

森山「和希はさ、最近、風船行動が減ったね」

和希「だって、教室にいたほうが楽しいことあるもん」

子どもたちは互いの行動には理由があることを知り、その背景を知ることを大切にして、互いのおもしろさに出会いながら過ごしていきました。

教師自身が思考することを止めない覚悟を

アリの行列を見て、桑の実を探したあとで真治は穏やかな表情になって教室に戻りました。ふたりで空を見上げていると、雨が降り出しました。「雨降っちゃった。隠れよう」と言ってかけ出した真治とふたりで校舎の軒下で雨宿りをしていると、真治は空を見上げて「もう戻ろうか」と言いました。それから「足洗うから、ちょっと待って」と手洗い場で両足をきれいにして校舎に入り、「じゃあね」と手を振って授業の始まった教室に戻っていきました。

教室を飛び出した雷斗も同じでした。ふたりで４足の靴を隠し終えてから「教室に戻ろうか？」と声をかけると、雷斗は「うん」とうなずきふたりで教室に向かい歩きました。そうして穏やかな顔で教室に戻った雷斗は、次の時間には、隠した靴を真吾とふたりで靴箱に戻しました。

６年生の涼香の「先生が言うことが絶対正しいって感じでしたから」という言葉は、学校スタンダードを押しつける「指導」に対し「私たちの声を聞いてほしい」という言葉だと感じます。教室に入らなかった真治と教室を飛び出した雷斗は、行動の理由を否定されずゆっくり聴き取られることを望んでいたと感じます。

私たち教師は、校則や学校スタンダードが子どもにどのような影響を与えているのかを同僚とともに考え続けることと、教室にいる子ども１人ひとりの苦悩や喜びに出会うための対話を通した思考を止めないことを重視しなければならないと思います。

思考を止めた教師は、子どもを他者として尊重せず無意識に何度も何度も子どもを傷つけます。子どもの声を奪わないために、子どもの生命の尊厳を傷つけないために、私たち教師には思考し続ける覚悟が求められています。

★本文中の子どもの名前は仮名です。

もりやま・りょうた

1969年生まれ。全国生活指導研究協議会会員、全国生活指導研究協議会沖縄支部会員。共著書に『子ども白書2020』かもがわ出版、『季刊セクシャリティ 98号』エイデル研究所2020年。

3…5

大学生の「性教育履歴」性教育バッシング後の特徴

性的発達を支える人権・科学教育を

村末勇介

琉球大学

６年生の子どもたちからの性の質問

飛び込み授業に行ったある小学校で、６年生の子どもたちに囲まれて質問攻めにあいました。わたしの心の動きを添えて、再現してみましょう。

「先生、潮吹きの中に卵子が入っているの？」（いきなり突然！）

「は？　『潮吹き』って何？」（６年生が使う単語か？）

「みんなでDVDで見た」（もうここまで来ましたか！）

「お母さんには聞いてみたの？」（とりあえず返してみる）

「お母さんにはそんなこと聞けない」（そこはわきまえているのか）

「初対面のわたしには聞けるのかい？」（旅の恥はかき捨てというわけ？）

「だって、専門家だから」（ああ、なるほどそう来ましたか！）

子どもたちは、性教育が準備されなくても「性」について興味をもち、情報を手に入れようとがんばるのです。小学生時代からどっぷりと歪んだ性情報に触れたこの子どもたち。彼らの現実は、おとなが願っているほどに「子どもらしく」はないのかもしれません。

さて、わたしは、教育学部の教職科目「特別活動論」の中で、性教育に取り組んでいます。沖縄県の若年出産率が全国比２倍という現実や、学校性教育の主な場が保健や理科、家庭科以外では、特別活動領域の学級活動であることから、15コマの授業のおよそ３分の１を当てて展開しています。

今、教えている20歳前後の学生たちは、2003年頃から始まった「性教育バッシング」（東京都立七生養護学校への「過激性教育」攻撃）のあおりをまともに受ける形で育っています。授業は、学生たちの「性教育履歴」をふり返るところから始めていますが、そこから浮かんでくるのは子どもたちの性的発達保障に関する責任放棄の残念な現場の姿であり、いのちやからだ、性について学ぶ権利を剥奪されて育ってしまった青年たちの現実です。

本稿では、これらの読み解きを通して、今、子どもたちが置かれている現実を明らかにし、今後の課題を探ってみたいと思います。

学生たちの「性教育履歴」から見えてくるもの

例年、性教育シリーズの導入において「わたしはどのように性を学んで来たか・学んで来なかったか」という課題を提示し、「性教育履歴」を記述してもらいます。ここではコロナ禍による制限を受ける以前の2019年度のデータの中から、典型的な記述を採り上げ、性教育バッシング以降、およそ17年間の性教育実践の実態と、それによる沖縄の若者の育ちの特徴を描き出してみましょう。

１　しっかりとした性教育を受けていない気がする

はっきりと記憶していないが、中・高ではあまりしっかりとした性教育を受けていない気がする。確か高校の保健では教科書をただ読むだけや、ワークノートの穴埋め課題程度しか行なっていなかったと思います。

私自身もあまり性について興味がなく、中学の終わり頃になってようやく男性の性器などについて自分で調べ始めました。しかし、ネットのいかがわしいサイトを見るのが嫌だったので、射精や勃起などの自分に必要な最低限の情報しか取得しませんでした。その後、様々なところで生理などについても間接的な形で話を聞いたので、ぼんやりとしたイメージはありますが、やはりしっかりとした性教育を受けたとはお世辞にも言えない状態であると自分でも思います。

（男子学生）

履歴の記述の中で、男女問わず圧倒的多数がこのような「しっかりと性教育を受けてこなかった」という内容です。中・高でのテスト対策としての穴埋め的知識獲得授業であったとのふり返りも多く、結果として内容については記憶に残らず、生きていくうえでの「学力」として獲得されてはいないのです。

2 生理や月経などの単語を言葉だけ知っている状態

学校の保健体育の時に、ある程度の男子の性教育は学んできたが、女子の性教育の内容についてはほとんど学んでおらず、生理や月経などの単語を言葉だけ知っている状態で、その意味や内容などは全然わからなかった。だから、なぜプールで女子は休んだりしているのかなどの訳が分からず、友達に理由などを聞いたりして知っていた。学校の授業で学ぶことよりも、友達との会話で性について知ることの方が多かった。だから、ちょっとエッチな言葉を意味も分からない時は軽々しく使っていたりして、友だちに引かれたりしていて、意味を知った後に後悔したことは何度かある（めちゃ恥ずかしかった）。（男子学生）

この学生は、自身の性に関しては学んだが、異性に関しては言葉だけを学ぶ性教育だったとしています。その結果、水泳の授業を休む女子のことを理解し、思いやることもできず、ましてやエッチな言葉を意味もわからず発するような「恥ずかしい」行動に結びついたと後悔しているのです。それを支えたのは、学校での性教育ではなく、友だちと交わした猥談（わいだん）なのでした。

3 自分は気になってインターネットで調べた

私が小学校の頃に、「女子は次の時間は保健室に集合」と女子だけに「生理」について教えてもらい、男子には教えてもらわなかったことを覚えています。中学校に入って初めて体育館にて男女合同で性行為、生理、自慰行為について学ぶ機会を設けられました。しかし、（村末）先生が言うように、性病については詳しく学んでいきませんでした。文章中にクラミジア、梅毒などの固有名詞は出るものの、それが実際どういうものなのかは言葉でしか示されておらず、カンボジアの教科書のように写真という形では出てこなかったです。自分は気になってインターネットで調べたりしてきましたが、知らない場合に性病になったりした場

合、対応に遅れをきたすのではないかと懸念します。（男子学生）

この学生は、中学校での性教育の不十分さを、インターネットによる自主的学びによって補ったとしています。こうして補える子どもは、ある意味まだ幸運だといえるでしょう。しかし、残念ながら全員がそうではありません。インターネットによって過激に歪んだ影響を受ける子どもたちもたくさんいます。梅毒など、若年層への性感染症の広がりは、国内的にも大きな課題となっていますが、中途半端で曖昧な授業のままでは、それを克服することは不可能です。

なお、カンボジアの教科書については、授業の初めに紹介したものですが、小学6年生の理科の教科書には、性病に罹患（りかん）した性器の写真が示され、具体的に説明が付されています。

4 小・中・高共通して男女別室での教育

私が今まで習った「性」についての授業は、小・中・高共通して男女別室での教育でした。女子は生理のことについて重点的に話され、毎回内容もほぼ同じで、特に頭に残るようなことを習った覚えはないです。

また、男女別での教育であったので、男子がどのような教育を受けているのかや、男子が「生理のしくみ」についてあまり理解できていないことと同じように、私（女子）も、男子の射精の仕組み等についてちゃんとは理解できていません。

思春期であるから、恥ずかしいと思ってしまうのは仕方ないと思うけど、将来パートナーができた時に、お互い困ってしまうのは良くないと思うため、性教育について日本はもっと考えるべきではないかと思いました。

（また、今までの薄い性教育のおかげで、大学生になった今でも性に対して不安でいっぱいで、多分知識も浅いと思います。）（女子学生）

この学生のように、互いに異性の性についての知識が獲得できていないことを記述する学生は少なくありません。けれども、実態としては、「生理（月経）」を中心とする内容について女子を対象に教えられていることがほとんどであり、男女を問わず「男子の性」については学習内容として保障されているとは言えません。そして、その実態は次の5の記述により、より悲惨な実態として浮かび上がってくるのです。

5 カーテンが開いたらいつもの日常に戻る

小学校中学年の頃、運動会練習の後女子だけ集められ、下着（ブラジャー）の着用について先生から話があったのが初めての性教育（と言えるかな？）だったと記憶しています。その後、生理についての説明もありましたが、先生がコソコソするので、なんだか私たちもこういう話は表ではしていけなくて、裏でこっそりするものなのかと思った記憶があります。

性教育の授業は、中学でもあり、性感染症について、妊娠について説明がありましたが、常に男女別で、男子はどんな話を聞いてるんだろうと疑問に思いました。でも、こういう話はコソコソするものと、暗に教育されていた（？）ので、表では言えませんでした。性教育の授業では、「質問は？」と聞かれることもなく静かに進み、終わってカーテンが開いたら今までのことは心の中にしまいこみ、いつもの日常に戻るというような感じでした。（女子学生）

わたしはこれを読んだとき、思わず笑ってしまいました。先生たちが「コソコソ」と伝えた知識は、まさに「陰」の世界に閉じ込められなければならないものだったのです。けれども、性教育が非日常での学びの世界としてしか存在できないとは、本当は笑えない悲しくつらい現実なのです。

6 母親ともこういう話をしたことはあまりない

私が学校で受けた性教育で一番古い記憶にあるのが、確か小学校４年生か５年生の頃の保健の授業だったと思います。この時は、男女合同で人間の身体の仕組みなどを習って、性器の画像があったりしたのでクラスのみんなでふざけて笑った記憶があります（今思うと何も笑えるような面白い話ではないのに）。

性＝恥ずかしいという認識が未だに少し自分の中に残っているので、母親ともこういうお話をしたことはあまりないと思います（分からないことや気になることがあっても自分から聞きづらかったです）。（女子学生）

学校があてにならなければ、頼りは家庭？　女子学生の多くは（７にもあるように）初経を迎えるときに、母親（もしくはそれに代わる女性）から対処法を中心に学んでいますが、性教育という意味では、ほとんどの学生たちが家庭で受けて育ってはいません。性教育は、やはり学ぶことによってできるようになるものです。学んでいないもの同士としての子どもと保護者が、いきなり「性」を話題にしづらいのは容易に理解できます。そういう意味では、やはり「あてになる学校」でなければならないのです。

7 もっと検査についての教育を行うべき

私が小・中学生だった頃、性に関する情報を知る手段がなくて、いつか生理っていうものが来るらしい、血出るってよ怖い〜という話を友達としていました。小学５・６年頃からみんな生理が始まって、私もその時初めて母と性についての会話をしました。いつか赤ちゃんを作るためのものとか、生理用品の使い方を教えてもらいました。大学生になって初めて、子宮頸がん検診というものがあると知り、検査に行くとがんではありませんでしたが、子宮の病気が見つかり、もっと早く検診などについて教えてもらいたかったなあと思いました。性病についてもそうですが、もっと検査についての教育を行うべきだと思いました。

（女子学生）

このふり返りの内容は、非常に深刻です。まさに、「性」の学びがいのちと切り結んで存在していることを証明していると言えるでしょう。知識の有無が、いのちの有無につながるという認識をもつべきであり、性感染症、予期せぬ妊娠・出産に直結することを、わたしたち教育に携わるおとなたちは深く理解しておくべきなのです。

8 まだまだ知らないことばかりと気づき意識が変わった

基本、性についての授業は男女に分かれて行われていたイメージが強く、それについては異性もいる中で性について学ぼうとした時、どうしてもその目が気になったりなどして、真剣に集中して純粋に学ぶ姿勢がとりづらくなるからと思っていた。しかし、実際男女で分かれて授業をしたとしても、先生もやはり教えづらかったりしたからか、おもしろおかしく「男子もいないから〜」とストレートに伝えようとしていて、それはそれであまり「性」についての重みを感じず、そこから自分で何か考えようとすることもなかったように思う。

そんな中、中2の頃、男女共に学年講話として、マスターベーションの話を聞いた時は衝撃だった。今まで男女別だったことでわからなかったこと、初めて聞いたことがとても多く、もちろん動揺もしたが、まだまだ知らないことばかりと気づき、これからの性教育への意識や異性を理解しようとする意識が変わった。

（女子学生）

この記述は、性教育の可能性を示しているでしょう。中２の頃のマスターベーションの授業で、学生は、性教育や性への意識を変えることができたと言います。全般的に性教育が停滞している中で、子どもたちに寄り添い地道に性教育実践に取り組む教師や学校は確実に存在しているのであり、その存在によって救われる育ちが確実にあるのです。

冒頭で紹介したように、大学生たちが歩いてきた過去よりもさらに過激な情報があふれる現在は、子どもたちが「子どもらしく」育っていくためのいのちとからだ、性の学びを必要としています。

セクシュアリティ教育（包括的性教育）の必要性

2020年６月に政府の性犯罪・性暴力対策強化のための関係府省会議において、「性犯罪・性暴力対策の強化の方針」が決定されました。この流れにおいて、2021年４月から学校現場においての「生命の安全教育」が試験的に始まり、2023年から本格的実施となる見通しです。

性犯罪・性暴力対策という主旨からすれば、「性の安全教育」とすべきところですが、「性教育」自体に後ろ向きの姿勢を貫く中での中途半端な施策の限界といえるでしょう。「性教育」には取り組ませたくないという心配や本音のほうが透けて見えるような気がします。ともあれ、そうした矛盾や問題点を抱えつつも、まずはこれをいったんチャンスとして引き取ることが大切でしょう。その際、これまで見てきたような性教育の停滞状況を克服して、単に「心構え」を強調する道徳主義的な教育ではなく、「人権」を柱にした科学教育としての性教育を積極的に継続的に展開していく必要があります。

近年、国際的には、性教育から「セクシュアリティ教育」や「包括的性教育」へと概念が発展してきました。セクシュアリティとは、人間のあり方を多様な角度からとらえ、トータルに見つめることを可能にする概念です。これを前提に、セクシュアリティ教育の具体的な方向性や内容を示す国際文書として『国際セクシュアリティ教育ガイダンス』が2009年に発表され、2018年には『改訂版ガイダンス』が発行されています。

改訂版では、８つのキーコンセプト（「人間関係」「価値観、人権、文化、セクシュアリティ」「ジェンダーの理解」「暴力と安全確保」「健康とウェルビーイング（幸福）のためのスキル」「人間のからだと発達」「セクシュアリティと性的行動」「性と生殖に関する健康」）にもとづき、具体的な教育内容と獲得すべき目標内容が知識、態度、スキルという形で４つの発達段階区分により整理されています。ここでは、詳述することはできませんが、現在の子どもたちの性的発達をどのように支えていくのか、ぜひこの「ガイダンス」から学び、セクシュアリティ教育への一歩を踏み出していただきたいと思います。

★本稿は、鹿児島子ども研究センター編「かごしまの子ども」№37（2020）年の拙稿に、加筆修正を加えたものです。

参考文献

ユネスコ編　浅井春夫／良 香織／田代美江子／福田和子／渡辺大輔『国際セクシュアリティ教育ガイダンス【改訂版】――科学的根拠に基づいたアプローチ』明石書店　2020年

むらすえ・ゆうすけ

1963年生まれ。琉球大学教職大学院准教授。“人間と性”教育研究協議会九州ブロック幹事。著書に『子どもの“いのち”に寄り添う仕事』エイデル研究所　2021年、共著書に『性教育はどうして必要なんだろう？』大月書店　2018年。

ひきこもり取材の現場から

3……6

「かつての子どもたち」が立ちすくむ家族の場所で

こぼれ落ちた「その後」を生きる個々の現実

篠原知恵

沖縄タイムス社会部記者

じっと息を潜めて気配を消し、他者とのつながりを絶って、家に閉じこもる――。貧困や暴力、隠れた障がいにあるべき公的支援が行き届かず、あるいは義務教育からこぼれ落ちたまま、動けず、ひきこもっている「かつての子どもたち」が、沖縄に数多くいる。

ひきこもりにつながる生きづらさや困難の多くは、社会として受けとめて解消すべき問題だ。だが、それは長年、個人や家族で背負うべき自己責任の問題としてすり替えられ、本人たちの声はかき消されてきた。閉ざした家の中で人知れず、望まぬ孤立に至る悪循環は続いている。

沖縄県内でひきこもっている人はどれほどいて、どんなことに困っているのか。ひきこもりに関する公的調査は不足し、実態はわかっていない。

ひきこもり状態にある人や家族の社会的な孤立は全国に通じる課題で、複雑で多様な背景が絡むことは言うまでもない。一方で、地元紙の記者として沖縄県内で2019年夏から本人や家族への取材を続ける私は、沖縄社会が抱える独自のリスクも感じてきた。

誰にも気づかれず、助けも求めず

「ひきこもりを、社会のせいにしたいわけではない。半分は自分のせい。でも、もう半分は――」

沖縄本島中部、膝丈ほどの雑草に覆われた木造小屋。薄暗い室内をカーテンで仕切った３畳ほどの「聖域」に閉じこもる49歳のコウジさん（仮名、2020年当時）は、その先を口にしない。高校中退後にひきこもり状態となり30年以上になる。

携帯電話やテレビは壊れたままで、食料などの生活必需品は、メモで83歳の母マサエさん（同）に意思を伝え買い出してもらう。用を足すのもバケツにためておき、ゴミ出しを頼む。母頼みで命をつなぐ日々だが、その母の身に何かあっても、コウジさんに助けを求める手立てはない。「働き者の母、出来そこないの自分。母はきっと自分を憎んでいる」と言う。

沖縄で「8050（はちまる・ごーまる）問題」に接すると、沖縄戦にいきつくことが少なくない。マサエさんもまた、地上戦を生き延び、小学校卒業と同時に、貧しさから実家を出されて働いたという。結婚したが、自身や子どもに対する夫の暴力に耐えかね離婚。頼る身寄りがないなか、女手ひとつで１日14時間以上働き、コウジさんら５人の子どもを育てた。戦後の沖縄では、夫の暴力から逃れた母親が、ひとりで多子を育てた事例が本当に多い。

コウジさんの記憶には、幼少期の「小さな悔しさ」が澱のようにたまる。給食費が払えず教師に「泥棒」呼ばわりされたこと。固定電話がなく卒業アルバムの連絡先が空欄だったこと。成長するにつれて小遣いがなく友だちに気を遣わせる機会が増えたこと――。

同居の姉は働いて家計を楽にするため、別の姉は出産のために高校を中退した。憧れのバスケット部がある高校に合格したコウジさんも、バス代が足りず、しだいに登校が減り、高校２年でやむなく姉たちに続いた。「自立してほしい。私は小卒で働けた。中卒なら大丈夫」。母のひと言で中退を決めたものの、鬱屈とした思いは拭えず、しだいに心のバランスを失った。「10代からずっと、働かなければというプレッシャーに押しつぶされそうだった」と言う。

それでも20代前半まで、運転免許がなくても働ける建設工事や食品加工などの仕事に数回就いた。だが、家の経済的事情で転居を重ねたために道に迷い遅刻したり、人間関係につまずいたり。数か月で元のひきこもり状態に戻り、30代で何度か自死を試みてからは外に出る気力を完全に失った。

閉ざされたカーテン越しに記者の取材に応じるコウジさん。その姿は影さえも見えない
2020年、本島中部／沖縄タイムス社提供

一方のマサエさんは、息子に中退を促した後悔を引きずり、自らの責として高齢で足腰が不自由になってなお、ひとりで息子を支え続けた。

四半世紀を超える歳月のあいだ、誰も親子の存在に気づかず、その痛みにふれなかった。親子もまた、外に助けを求めることはなかった。

数年前、マサエさんはようやく要介護認定を機に生活保護を受けたが、姿を見せないコウジさんは行政職員に「受給意思がない」と見なされたという。

転機は2019年夏。「どうやらマサエさんに息子がいるらしい」といううわさで、地域の社会福祉協議会の職員らが親子を訪ねたのを機に、コウジさんは生活保護と訪問看護[1]につながった[2]。

コウジさんが「聖域」で過ごす日々は変わらない。だが、途切れ途切れとはいえ、孤独に過ごした歳月を埋めるかのように、他者に過去を口にし出したそのようすは、少しずつつながりを、自己を語る言葉を取り戻そうとしているように映る。

親子を追い込んだ背景、沖縄戦にさかのぼる貧困

沖縄戦から折り重なる貧困の連鎖を背景に、セーフティーネットから抜け落ちたまま、地域から孤立し歳月を重ねた親子。私たちは「特殊なケース」として語れるだろうか。

文部科学省の児童生徒の問題行動・不登校調査などによると、沖縄県内の不登校の小中高生の割合は全国上位で、高校中退率、卒業後の進路未決定率（中卒・高卒）は全国で最も高い状況が長年続く。若年無業者率も、全国平均より大幅に高い。背景はさまざまにあるとしても、これらの指標は、沖縄で学校という場とのつながりが切れた後、その存在を把握されづらくなるひきこもり状態の子どもたちの多さを示唆する。

取材で地域を歩き、ひきこもりに至ったそれぞれの経緯をひもとくと、特に地域社会や家族会などとつながっていないケースにおいて多く出あうのが、経済的要因を背景に孤立を深める事例だ。戦後から続く構造的な貧困がなお解消されずにいる沖縄で、彼らは自己責任とはほど遠い位置にいる。

一方で、私たちの社会は、望まぬ形で「普通」のレールをいったん外れた人の再起に寄り添う公的支援の仕組みをほとんどもたない。その実質的な機能の大半を「家族」に依存している。家族の限界を直視せず、助けを求める声を家庭内に封じ込めるこの構造そのものが問題だが、この現状で、コウジさん親子のように家族の土台も脆（もろ）いと、親子ともに早期に立ちすくむ恐れは必然と高くなる。

家族以外の第三者が、もっと早くその痛みにふれられていたなら——。親子を共倒れの際に追い込んだものは、今も世代を超えて、沖縄に散らばっている。

人知れず起きた悲しい家族の出来事、痛みの深さ

東京都で、ひきこもり状態にあった息子の将来を案じ、父親が手にかけた事件[3]が起きたのは2019年６月だった。

この約半年前、沖縄でも似た構図の殺人未遂事件があった。数十年ひきこもる息子と、相談窓口をたらい回しにされて助けを求めることを諦めた親。父親は、息子の暴力が家族以外に向くのを恐れて息子を刺したという。さらに、この数年前には、ひきこもり家族会に通う親が、ひきこもり状態にある子どもに命を奪われる事件も起きた。いずれも、当時は県内紙を含めて大きな話題にならなかった。

経済的な要因が影響したかどうかにかかわらず、ひきこもりという取材テー

マにふれたこの間、それが命に直結する問題であると突きつけられた。家族以外に悩みを受けとめて寄り添う場、適切な支援さえあれば防げたはずの、人知れず起きた悲しい出来事は、ここ沖縄で、過去にいったいどれほどあったのだろう。

コウジさんは、1部屋しかない自宅をカーテンで区切ることで3畳の「聖域」を作った。きょうだいが多く自室がないために洗濯物の山で「壁」をこさえたり、台所の片隅を陣取ったりし、心をぎりぎり守れる環境を整えた人たちもいる。ひきこもりに嫌気がさして、最期くらいはと家以外の死に場所を求めたものの、どうしても玄関の先に1歩を踏み出せず、家で自殺未遂をした人もいた。

「家」や「家族」は、必ずしも居心地のいい場所とは限らない。それにもかかわらず、外にも出られないという痛みの深さに、私たちはどれほど向き合えてきただろう。

「ステイホーム」が奪うひきこもり家族の声

昨今の新型コロナウイルスの感染拡大で、政府は「ステイホーム」の大号令のもとに、家族が自宅で過ごすことを感染防止対策の中心に位置づけた。家族や個人の単位に頼って感染拡大の解決を図ろうとするなか、ひきこもり状態にある人や家族の声は、ますます家の奥深くにしまい込まれかねない事態に陥っている。

さらに、ひきこもり対策を担う県の担当課や生活困窮者自立支援機関、保健所なども、コロナ関連対応で業務がひっ迫した。そのため、2019年6月に起きた東京の事件を機に一時は加速したひきこもり支援の在り方に向けた議論は停滞したように映る。

支援制度の狭間でなお、死と隣り合わせの日々

義務教育や障がい者福祉、生活保護などの枠組みに入らず、高齢でもないひきこもり状態の人たちに、第三者の手が届きづらい状況は依然として続く。

沖縄県は、ひきこもり状態にある15～64歳未満の人が県内に約１万3800人いると推計するが、これは単に内閣府調査の計算式に当てはめ試算した数でしかない。ひきこもりという漠とした枠組みの実相を具体化し、本人たちの多様な声を聴く作業を重ねなければ、望ましい寄り添い方はつかみようがない。

「この子のことは、私たち家族にしかわからない。かつての同級生も、担任教諭ももう誰も覚えていない」

小学校高学年で不登校になり、ひきこもったまま2021年に成人を迎えた子どもの母親は、こう口にした。

支援の網からこぼれ落ちた地続きで立ちすくみ、ひきこもる「かつての子どもたち」は、おとなになった今なお、支援制度の狭間で、人知れず歳月を重ねる。その姿は見えづらいが、確かに、そこかしこにいる。時に、家族とともに、経済的、精神的、体力的に限界を迎えながら、死と隣り合わせの日々をも送る。

このままでいいはずがない。ここ沖縄で、こぼれ落ちた「その後」を生きる個々の現実が、強く、静かに問いかける。私も自分自身に、そして社会に問い続けていく。

注

1　コウジさんは、カーテン越しに精神科医の訪問診療を受けて「自律神経失調症」の診断がついた。

2　取材は、30年以上ひきこもり状態にあり、家族以外の他人と接触のなかった心境を正確に聞き取るため、訪問看護師立ち会いの下、2020年２月から１回あたり２時間前後のインタビューを10回程度実施した。カーテン越しで顔が見えないコウジさんの聞き取りに齟齬が生じないよう、インタビューの文字起こしを読み上げて発言の意図を本人に確認するなど、細心の注意を払った。

3　2019年６月、東京の自宅で、76歳の父親が、長いあいだひきこもっていた44歳の息子を殺害した事件。

しのはら・ちえ

1987年生まれ。2013年に沖縄タイムス入社。労働や環境問題、医療・福祉などを中心に取材し、2015年から社会部所属。取材班で連載「『独り』をつないで──ひきこもりの像」で貧困ジャーナリズム大賞など。

4

家族という困難

顔と顔を合わせて のりしろ型支援を

おとなが変わり、児童虐待ゼロへ

森田修平

沖縄県子ども生活福祉部青少年・子ども家庭課

沖縄県における児童虐待相談対応

沖縄県は、宮古・八重山を含む全県41市町村から成り、その人口は、2021年１月で148万5,484人（沖縄県企画部市町村課「住民基本台帳」）に対し、20歳未満の児童人口は33万440人となっています。

県内にある２か所の児童相談所（中央〈宮古・八重山分室含む〉・コザ）は児童福祉法第12条に基づき、都道府県への設置が義務づけられており、18歳に満たないすべての児童を対象とし、福祉や健全育成に関しての対応をしています。児童相談所は主に４つの機能を有しております。

① **相談機能**　子どもに関する家庭その他からの相談のうち専門的な知識及び技術を必要とするものについて、必要に応じて子どもの家庭、地域状況、生活歴や発達、性格、行動等について専門的な角度から総合的に調査、各種診断、判定等を行い、それに基づいて援助指針を定め、自ら又は関係機関等を活用し一貫した子どもの援助を行う機能

② **市町村に対する援助機能**　市町村による児童家庭相談への対応について、市町村相互間の連絡調整、市町村に対する情報の提供その他必要な援助を行う機能（市町村との連携や役割分担についての詳細は後述）

③ **一時保護機能**　必要に応じて子どもを家庭から離して一時保護する機能

④　**措置機能**　子ども又はその保護者を児童福祉司、児童委員（主任児童員を含む。以下同じ）、児童家庭支援センター等に指導させ、又は子どもを児童福祉施設、指定医療機関に入所させ、又は里親に委託する等の機能

児童相談所は、上述の役割や機能を果たしながら、1人ひとりの子どもたちや家庭の援助を実施していますが、その中でも昨今は「児童虐待」相談対応が業務の多くを占めている状況であり、社会的にも問題となっています。

2020年度に県内の児童相談所が対応した児童虐待相談対応件数は、1,835件となりました。2019年度と比較すると228件増（+14%）となっています。また、2018年度（1,100件：沖縄県「平成31年度児童相談所業務概要」）において沖縄県内で対応した虐待相談の年齢（被虐待児童）で最も多いのは、未就学児童529名（48.1%）。小学校期366名（33.3%）。中学校期147名（13.5%）。中学卒業期57名（5.2%）となっています。

児童虐待は4類型に定義されており（次節にて記述）、沖縄県内で最も多い相談種別は、心理的虐待（72.0%）、次いで身体的虐待（25.2%）、ネグレクト（14.4%）、性的虐待（1.0%）の順となっています。さらに、虐待の主たる加害者は「実父」が一番多く1,100件のうち半数以上の607件（55.2%）となり、「実母」が318件（28.9%）です。

児童相談所への児童虐待相談経路については、増加する児童虐待に関して他（多）機関との連携が児童虐待防止法の改正により強化され、警察からの相談が762件（69.3%）となっています（2018年度）。学校等は71件（6.5%）、医療機関は22件（2.0%）、家族・親戚・近隣・知人は85件（7.7%）となっています。

これまで県内の児童相談所による児童虐待相談対応データについて説明してきましたが、この数値は年々増加傾向にあります。2014（平成26）年度の虐待相談件数（478件）と比較しても2倍以上の相談があることがわかります（次ページ**図表1**）。増加の背景には、法改正以前の児福法第25条「要保護児童発見者の通告義務」や児童虐待の防止に関する法律第6条「児童虐待に係る通告」が多くの人々に認知されてきたこと、児童相談所虐待対応ダイヤル「189（いちはやく）」が設立され、児童相談所に電話をしやすくなったことも大きな1つの要因といえるでしょう。

児福法第25条では「要保護児童を発見した者は、これを市町村、都道府県

図表１ 児童相談所での児童虐待相談対応件数　推移

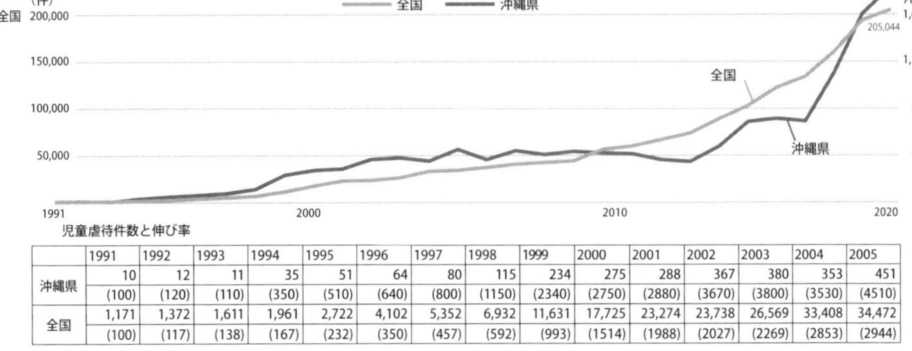

児童虐待件数と伸び率

	1991	1992	1993	1994	1995	1996	1997	1998	1999	2000	2001	2002	2003	2004	2005
沖縄県	10	12	11	35	51	64	80	115	234	275	288	367	380	353	451
	(100)	(120)	(110)	(350)	(510)	(640)	(800)	(1150)	(2340)	(2750)	(2880)	(3670)	(3800)	(3530)	(4510)
全国	1,171	1,372	1,611	1,961	2,722	4,102	5,352	6,932	11,631	17,725	23,274	23,738	26,569	33,408	34,472
	(100)	(117)	(138)	(167)	(232)	(350)	(457)	(592)	(993)	(1514)	(1988)	(2027)	(2269)	(2853)	(2944)

2006	2007	2008	2009	2010	2011	2012	2013	2014	2015	2016	2017	2018	2019	2020
364	440	408	435	420	414	363	348	478	687	713	691	1,100	1,607	1,835
(3640)	(4400)	(4080)	(4350)	(4200)	(4140)	(3630)	(3480)	(4780)	(6870)	(7130)	(6910)	(11000)	(16070)	(18350)
37,323	40,639	42,664	44,211	56,384	59,919	66,701	73,802	88,931	103,286	122,575	133,778	159,838	193,780	205,044
(3187)	(3470)	(3643)	(3775)	(4815)	(5117)	(5696)	(6302)	(7594)	(8820)	(10468)	(11424)	(13650)	(16548)	(17510)

出所：厚生労働省資料、沖縄県「平成31年度児童相談所業務概要」より筆者作成
注　：（　）内は、平成3年度を100とした指数（伸び率）

の設置する福祉事務所若しくは児童相談所又は児童委員を介して市町村、都道府県の設置する福祉事務所若しくは児童相談所に通告しなければならない」と明記され、要保護児童を発見した場合のみに限定されていました。しかし2004年の法改正により「児童虐待を受けたと思われる児童」と対象が拡大され、子ども１人ひとりが虐待から守られる環境へと整備されていきました。

相談件数の増加は「虐待が増えた」というネガティブなことを意味しているのではないことを抑えておかなければなりません。先にも述べたように児童虐待という社会的問題の認知が広がり関心が高まってきたこと、そして日頃から子どもと接する保育・福祉・教育関係機関のみならず、県民１人ひとりによる「子どもを守る意識」が高まってきたこともうかがえます。

児童虐待の定義と４つの類型、予防の必要

児童虐待が深刻化する中、2000年に「児童虐待の防止等に関する法律」が制定されました。その法律の第２条で児童虐待が定義されています。

① **身体的虐待**　児童の身体に外傷が生じ、又は生じるおそれのある暴行を加えること

保護者（おとな）が子に対して殴ったり、蹴ったり、水風呂や熱湯に沈めた

りする、アイロンを押しつける、首をしめる行為等を指しています。暴行等により傷やあざができやすいので周囲に気づかれがちではありますが、一方、洋服で隠れる場所に多くの傷痕ができていることも稀ではありません。

② **性的虐待**　児童にわいせつな行為をすること又は児童をしてわいせつな行為をさせること

保護者等による子どもへの性交や性的な行為の強要・教唆、また子どもに性器や性交を見せるのも性的な虐待です。とにかく顕在化されにくいことが特徴の1つです。性的虐待という言葉を聞くと、急に被害を受けることを想像する方も少なくないと思います。しかしこの性的虐待は、長年にわたり被害を受ける子どもを自身の支配下においていることも多いのです。そのため被害を受けた子は、まわりに対して被害を受けたこと、受けていることを告げることが非常に困難となります。この虐待は、他の虐待と同様に、男女に関係なく被害を受けている事実を知っておく必要があります。

③ **ネグレクト**　児童の心身の正常な発達を妨げるような著しい減食又は長時間の放置、保護者以外の同居人による前2号又は次号に掲げる行為と同様の行為の放置その他の保護者としての監護を著しく怠ること

保護の怠慢や養育の放棄・拒否ととらえられることが多く、適切に子どもに食事（ミルク）を与えない、衣服を着替えさせない等があります。ネグレクトを受け続け成長する子どもは、自身がネグレクト（虐待）を受けていると自覚をもちにくいのも特徴の1つです。また保護者も幼少期にネグレクトを受けながら生活してきた経験があることも少なくありません。つまり、ネグレクト(虐待）を受けながら育つと、自身の子にも同様の経験をさせてしまう可能性があるのです。ネグレクトは、県内で児童虐待と同様に問題となっている「貧困」も大きな要因の1つだといえるでしょう。

④ **心理的虐待**　児童に対する著しい暴言又は著しく拒絶的な対応、児童が同居する家庭における配偶者に対する暴力（配偶者〈婚姻の届出をしていないが、事実上婚姻関係と同様の事情にある者を含む〉の身体に対する不法な攻撃であって生命又は身体に危害を及ぼすもの及びこれに準ずる心身に有害な影響を及ぼす言動をいう。第16条において同じ）その他の児童に著しい心理的外傷を与える言動を行うこと

保護者等によるけんかを子どもが見ていること（面前DVとも言います）、きょうだい間差別、大声で怒鳴る・無視する等を指しています。心理的虐待は被害を受ける子に対して直接的な傷痣は残らないものの、脳へのダメージ（脳の一部が縮小・変形）は身体的虐待よりも大きいことが、福井大学医学部附属病院の友田明美医師らによる長年の研究で判明しています。脳にダメージを受けると、子はさまざまな言動を表すことがあり、集中力の低下、記憶力や学習能力等の低下などが生じる可能性が指摘されています。

児童虐待の４類型をそれぞれ紹介してきましたが、虐待を受けた子どもたちの多くは、どれか１つの虐待のみを受けたという経験だけではなく、複数の虐待を受けていることがあります。また、保護者（おとな）の虐待に至る背景についても、多岐にわたっています。家庭内の人間関係や親族等との不仲、収入面での困窮、さらに地域等からの孤立や自身の子育てに関する余裕のなさも１つです。このようにさまざまな要因が絡み合うことで虐待行為が生じ、その矛先は、弱い者（特に子ども）に向かっていくのです。また忘れてはいけないのが、児童虐待は、子どもに関わるすべてのおとなに起こり得る可能性があります。だからこそ、社会全体で虐待から子どもを守っていくために、対処だけではなく、未然に防いでいく「予防」の視点、取り組みが重要といえます。

地域支援 —— 市区町村家庭児童相談と要保護児童地域対策協議会

児童相談所の児童虐待対応は増加傾向に伴いひっ迫し、この問題を未然に防いでいく必要性が高まりました。そのために欠かせないのが「地域支援」です。家庭により近い地域で支援機能を有している「市区町村家庭児童相談室（市区町村により名称が違い、また法改正により機能や役割も異なっています：後述）」が大きな役割を担っています。

育児不安や子育て支援のニーズに対して効率的、効果的に支援していくことが求められる中、2004年の児福法改正法により、2005年４月より児童家庭相談に応じることが市町村の業務として法律上明確に規定されました。児童家庭相談は、子に関する各般の問題につき、家庭その他からの相談に応じ、子どもが有する問題または子どもの真のニーズ、子どもの置かれた環境の状況等を的確にとらえ、個々の子どもや家庭に最も効果的な支援を行い、もって子どもの

図表2 市町村・児童相談所における相談援助活動系統図

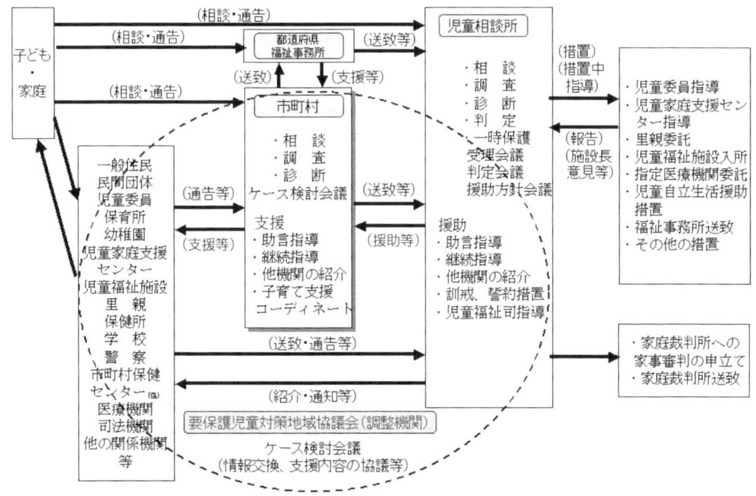

出所：沖縄県「平成31年度児童相談所業務概要」より筆者作成
注：市町村保健センターについては、市町村の児童家庭相談の窓口として、一般住民等からの通告等を受け、相談援助業務を実施する場合も想定される。

福祉を図るとともに、その権利を擁護することとなりました（図表2）。

その具体的な支援等については、児福法第10条第１項各号に、次のように規定されています。

① 児童及び妊産婦の福祉に関し、必要な実情の把握に努めること。

② 児童及び妊産婦の福祉に関し、必要な情報の提供を行うこと。

③ 児童及び妊産婦の福祉に関し、家庭その他からの相談に応ずること並びに必要な調査及び指導を行うこと並びにこれらに付随する業務を行うこと。

④ ①から③までに掲げるもののほか、児童及び妊産婦の福祉に関し、家庭その他につき、必要な支援を行うこと。

つまり、子どもに対する支援だけでは問題の根本的な解決にならず、保護者に対する助言、指導等が必要な場合が多いので、保護者も含めた支援により子どもの福祉を図るという観点が必要になりました。

また同年、虐待を受けている子どもを始めとする要保護児童（児福法第６条の３に規定）の早期発見や適切な保護を図るためには、関係機関がその子ども等に関する情報や考え方を共有し、適切な連携の下で対応していくことが重要とされ、多数の関係機関の円滑な連携・協力を確保する必要があり、「要保護児童対策地域協議会（要対協）」が各市区町村に置けるよう規定の整備がされました。要対協では、守秘義務が存在すること等から個人情報の提供に躊躇があった関係者からの積極的な情報提供、関係機関の狭間で適切な支援が行われないといった事例の防止が図られ、要保護児童の適切な保護に資することが期待されました。

しかし現状では、市区町村の家庭児童相談室にどのような役割や機能、支援サービスがあるのか等、当事者にとって必要な多くの情報等が行き届いていないのも課題です。

2016年の児福法等改正法により、市町村、都道府県、国それぞれの役割・責務について明確にされ、市町村は、基礎的な地方公共団体として、子どもの身近な場所における子どもの福祉に関する支援等に係る業務を適切に行うこととされました。従来の地域による子ども家庭支援のみでなく、通所・在宅支援を中心としたより専門的な相談対応や必要な調査、訪問等による継続的なソーシャルワーク業務までを行う機能を担う拠点「市区町村子ども家庭支援拠点」の設置整備に努めなければならないことも規定されました。

このように十数年のうちに目まぐるしく法律の改正およびさまざまな相談支援体制の基盤が整備されつつあるものの、人手不足による専門職配置の不十分さ等による課題が多く、市町村における児童家庭相談は各々のニーズには十分対応できているとは言い難い状況が続いています。その背景には、各機関同士による連携が「バトンタッチ型」になっていることも要因の１つといえるでしょう。これでは、どうしてもさまざまな狭間が生じてしまうおそれがあり、本来提供されるべき支援等が行き届かなくなります。本来の連携の在り方は「のりしろ型」を目指していく必要があります。のりしろ型の連携では、各機関同士や当事者も含め、顔と顔を合わせながら支援や役割をつなぎ続けていくため、狭間が生じることはありません。そうすることで当事者にとって本来必要な支援サービス等が適切に届くようになるでしょう。

今後の課題 —— 自分事として意識と行動を変える

増加する児童虐待問題を１つでも減らしていくためには、児童相談所や市町村の行政機関による支援や援助機能の向上はもちろんですが、地域住民を含めた１人ひとりのおとなが、子どもの人権を尊重し、また虐待についての正しい知識（虐待に至る要因、子ども理解）や対応方法の獲得をしていかなければなりません。意識が高まりつつある一方、児童虐待問題が深刻化し続ける要因の１つとして、多くの人にとって「他人事」になっているということです。

児童虐待問題の社会的関心が高まる中、メディアでも多く取り上げられるようになりました。しかし、受け取り方は多種多様です。自分自身は（虐待をした）あんな状況ではない。あそこまでひどくやっていない。自分自身も昔、叩（たた）かれて育った。叩かれたことでダメなこととわかった等、このような認識を強くもつおとなが未だにいるのも現状です。虐待は誰にでも起こり得る身近な問題です。そのため１人ひとりが「自分事」としてとらえていく必要があります。そして他人事としての傍観や、まだまだ古くから根づく体罰（暴力）容認の考えを、おとなから率先して変えていかない限り、児童虐待を減らすことは難しいでしょう。

さらに、子どもの問題といわれる行動だけに着目し「悪い子」と決めつけるのではなく、子どもがなぜそのような行動をしてしまったのか、おとなが子どもの言動や感情のすべてを受けとめ、「どうしたの？」と寄り添った声かけができるようにしていかなければなりません。おとなが変わっていくことができれば、子どもたちの表情や行動もよい方向へと確実に変わります。すべての子どもたちは無限の可能性をもっています。その可能性を伸ばしていくのは、私たちおとなです。おとな１人ひとりの意識や行動を変え、子どもたちの明るい未来のために、児童虐待をゼロにしていきましょう。

文献

引用：沖縄県「住民基本台帳」
沖縄県「平成31年度児童相談所業務概要」
厚生労働省「児童相談所運営指針について」
沖縄県企画部市町村課「令和３年住民基本台帳人口R2人口動態」
沖縄県企画部市町村課「令和３年住民基本台帳年齢別人口」
参考：友田明美『新版いやされない傷 ── 児童虐待と傷ついていく脳』診断と治療社　2012年

もりた・しゅうへい

1985年生まれ。元児童福祉司。児童自立支援施設・児童相談所で勤務し、業務の傍ら任意団体「沖縄の子どもと家族・支援者の未来を明るくする会（OCFS）」を立ち上げ代表を務める。

4……2

自尊心を育みたい

日々の生活に寄り添い続けて

石川和弥

愛隣園主任児童指導員

社会的養護とは —— 子どもたちの行動の背景を考える

電話で母親とけんかした加奈は声を震わせながら、「先生、あいつ（母）マジでヤバい。『おまえが勝手に産んだんだろ！』って言ったら、『アホ！　おまえが勝手に生まれて来たんだろ！』って。ありえんけど」と話し始めました。当時16歳の加奈は、私と出会うまでに、生活拠点となる施設等を７か所以上も変えられ、腕には無数のリストカットの傷跡が目立っていました。

私は児童養護施設と自立援助ホームの職員を経験し16年になります。この施設は、社会的養護の施設として位置づけられており、社会的養護とは、さまざまな理由により家庭で生活できない子どもたちや、支援を必要とする家庭などを公的に支援するものです。

児童養護施設は、概ね２～18歳（状況に応じて０～22歳）までの児童を対象とし、保護者の病気や経済的理由、虐待されている児童など、環境上養護が必要な児童が生活しており、生活支援や学習支援、家庭環境の調整などが行われ、心身の成長と自立を目指し支援が行われています。自立援助ホームは、社会的養護が必要で、義務教育を終えた20歳未満（状況に応じ22歳まで）の子どもたちが生活しており、仕事や学校に通いながら、生活支援や就労支援を受け、社会的自立を目指しています。両施設とも、退所後も必要な支援が行われています。

児童養護施設や自立援助ホームで生活している子どもたちは、日常生活や人間関係、部活に勉強、バイトや仕事など「問題なくがんばっている子」もいますが、なかには、生活リズムの乱れや登校拒否、自傷行為に盗みや不良行為など、課題を抱えている子どもたちもいます。

しかし、その課題行動も、子どもたちなりに「これ以上傷つきたくない！」「気持ちを安定させたい！」と行動した結果、表れるケースがあります。

たとえば、「これ以上傷つきたくない」と思った子どもは、「本当にこの人（職員）を信用して大丈夫か？」「自分のことを見離さないか？」と、意図的に悪い行動をして職員の反応を見るときがあります。リストカットにしても、周囲の人に「もっと私を見て！」とサインを出しているケースがあり、盗みも寂しさの穴埋めだったり、不良行為は、友人等に「どうだ！　こんな悪いこともできるんだぞ！　すごいだろ！」と、自分の力を誇示し居場所をつくり、メンタル面での安定を図ろうとします。もちろん、すべてがこのケースに当てはまるわけではありませんが、自分自身を守るために、そういった行動をとる子どもたちがいます。

日常にも人生にも大きな影響――自尊心の大切さ

ではなぜ、そういった行動で安定を図るのかを考えてみると、自尊心の低さが影響しているように感じます。加奈のように、絶対的存在の親に、自分の気持ちを受け入れてもらえなかったり、被虐待や見離されたと思う経験は、子どもたちに大きな傷をつけ、自尊心の低下を招くことがあります。自尊心が低い子どもは、「自分のことなんか誰も見てないし助けてくれない」「どうせ何をやってもうまくいかない」等と物事を否定的に考えてしまうことが多々あります。人間関係をうまく築けない、1つのことを継続してがんばることができない、自分を信じて新しいことにチャレンジしたり、困りごとを言語化して助けを求めることができなかったりします。

一方、自尊心が高い子どもは、勉強や習いごとなどをがんばり続け、周囲の人に認められ良い評価を受けます。やりたいことを見つけ、生活拠点とは別に新たな自分の居場所をつくることができます。他者を信じることもできますし、自分の体も大切にできます。目標に向かって、周囲の協力を得て進んで行く力があり、充実した生活を送ることができると思います。

自尊心が高いか、低いか、この違いは子どもたちの日常に大きな違いをもたらし、そして、その後の人生にも大きな影響を与えると考えています。

だから私は、日々の生活支援のなかで、子どもの課題部分に目を向けながらも、基本的には自尊心の向上に向けて取り組んでいます。もちろん、部活や勉強などを「問題なくがんばっている子」も同じです。施設では「問題なくがんばっている子」のなかにも、つらい気持ちや不安を表現できずにため込んでいる子、おりこうさんを演じている子がいます。ですので、そこを区別することはせず、子どもたち全員に自尊心の向上に取り組みます。

何気ない日々の生活支援を通して

その取り組みは難しいように思いますが、私の方法は専門的に特化したものではありません。何気ない生活のなかで、優しい言葉と表情であいさつや感謝の気持ちを伝え、できていることを見逃さず評価します。そうすることによって、まずはその子の存在自体を認めることができ、「あなたも必要な存在なんだよ」「できていることもたくさんあるよ」と伝えることができます。また、たくさん話を聞き、いっしょに楽しく遊び、ご飯を食べ、宿題をし、時には行事をして思い出をつくります。同じ時間や出来事を共有しながら、ゆっくり時間をかけて信頼関係を築いていきます。信頼関係は、自尊心の向上にとても大切であり、関係を築いていくなかで、この人といたら楽しい、安心する、この人なら自分を守ってくれる、この人がいるなら大丈夫、チャレンジしてみよう、と前向きに考えるようになっていきます。

もちろん、この取り組みは加奈にも行いました。加奈には、「うざい！」「だまれ！」「おまえに関係ない！」などとたくさん言われましたが、私には「もっとたくさん声をかけて！」「私を助けてよ！」に聞こえました。だから加奈にどんなにひどいことを言われても、ひたすら関わり続けました。そうすることで、加奈は少しずつ自分の不安を話すようになりました。

いろいろな方法で気持ちを伝え続ける

男子高校生直人には、登校前に私の手作り弁当を渡す日があります。その際、直人は面倒くさそうに、片手で乱暴に受け取りますが、「なんだその取り方は！失礼だろ！」と言いたい気持ちをグッとこらえ、「も〜、愛情パンパンに入ってるんだから。あまり傾けると愛情もこぼれちゃう」等と伝えます。直人は完全に無視して登校しますが、私はまた「明日の弁当に入れてほしいのある？」と聞き、前日の夜遅くから弁当の仕込みをします。

そのときは、無駄に包丁の音を大きく立てて野菜を切り、「あなたのために一生懸命準備してますよ〜」と猛烈アピールします。そして朝早く起きて弁当を作り、満足気に「きょうも愛情パンパンですよ！」と言って弁当を渡します。いろいろな方法で気持ちを伝え続け、今では恥ずかしそうに「あざっす」と言う日もあります。このような取り組みを続けることで「オレは独りじゃない」の気持ちが芽生え、やがてそれは自尊心の向上へとつながっていくと思います。

私も子どもたちに支えられ、励まされて

私の仕事（支援）はとても地味で基本的なことのくり返しですが、あきらめず気持ちを伝え続けることで、子どもたちの自尊心は向上すると信じています。これからも、支援方法をまちがえたり、感情的になって子どもたちを怒ってしまうときもあると思いますが、そのつどしっかり反省して、また基本的な支援に取り組んでいきたいと思います。加奈はもう20代後半です。県外で生活しており、職場のスタッフからも信頼と協力を得てがんばっています。そんな加奈から、正月にはLINEギフトでエビスビールが贈られてきました。私は目に涙をためながら、そのビールをコップに注ぎ、加奈との思い出に浸ります。思い出して身震いすることもありますが、今の加奈を見ていると改めてこの仕事のすばらしさを感じることができます。★本文中の子どもの名前は仮名です。

いしかわ・かずや

1981年生まれ。社会福祉法人基督教児童福祉会 愛隣園 勤務。

4…3

ひとりじゃない

温かいつながりの循環と長期的サポート

根古田さくら　女性相談・支援員
白田モコ　ケースワーカー

さまざまな暴力は、被害者の心に相当なダメージをもたらし、日常生活に支障を来たします。加害者に見つかるのではないか、報復されるのではないかという不安や振り払っても浮かんでくる生々しい記憶で安心な未来が想像できません。

私たちの現場は、困難を抱えた方々をひとりにさせない、人の温かさが感じられる安全基地のような場であるとともに、型にとらわれない、長期的なサポートを行っています。

主体的に課題を克服していけるようサポート

心身ともに疲弊した状態での生活（就労・家事・育児）は、相当な負担が生じているはずですが、長年にわたる暴力支配で、感情を押さえ込むことに慣れてしまい、身動きがとれなくなるまで他者へ助けを求めることができません。麻痺（まひ）した感情に気づいてもらうため、ヒアリングを重ねます。生活のなかで足かせになっている部分を整理するサポートや自立計画を立てる際は、本人の価値観や譲れない部分を否定せず、本人がつまずいたと自覚した際に、計画の仕切り直しや解決までのプロセスをともに考えます。疎外感や孤独を感じさせず、主体的に課題を克服していけるようサポートを行っています。

ケース **人とつながる大切さ** ★事例中の名前は仮名です。

相談に訪れた葵は、色あせくたびれたスエットに、金髪の髪はひどく傷み、荒れた生活が垣間見えました。支援者のそばで苦笑いしているのですが、他者を寄せ付けない張りつめた空気感を漂わせていました。これまで多くの人が関わり、サポートを行ってきたのですが、おとなに対する猜疑(さいぎ)心や不信感、対人関係での好き嫌いが激しく、関係構築や本人に合った居場所の確保が困難な状況でした。

葵は、「県外で技術関係の仕事をしてきた。寮付きだったから助かったよ。家には居場所がないからさー、友だちのところにもずっと居られないし、自分に合うところもない」と言いました。葵は、私からの「1人で必死にがんばってきたね。これからのことをいっしょに考えてみない？」との問いに黙っていましたが、面談が終了し立ち去る葵に、「ここに来たら？」「出産や子育てのお手伝いするよ」と声をかけたのが始まりでした。

●**新しい環境になじめない** 自由な生活を送ってきた葵にとって、制限のある生活は居心地が悪く、夜間の外出禁止や職員が体調を気にかけ部屋を訪れることにも不快感をあらわにし、関わりを拒絶しました。葵の気持ちは、「こんなところ、本当は来たくなかった」「ほかのところに行きたい」だったと思います。

●**妊娠中の家族的なケア** つわりがひどく動けないときには、職員手作りのジュースや栄養たっぷりのおかゆ・スープを作り、部屋へ届けました。発熱や体調不良の際はそばに寄り添い看病を続けましたが、葵の額に手を当てようとすると頭を布団に埋め、触らせてくれません。足のむくみがひどく、マッサージの施術には応じてくれるのですが、職員の手が触れるたび全身をこわばらせ、5分経過後には「もう大丈夫」と発し部屋に戻りました。

さまざまなアプローチを行うも受け入れてもらえず、本音を言わない葵との関わりは難しかったです。

●**制御できない問題行動** 自身の行動を制御できず、何度も無断外泊をくり返し、職員からの電話・伝言を無視するため、警察へ捜索願を出したこともありました。

妊婦のため、予期せぬ失血や無介助出産のリスクも高く、警察、病院との連携を強化し体制を整え、もしも何かあったらという心配に職員は悩まされながら、葵がいつでも戻れるよう、部屋の掃除や食事の準備をしながら連絡を待つことしかできませんでした。数日すると葵から「帰ってきてよいか」と連絡が入りました。職員が迎えに行くことを嫌がり、自身で帰宅した後は、部屋に閉じこもり関わりを避けられました。

葵にとって、今いる場所がつらく耐えられないのであれば、落ち着いて生活ができる場所へつなげることが必要ではないかと思い、葵に伝えると、「ほかのところも見てみたい。夜間も自由に外出できるところがよい」と喜んでいました。葵の希望に合った場所の見学と支援者との面談のため、外出する機会が増え、車中での雑談や、見学後の感想等、会話が増えていきました。

数か所の見学を終えた頃、葵から、「子どもを産むまで今のところにいてもいい？」と質問され、「夜間の外出や外泊は認められない。門限時間までには帰宅してほしい。」と伝えると「たぶん、大丈夫」と笑っていました。

●車中の面談で心の回復支援　葵と外出する機会を増やし、面談場所を車中に切り替えました。妊娠中の体調管理や危険性等、子どもを守るために必要な知識を伝えながら、妊婦健診への同行や母親になる準備に取りかかりました。「生まれてくる赤ちゃん」の話題で盛り上がると、マタニティフォトに興味をもったため、お腹にペイントを施し、大好きな海で撮影すると、ファイダー越しに見た葵は、子どものような無邪気な表情をしていました。

その頃になると葵のほうから自発的に行きたい場所を言えるようになってきましたが、時折、警戒心が見え隠れしました。生き抜くために培ってきた術が「警戒心」であり、自分を守ることや傷つきたくないとの思いが防衛反応として表れていたのだと思います。

安心感の基礎ができていない葵を育て直すため、日常生活のサポートを継続しながら、困りごとや不安・恐怖を感じたときに守ってもらえる体験を重ねていき、安心の構築を図っていきました。

感情を爆発させ職員と衝突した後も、自分から歩み寄り関わりを求めるようになり、特定の職員にしか懐かなかった葵が、全職員と笑顔で交流できるようになっていきました。

●選択肢を増やし自身で解決へ　葵はこれまで、自分都合の要求に答えてくれる人のみと関わり、要求が通らない場合は、「助けてくれない」と不満をもらし、関係を切ってきました。その場しのぎの解決方法しか学んでいない葵から相談を受けた際は、いっしょに問題を整理しながら、将来を見据えた解決方法をいくつか提案し、そのなかから自分で選択した方法で解決できるよう支援しました。職員はサポートに徹し、自身で考える力や解決のプロセスを学ぶことで他者の意見を参考にし、極端な考えが少しずつ修正されていきました。

現在の葵は、愛情あふれるたくましい母親へと成長し、仕事と育児を両立させながら親子での生活を送っています。

面前DVの子どもたちの命の学校

子どもたちのほとんどが、面前DVの被害者です。

「子どもが些細（ささい）なことで切れる。けんかになると暴言・暴力で要求を通そうとする行動が、加害者を模倣しているようで恐怖心がよみがえる」との相談を契機に、「命の大切さ」を身近に感じてもらう方法を模索しました。そして被害者の方々が餌付けしすみついた数匹の野良猫のことを取り上げ、「人間の身勝手で殺処分される動物たち」というテーマにして講座を開催しました。

子どもたちからの「優しい人が増えたら、動物が助かるよね」との質問には、どうしたら優しい人が増えるかと返しました。暴力やいじめについて話題を広げると、「人に優しくしたほうがよいよね」「弱いの守らんとね」と自分なりの答え見つけています。また、飼い主のいない猫に対する不妊去勢手術などTNR活動に取り組み、猫たちの世話を通し社会のルールを学んでいます。

気軽に立ち寄れる実家のような存在

支援が終結した後も、「実家みたいだからさー」と気軽に遊びに来てくれる方が多くいます。職員との交流以外にも、不安を抱えている被害者の方に、同じような境遇から生活再建した体験談を語ってくれることがあります。他者では伝わりにくい、複雑な感情を理解、受容してくれることで、温かいつながりが循環しています。

4……4

人権を尊重し 出院後の問題解決力を付ける

地域とつながる女子少年院を目指して

嘉陽田亜耶美
沖縄女子学園 法務教官

沖縄女子学園は、主に那覇家庭裁判所の決定により送致されたおおむね14歳以上20歳未満の子どもを収容する法務省所轄の女子少年院です。子どもたちの人権を尊重しつつ、個々の特性に応じた適切な矯正教育や、その他の健全な育成に資する処遇を行うことで、子どもたちの改善更生と円滑な社会復帰を図っています。

10年間の女子非行の特徴 —— 薬物非行・中卒教育歴・母子世帯

全国の統計[1]では、少年院入院者数は過去10年間減少傾向が続いています。主たる非行（以下、「本件非行」という）では、男女ともに窃盗が最多で、男子は傷害・暴行が続くのに対して、女子は覚醒剤取締法違反が次に多くなっています。女子は男子と比べて、覚醒剤取締法違反の比率が顕著に高いことが特徴です。

当園でも入院者数が減少傾向にあること、本件非行の最多数が窃盗であること等、全国統計と同様の傾向が認められます。薬物非行は、本件非行としてのカウント数が少ないため、一見、沖縄県では薬物非行があまり広がっていないかに見えますが、実態としては、大麻や覚醒剤等の薬物使用経験のある在院者の割合は高く、県内の子どもたちのあいだでも薬物使用に対するハードルが低くなっており、薬物が身近な存在となりつつある傾向が、最近の非行の特徴として危惧されるところです。

当園入院者の教育歴については、中学在学及び中学卒業、次いで高校中退の割合が多くなっています。出院後の進路と併せ見ても、高校に進学し、卒業する者の割合はとても少ないのが現状です。

また、保護者の養育状況としては、実父母に養育されている者が少なく、実母のみに養育されている者（母子世帯）の割合が高い傾向となっています。生活程度の貧困の割合が高めであることも、沖縄県の特徴として挙げられます。

矯正教育の５領域——生活指導に力を入れて

少年院では、図表１に示すとおり、生活指導、職業指導、教科指導、体育指導及び特別活動指導の５領域にわたって指導しています。

ここ数年、当園では生活指導領域の飲酒問題行動指導に力を入れています。当園の子どもたちは、低年齢での初飲酒を経験している者が多く、飲酒による問題行動を起こしたり、トラブルに巻き込まれたりした者も少なくありません。飲酒行動がその後の薬物や暴力その他の非行や犯罪の引き金となるケース

図表１ 矯正教育の５領域／沖縄女子学園の場合

領域	内容	内容
生活指導 社会生活における問題を改善するための指導	・マインドフルネス ・アサーション ・アンガーマネジメント	・再非行防止指導（飲酒問題行動指導、交通、窃盗など） ・特定生活指導 （薬物、暴力、家族、交友、成年社会参画指導など）
職業指導 健全な職業人を育成するための指導	・ＩＣＴ技術科 ・製品企画科 ・職業生活技能向上指導科 ・各種資格取得講座	・キャリアカウンセリング ・職業生活設計指導 （就労支援ワークブック、ビジネスマナーなど）
教科指導 社会人として必要な学力を付与するための指導	・珠算 ・各種教科 ・高等学校卒業程度認定試験講座	・漢字テスト ・算数、数学テスト
体育指導 健全な身体を育成し、生活の質を向上するための指導	・エアロビクス ・エイサー ・水泳 ・集団行動訓練	・持久走 ・体力測定テスト ・各種球技 （バレーボール、卓球など）
特別活動指導 様々な行事等を通し、自主性、自立性を向上させるための指導	・社会貢献活動（3Re-Smile） ・学習発表会 ・各種クラブ活動（俳句、琉球舞踊、書道、生花）	

筆者作成

もあります。そのため当園では、再非行防止指導の一環として、2019（令和元）年度から飲酒問題行動指導を全員対象に実施しています。

飲酒問題行動指導――文化的背景、「しーじゃ、うっとぅ」関係

指導開始にあたって、なぜ沖縄県は他県よりも未成年の飲酒率が高い傾向にあるのかを考えました。夜型社会の沖縄では、子どもたちが保護者に連れられて居酒屋に行く姿を見かけるのもめずらしくはありません。おとなたちも、模合や仕事関係者との交流、親戚行事等の機会に飲酒はつきものとなっています。アルコールは沖縄県民にとって身近な存在であり、また、飲酒に対して寛容な沖縄の文化も見えてきました。指導には、このような沖縄の文化も視野に入れて行う必要があると考えました。

飲酒問題行動指導の学習内容をわかりやすくまとめると、**図表2**のようになります。

まず、飲酒による身体や精神への影響について学習を行います。アルコールを飲み過ぎると健康被害が起きることやアルコール依存症になり得ること等を学びます。基礎的な理解が進むと、未成年者や女性といった自分たちに合致するカテゴリーに分け、それぞれの項目ごとに飲酒を契機として考えられる問題について学習を深めていきます。

さらに学習を発展させ、飲酒と社会問題の関連について学びます。飲酒運転

図表2 アルコール問題関連図

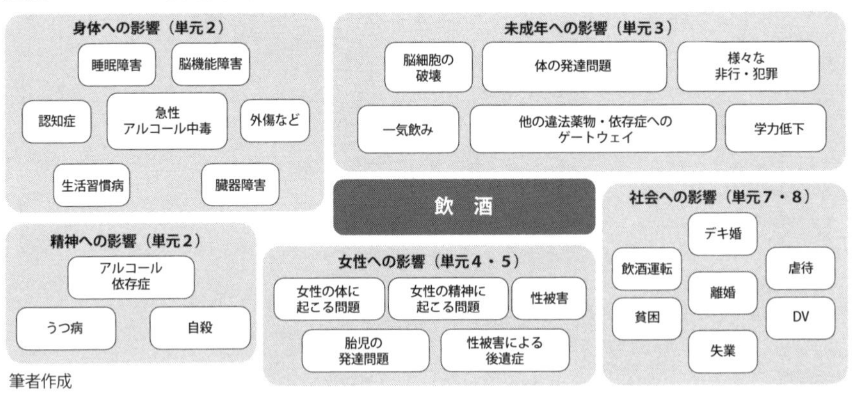

筆者作成

の発生率の高さをはじめ、沖縄の社会問題としても挙げられている貧困や離婚率の高さ等を飲酒問題と絡めて考える内容となっています。

そして終盤には、飲酒に誘われた際の断り方のスキルを身に付けます。沖縄には、「しーじゃ、うっとぅ（先輩、後輩）」という沖縄独特の人間関係の文化が存在します。先輩の指示や命令は絶対のものであり、このような厳しい上下関係は学校を卒業し、おとなになっても継続していきます。この「しーじゃ、うっとぅ」の関係が、飲酒問題行動と関連していることもわかってきました。

当園の子どもたちからは、「しーじゃの誘いは断れない」という声をよく聞きます。そのため、実際の場面を想定し、先輩役と後輩役をそれぞれ演じ、飲酒を断る練習、SST（Social Skills Training）を行います。初めは、断れずに押し黙ってしまう子や誘いに流されてしまう子もいましたが、練習を重ねるうちに、きちんと断ることができるようになります。出院後に起こりうる危機場面を想定し、少年院の中で問題を解決する力を身に付けることは、再非行防止の観点から考えると大事なことです。

自他の飲酒を契機として犯罪や事故等に至ったり、性被害や暴力等に巻き込まれたりした経験をもつ子どもたちが当園には多くいます。飲酒問題の他にも、沖縄の社会問題として挙げられる貧困や離婚、ＤＶとも高い相関が指摘できると思われます。

私たちおとなが子どもを育む家族や社会の在り方について改めて真剣に考えていくことが、今、求められているのではないでしょうか。

地域小中学校との連携――依存症予防教育・性教育も

次に、現在、少年院は地域に開かれた少年院を目指し、地域との連携に力を入れています。非行・犯罪の予防を目的とし、地域小中学校等の依頼を受け、出前授業を実施しています。授業内容としては、先方のニーズに応じた飲酒問題や、薬物問題をはじめとする依存症に対する予防教育、性教育等を行っています。

また、そのほかに、社会貢献活動の一環として、「3Re-Smile（保護犬トレーニング）」を展開しています。当園の子どもたちが、ドッグトレーナーとともにに、動物愛護管理センターに収容された保護犬にトレーニングを行い、飼い主募集のポスターや動物遺棄の防止を呼びかけるポスターの作成を行っています。

現在までに３匹の保護犬が優しい飼主さんの家族になりました。閉講式で、当園の子どもから新しい飼主さんへリードを手渡すときには、出席した全員の目から涙があふれ、心温まるものとなりました。

3Re-Smileの取り組みは、テレビや新聞でも紹介していただいており、地域の方からは施設宛てに激励のお手紙やお言葉をいただくなどの反響もありました。その温かい励ましが当園の子どもたちに届くことで、更生の励みとなりました。

先輩を敬い、親を敬い、そして先祖を敬う伝統が強く残る沖縄の良き文化を今後も継承し、地域社会とともに子どもたちにとって豊かで安全な未来を創っていくことが私たちの責務であることを、復帰50年目を迎える県民のひとりとして感じています。

資料

1　法務省 法務総合研究所編『令和２年版犯罪白書――薬物犯罪』2020年

かようだ・あやみ

法務省矯正局所管の少年院や少年鑑別所で勤務し、非行を犯した少女たちが健全な社会人として再び社会復帰するための矯正教育を行っている。

4…5

生きることを
あきらめないおとなに

子どもたちの回復力を信じて

屋良ふきこ

子どもシェルターおきなわスタッフ

自宅に居場所がない子どもたち

NPO法人子どもシェルターおきなわが運営する子どもシェルター月桃（げっとう）（以下「シェルター」）は、虐待等で居場所を失った子どもたちの緊急避難所です。女性が対象で、児童相談所で保護できない18歳以上の子どもや児童相談所から一時保護委託を受けた子ども等、中学生以上20歳前後の幅広い年齢の子どもたちが入所してきます。入所期間は２か月までを目安としていますが、退所先が確保できず、この期間を超えることも少なくありません。

子どもたちが入所してくる理由はさまざまですが、保護者等からの虐待、性被害、貧困等により自宅等で居場所がない子が入所してくるケースが多いです。親子関係の不調による家出等の場合に、親と距離をおいて冷静になる時間が親子関係の回復につながることもあります。長いあいだ母親とけんかをして家出をしていた16歳の入所者が出産と育児を通して母親との関係を見直し、赤ちゃんといっしょに自宅に帰ったうれしいケースもありました。

次の場で生きていくための道すじを支える

シェルター入所中は、原則として入所者１人では外出できず、携帯電話等で外部との連絡を取ることもできません。入所期間中に携帯電話を利用できないことは、ネット社会を生きる現代の子どもたちにとっては高いハードルだと思います。ですが、子どもたちはシェルターに入所するまでのあいだにさまざまな傷つき体験をしており、シェルターはあくまで心のケアや今後の生活をどうするかを考える緊急避難場所として安全でなくてはなりません。

入所する際、このことを子どもたちに説明し、理解したうえで自分の意思のもと、入所を決めてもらっています。安全な生活の場となるような次の場所へつなげるまでに、話を聞いてもらえる体験や具体的に動いてくれるおとなとの交流は大切です。それを通して、孤独感を和らげ、社会とのつながりをもって、次の生活の場で生きていくための道すじをいっしょに考えます。そのうえで、私たちスタッフは、環境を調整していく役割を担っています。

シェルターでは、入所者が抱えている問題・課題について、子ども担当弁護士（コタン）、スタッフ、関係機関との連携のもと、病院受診同行、就学・就労支援、退所先確保支援、その他その入所者に適した支援を行っています。

入所者に対して、１人ないし２人のコタンが子どもたちに必要なケースワークを担い、必要な法的支援を行います。他方、スタッフは子どもたちの直接的なケアワーカーとしての役割を担っています。シェルターのスタッフ及びボランティアは、安全で安心できる生活場所を提供し、薬の調整などの健康管理、ひとり暮らしに必要なお金をシュミレーションする金銭管理、バランスのよい食事の提供、いっしょに余暇活動でゲームをするなど日常生活に関する支援を行っています。

生活の場でケアをされる初めての経験

シェルターの外観は普通の一軒家のため、家庭的な雰囲気のもと、少人数で穏やかに生活する環境です。おとなが入所者と衣食住をともにすることで、スタッフはあくまでケアワーカーとして子どもたちの精神的なケアを実施できます。そのため、小さな変化にも気づきやすく、自分の意見がないがしろにされず受けとめてもらえたという感覚が子どもたちの心の回復につながっているように感じています。

退所した子どもたちのなかには、自分もシェルターで働きたいという子も多いです。私自身、児童養護施設で育ち、ケアされる側からケアをする側になった経験から、シェルターが子どもたちにとってどんな意義をもたらすのかを考えることがあります。機能不全家族のなかで、子どもは圧倒的弱者として日常生活を送らなければなりません。子どもたちは、ほとんどの時間を学校で過ごし、おとなと関わる時間もあります。しかし、シェルターに来ることで、初めて生活の場でケアをされる経験をした子も少なくありません。

家庭のなかであたりまえにご飯を食べること、暖かい布団で眠ること、身体を清潔に保つこと、病気になったら病院に連れて行ってもらうこと、悲しい顔をしているときに無視されずに心配されること、そんな小さな積み重ねを子ども時代にあたりまえに経験することができないことは、子どもたちの生きる気力を奪うことにつながっています。

シェルターでは、彼女たちが初めて子どもらしくケアされる時間や自分自身のこれからをどうしたいのか向き合う時間をもつこと、自分が尊重されていると実感することをとても大切にしています。子どもたちが誰かのために自分にもできることがあるかもしれない、ケアをする側になりたい、誰かの力になりたいと思うのは自然なことなのかもしれません。

小さな勇気を積み重ねて自分の人生を

見えない小さな勇気が積み重なって、前に進む力になってくれたら、シェルターは子どもたちにとって必要な場所であり続けるのだと感じます。そして退所した後、新たな一歩を踏み出した先で悩みながらも自分の人生を歩んでほしいです。きっと困難な出来事に遭遇することもあると思いますが、そのときはコタンやまわりのおとなとつながりながら、生きることをあきらめないおとなになってくれたらと願っています。

やら・ふきこ

中学１年から高校３年まで児童養護施設に入所。大学卒業後、養護教諭や子どもの居場所支援等を経験し、子どもたちと関わる。2016年より現職。

データでみる沖縄2

子ども・若者・学校

項目	単位	全国	沖縄県	順位
児童相談所受付件数（千人当たり）	件	4.0	**4.1**	14
保育所数（0～5歳人口10万人当たり）	所	463.4	**558.8**	21
保育所教育普及度（保育所修了者数／小学校第1学年児童数）＊1	%	47.0	**40.8**	39
幼稚園就園率（幼稚園修了者数／小学校入学者数）	%	40.75	**43.10**	15
公立図書館数＊1（人口10万人当たり）	館	2.62	**2.71**	32
余暇時間等／10歳以上の男女（週を通した1日当たり平均）＊1	分	382	**373**	42
高等学校進学率	%	98.83	**97.54**	47
大学等進学率＊2	%	55.76	**40.77**	47
女性の大学等進学率＊2	%	58.32	**44.59**	47
専修学校・各種学校数（10万人当たり）	校	3.32	**5.20**	6
新規高校卒業就職希望者の就職率	%	97.9	**92.4**	47
新規高校卒業者無業者比率	%	4.64	**12.39**	1
高卒就職者総数に占める県外就職者の割合＊1	%	19.40	**30.40**	11
新規大学卒業者無業者比率	%	7.11	**15.70**	1
高校卒男子初任給額	千円	179.5	**167.1**	43
高校卒女子初任給額	千円	174.6	**180.7**	7
大学卒男子初任給額	千円	227.2	**184.8**	47
大学卒女子初任給額	千円	224.6	**185.7**	47

出所：沖縄県企画部統計課『100の指標からみた沖縄県のすがた 令和４年3月版』
沖縄県統計局　2022年

＊１：沖縄県企画部統計課「全国からみた沖縄県のすがた」
『令和４年沖縄県勢要覧』2022年4月

＊２：大学・短期大学の通信教育部への進学者を含む

5

医療／からだとこころ

5-1

求められる地域完結型医療と育児支援のイノベーション

すべての子どもの成長を保障する

宮城雅也

沖縄県小児保健協会 会長

地球温暖化による気候変動、COVID-19などの感染症パンデミックなど、子どもたちの未来が危ないとSDGs（持続可能な開発目標）が叫ばれています。子どもたちの健康を守るには、取り巻く環境はかなり劣悪になってきています。どのように子どもたちの健康を守っていくのか、小児医療保健関係者の責務は、ますます大きくなってきます。

沖縄県は49の有人島が、東西1000キロメートル、南北400キロメートルに及ぶ広大な海域に点在する島嶼（とうしょ）県です。遠く本土から離れ１つの国に近い独特の環境で、子どもの健康を考えていかなくてはなりません。

子どものライフサークルを守る周産期から成人までの医療保健

子どもの保健医療は、ライフサークルを中心に成長の各ステージでつながっていきます。妊娠・胎児期の周産期から始まり、新生児期、乳児期、小児期、思春期、成人期（生殖年齢）とつながりライフサークルを形成しております。つまり、成長をしっかりと保障していくのが子ども医療保健の基本となります。その中で沖縄県は、他府県とは違い島嶼県であり、地域完結型の医療保健を求められています。

医療保健が進歩した結果、多くの難病の子どもたちが、助かり成長し成人になりました。そのため成人科の医療に移行する「移行期医療」が新たに必要となりますが、まだ対応できていないので大きな問題となっています。いつまでも小児科医がフォローしているケースが多くあります。成人期医療の医師たちは、先天性疾患をほとんど診たことがないので、どのように医療を行うのか経験がありませんので、小児科医と連携を取りながら引き継ぎを始めているところです。その一例として、成人期先天性心疾患外来が開設されたところです。

島嶼県沖縄の医療保健の特徴

1 搬送拒否件数０件を保った周産期ネットワーク

陸続きで隣接している都道府県はなく、小さな赤ちゃんを搬送することができないので、周産期医療は、県内ですべてを完結させる必要があります。低出生体重児出生率は常に日本一高く、病床は不足し満床以上に受け入れた時代が、新生児医療が本格化した1970年代から続いていました。周産期医療センターの概念もない時代で、小規模の新生児集中治療室（NICU）が点在するうえ、常に満床状態のため、母体・新生児搬送先を探すのに時間がかかりました。

1993年に産科・小児科医師有志による沖縄県周産期ネットワークを結成。新生児空床情報収集と施設間の役割を明確にして、FAXを活用した新生児救急入院受け入れ体制が確立されました。最初は医師個人のボランティアで継続されており、ただでさえ忙しい中、維持は不可能と思われました。1996年より那覇市医師会が、本島の空床情報の収集を行うようになりました。

約10年前よりはWebにて情報収集が行われています。その情報を総合周産期母子医療センターが管理し、母体・新生児の入院受け入れが円滑に行われるシステムが確立されました。産婦人科医、新生児科医、小児科医、医師会、救急隊員、行政がつながり大きな和となりました。本土で話題になっている妊産婦のたらい回しはなく、約30年間周産期搬送拒否件数は０件を続けています。

2 高度医療体制確立・県立こども医療センター開設

復帰後、島嶼県である沖縄県は、子どもの高度医療ができる完結型の小児医療を確立する必要がありました。県外に手術を受けに行く家族の経済的負担、心理的負担がとても大きく、入院期間も長いので家族崩壊の危機に瀕することが多くありました。また、総合病院では診療報酬の単価も安く不採算部門である小児科部門は、縮小傾向にあり、小児科医師数も少なく、疲弊困憊(こんぱい)して離職する医師も多くおりました。

1996年頃より沖縄県にこども病院をとの声が上がり始めました。しかし、こども病院は1床当たり1000万円の赤字で、財政難の沖縄県では困難でした。また、全国のこども病院は、各県に1つではなく一地方に1つであり、人口も100万人規模では成立しません。そんな状況下で県民（親の会が中心）が立ち上がり署名活動を開始しました。約20万の署名を3か月で集め、これは、同じ20万の署名を集めた沖縄サミット誘致の6か月をはるかに上まわった署名活動となりました。県民の熱意は、行政を動かし、患者家族、医療人、行政人など県民が一致団結してできた「奇跡のこども病院」ともいわれています。

2006年に開設された県立こども医療センターは、「どんな難病の子どもでも成長を保障する」医療機関として、チャイルドライフスペシャリスト、医療保育士、ボランティアなど、多様な子どもの成長を保障する専門の職業の方がいます。また、経営的には、総合病院に併設した形をとって共有部分をもち独特の経営方式で行っています。今では本土に渡って手術する子どもは、激減しました。

3 子ども医療支援の動き・患者家族の滞在施設開設

県立こども医療センターの開設は、子ども医療支援の活動もさかんにしました。沖縄県は40の有人離島を抱えており、高度小児医療を受けるためにこども医療センターに入院する子どもが増えることは予想されました。早期に準備を進め、2004年沖縄県における患者家族の滞在施設の必要性のアンケート調査を小児保健協会が行い、約60％の方が利用するという結果のもとに部屋数が決まりました。土地は沖縄県が準備し、建物は沖縄電力グループ百添会が10周年記念事業で寄贈しました。最終的には建物・土地は（財）沖縄県保健医療福祉事業団が買い上げ、2008年に遠隔地家族滞在施設「がじゅまるの家」が開設されました。

そして、こども病院設立推進協議会（1994～2006年）が発展的解消したNPO法人こども医療支援「わらびの会」が受託運営し、親の立場となって入院家族を支援しています。今は、県外からの利用者も多い状況になってきています。

観光客が増えてきていた沖縄県においては、外国人患者家族も発生し、がじゅまるの家でも、インバウンド対応をすることがたびたびありました。今から３年前には、台湾観光客が超低出生体重児を出生し、母親はまったく日本語が通じないなか、がじゅまるの家に２か月あまり滞在し、生活面・経済面・精神面を支援し無事に帰国できました。その子が２歳になったときに、わざわざ家族３人で再度訪問し、感謝を述べました。欧州など諸外国の方も散見されています。

４ 子どもの在宅医療体制・医療的ケア児の生活の質を高める

多くの難病の子どもたちを救命でき、そして退院できるようになると必要になるのは、医療的ケアの必要な子どもの在宅医療ですが、本県では、全国に先がけて始まりました。1993年、在宅医療を必要とする子どもたちを支援するために、医師、看護師、保健師、歯科医師、薬剤師、医療ソーシャルワーカー（MSW）、保育士、栄養士等のボランティアで小児在宅医療基金「てぃんさぐの会」が結成されました。

1998年には、全国でもいち早く「小児在宅支援マニュアル」を編集発行しております。在宅医療機器の無料レンタル制を導入したりしています。また、外出が難しい医療的ケアを必要とする子どもの全国サマーキャンプを開催したり、沖縄こども在宅研究会やボランティア養成講座などを実施したりしております。医療的ケアの必要な子どもたちの生活の質（QOL）を高める活動を行うため、職種を超えて活動しています。

こども医療センターの開設等医療保健の進歩とともに、在宅で医療的ケアを行う子どもたちが多くなっていますが、何とか対応ができています。また、2021年９月より医療的ケア児及びその家族に対する支援に関する法律も施行されましたが、その対応は今までの基礎が重要となります。

長寿をめざし子どもの生活習慣対策

長寿県沖縄を取り戻すためには、子どもの生活習慣がとても重要となってきております。未来への投資となりますが、今から対策を立て実行していくことが求められています。子どもの生活習慣対策をするためには、教育と同じような五育があります。沖縄の子どもの保健分野では、①成育、②食育、③睡育、④遊育、⑤噛育を重要視しております。

① **生育**は生まれ育つことで、健康な周産期をめざします。母子保健レベルを上げ、妊産婦へ健康管理を行い、予防接種率の向上、栄養改善などといった取り組みに加え、安全な水の提供や道路・橋梁などの環境整備など間接的に母子保健の向上に関係する包括的な生活習慣支援を行います。

② **食育**は、さまざまな経験を通じて、食に関する知識と食を選択する力を習得し、健全な食生活を実践することができるように育てることです。2005年に成立した食育基本法においては、「生きる上での基本であって、知育、徳育及び体育の基礎となるべきもの」と位置づけられています。朝食を抜かないなど食に対する心がまえや栄養学、伝統的な食文化についての生活習慣支援を行います。

③ **睡育**は、睡り育つことです。子どもたちの成長のためには、正しい睡眠習慣がとても大切です。しっかり睡眠時間を確保すると、成長ホルモンが多く分泌されます。入眠からの３時間程度を深い眠りにするのが理想です。また、遅起きは朝食を抜いてしまう傾向があります。子どもたちの理想の睡眠習慣をつくります。

④ **遊育**は遊び育つことで、遊育は体力の向上に限らず、コミュニケーション能力や創造力の発達、表現力や自主性の向上、意欲心の育成など幅広くバランスのとれた「生きる力」を子どもたちに備える手助けにもなると考えています。子どもだった頃を思い出すと、鬼ごっこ・かくれんぼ・ハンカチ落とし…いろいろな遊びが楽しくて、日が暮れるまで仲間と遊んでいました。お腹が空いて、ごはんが美味しく、ぐっすり眠る毎日でした。しっかりと遊べる生活習慣をつくります。

⑤ **噛育**とは噛んで育つことで、やわらかくて口当たりのよい食べ物が大好きな現代人。噛むことを必要としないメニューが増え、食事のときの噛む回数はどんどん減っています。よく噛んで食べることは、唾液分泌がよくなるので虫歯を予防します。あごの骨や筋肉を成長させ、きれいな歯並びをつくります。消化・吸収を助ける、満腹感が得られるので肥満を防ぐ、脳

に刺激を与え脳の働きを活性化させます。食べ物の形やかたさを感じることで味覚を発達させるなど、さまざまな効果があり、よく噛む生活習慣をつくります。

沖縄版ネウボラを考える

1 子どもの貧困と子どもの医療保健

2016年、沖縄県の子ども貧困率は、全国の約２倍の30％という高さの報道に一般県民は驚愕（きょうがく）いたしました。当初は福祉分野の早急な対策が中心となって貧困家庭の支援方策が論じられました。貧困状態にある子どもたちに対して、生活支援、学習支援、就労支援などが中心となった県民運動が必要でした。

しかし、応急的な方策では、次々と生まれてくる貧困家庭に対しての根本の解決にはなりません。そこで根本的解決に向けて、発生を予防する子どもの保健分野が重要になってきました。

2 子どもの貧困は社会的疾病・貧困ワクチンとは？

「麻疹にならない、麻疹にさせない」は、麻疹ワクチン推進の合言葉でした。同様に「貧困にならない、貧困にさせない」という保健分野のアウトリーチ的考え方が重要です。貧困が顕在化したときには、すでに子どもたちの心身の健康に大きな影響を与え、発達に支障を来たしています。子どもの貧困は病気と同様で、顕在化したときには、病状は進行しています。つまり、子どもの貧困は予防すべき社会的疾病です。

それでは貧困ワクチンとは、何でしょうか？　それは、すべての子どもに対して、成長に合わせた子育て支援の評価を行い、適切な支援を適切な時期に行っていくことです。未来に向けて貧困家庭にならないように、早期より、それも妊娠期（胎児期）から始まる子育て支援です。よって「貧困ワクチン」は、「子育て支援包括支援センター」になります。妊娠胎児期の早期に介入支援することで、子どもたちの健康を貧困から守ることができ、子どもたちの成長発達の可能性を、最大限に伸ばす支援をします。成人するまで時間はかかるかもしれませんが、それが最も効果的で、結果的は子どもの貧困を減らす効果が高いことを理解する必要があります。

3 地域の特徴を生かす子育て世代支援包括支援センター

子育て世代包括支援センターは、全国各地の市町村で設置に向けて着々と準備が進められておりますが、沖縄県が最も遅れているといわれています。地域によってまったく違う新しい政策でした。基本的には「妊娠期からつながる子育て支援」の政策です。先進県では、財政の豊かな自治体から、市長自らが先導に立つ地方もあり、地域の特徴がありました。沖縄県の市町村でも地域に合った子育て世代包括支援センター構想が必要です。

北欧のフィンランドのネウボラは、生まれてくるすべての子どもが対象で、1人の子どもに1人の保健師が、妊娠期から就学前まで成長を見守り支援するものです。それは欧州の社会構造の中で可能であり、現実的に日本での導入は不可能です。福祉や社会の制度は違っても、妊娠期より支援が始まって、成長という時間軸でそれが切れることなく続くことは、最も重要なことです。

4 ハードではなく、心がまえや機能を考えるソフト

子育て世代包括支援センターは、建物のようなハードを想像していけません。心がまえや機能を考えるソフトそのものです。予算をつぎ込んだりっぱな建物ではありません。関係者や隣人が子育て支援のワンストップセンターを心の中にもつことです。誰でも相談されたら、今ある事業（資源）に結びつけてあげることで、育児支援は可能になります。人としてつながることを適正に行える「人の結び付きのイノベーション」が新しい育児支援を構築し、明るい未来へとつながります。

現代社会の複雑な中、子ども1人ひとりの成長を保障するために、新しい育児支援が必要です。市町村であれば親子健康手帳交付時の関わりから始まり妊婦健診、産後健診、乳児家庭全戸訪問、乳児健診、1歳6か月健診、3歳健診、（就学前健診）などの事業を時系列で、すべての子どもの評価と支援にしっかりと結びつけていくことが必須となります。

5 つながるイノベーション（育児支援イノベーション）

育児支援に関係するつながりには、①本人と家族の絆（親、兄弟、親族）、②家族と地域社会とつながり（隣接住民、自治会、市町村）、③社会システムの融

合（医療・保健・福祉・教育）、④法律制度の連結（子ども子育て支援法、児童福祉法、母子保健法、児童虐待防止法、教育基本法、医療法など）、⑤健診事業の結び（妊婦健診、乳児健診、１歳６か月健診、３歳健診、全戸訪問など）、⑥子育て支援システムの結び（心のワンストップ化）があります。

これらがつながるためには、考え方のイノベーションが必要となります。それは現存するいろいろな資源のつながりを簡単に円滑に行える方策を真剣に考えていくことです。今までのつながり方を見直し、いかに強力にしていくかを、豊富なアイディアで実行していく勇気と英知が必要になります。

少子化時代は社会全体の総合力を落とさないためにも、子ども１人ひとりの可能性を最大限に伸ばしてあげることによって、元気のある衰えない社会を形成できます。それには、すべての子どもを対象とした妊娠期・胎児期から成人になるまでつながる育児支援のイノベーションを起こすことです。

グラミー賞を２度も受賞した「指揮者のいないオーケストラ」（オルフェス室内管弦楽団）は、どうやって成り立っているのでしょうか？　それは演奏者１人ひとりがどの場面では、誰がリードするかわかっているからです。つまり、演奏者各人がお互いの演奏能力や効果を深く理解している基盤があるので、美しいハーモニーが生まれてくるのです。

そのような地域のワンチームになり、自然につながっていくことがとても重要になってきます。子どもたちのもっている可能性を最大限に引き出し、明るい未来へとつなげることです。

みやぎ・まさや

台北医学大学卒業後、５つの県立病院を歴任し、離島を含む地域医療を経験し、沖縄県こども医療センター母子センター長にて定年退職する。（公社）沖縄県小児保健協会理事を30年務め、現在は会長職となる。周産期ネットワーク協議会、小児在宅医療基金「てぃんさぐの会」を創設する。

5-2

周囲の理解と温かい環境で軽減できる過敏や不適応

子どものこころのネットワーク形成へ

城間直秀
発達神経クリニック プロップ院長

沖縄県における発達障害臨床の変遷

2005（平成17）年に施行された発達障害者支援法は、医療界にも大きなインパクトを与えました。ここでいう発達障害とは、「自閉症、アスペルガー症候群その他の広汎性発達障害、学習障害、注意欠陥多動性障害その他これに類する脳機能の障害であってその症状が通常低年齢において発現するもの」[1]と定義されています。これまで知的障害や身体障害、精神障害に関する法律はありましたが、発達障害は明確な法律はなく、支援を適切に受けられない状態にありました。発達障害は早期に発見し早期に介入すれば、その後の困り感がはるかに違うことは当時からわかっていました。この早期発見・早期介入、そして切れ目のないフォローを目的にこの法律が制定され、各都道府県に発達障害者支援センターを置くことを義務づけました。沖縄県でも発達障がい支援センター「がじゅま〜る」が開所され、現在も発達障害支援の中心的な役割を担っています。

この法律施行以前の沖縄県内の医療を調べると、名護療育園（現・名護療育医療センター）、沖縄小児発達センター（現・中部療育医療センター）、整肢療護園（現・南部療育医療センター）が発達障害児の医療を担っていました。その中でも小児発達センターが最も精力的に現在でいう自閉スペクトラム症の子どもたちを診療していました[2]。また、小児科開業医でも、おおぎみクリニック、たかえすクリニックが発達障害の診療をしておりましたが、当時は知的に遅れのない自閉スペクトラム症（高機能自閉症やアスペルガー症候群タイプ）の診断は、非常に難しい時代でした。論文を読んでみても診断名は自閉症傾向と記されており、当時の確定診断の難しさがうかがえます[3]。

ケース1 発達障害者支援法が制定されて間もない頃

発達障害者支援法は早期発見・早期療育の支援システムづくりを乳幼児健診を通して各市町村自治体に求めるほかに、教育現場にも早期支援と切れ目のない支援を求めました。現在ではほとんどの学校に設置されている情緒支援クラスが、まだめずらしかった時代です。児童デイサービス（現在の放課後等デイサービス）も近年かなり数が増えていますが、当時は数少なかったと記憶しています。教育の場では、発達障害支援における島尻地区専門家チームが発足し、その初代メンバーで教師である新垣（あらがき）佳代子が現在の沖縄県情緒障害教育研究会を立ち上げ、現在も教育現場への啓蒙に尽力されています。

そんな時代にさとし君がクリニックに訪れたのは、９歳の頃でした。比較的裕福な家庭で、父親、母親と妹の４人家族でした。他県でアスペルガー症候群と診断され、父親の転勤で来沖し、「パニックが多い、自傷行為を相談したい」ということで受診しました。健診等で問題を指摘されたことはなく、幼稚園が初めての集団で、場になじめず、そこで「自閉症ではないか？」と指摘され、就学後に診断されたそうです。

クリニックでの初診のようすは、初めての場所で落ち着かず、着席してもすぐに席を立つことをくり返していました。パソコンやカードゲームのことは流暢に話しますが、どんどん興奮して話が止まらなくなるようすでした。ところが、学校や勉強の話題になると急に机に顔を伏せて「僕は話が長くなると…記憶がなくなるので…」と会話を嫌がるようすでした。

当時、学校現場では情緒支援に長（た）けた教師は少なく、ヘルパーに任せきりになる状態が問題になった時代でもありました。さとし君も、母親とヘルパーが必ずいっしょにクリニックに来院しました。治療構造は現在もあまり変わりませんが、担当心理士が約１時間かけて本人と保護者・ヘルパーと面接をし、医師がそれを踏まえて処方したり、助言したりする形でした（医師が先に診察し、心理士の相談や言語相談が後になる形もあります）。さとし君は引っ越してきたばかりの頃、環境の変化からか、興奮しやすかったり、自分の頭を急に叩く自傷行為と呼ばれる行動が頻繁に見られました。学校でもしばらくは教室に入れず、ほとんどを男性ヘルパーと学校の相談室で２人きりで過ごしていました。

ある日の診察室でのようすです。自分で話せる子はだいたい保護者と別々に面接します。

医師「最近、学校はどう？　もう慣れた？」

さとし君「嫌な奴が多すぎるんだよ」

ちょっとうつむきかげんで怒ったように話します。

医師「毎日たいへん？」

さとし君「そう、こんなにがんばっているのに、親は勉強がどうだとか、先生に迷惑をかけるなだとか、うるさいんだよね」と少し興奮ぎみに早口でしゃべると、座っている回転椅子で、クルクルと回り出しました。

医師「クラスメイトは？」

さとし君「みんな敵」ぶっきらぼうに答えます。

医師「優しい人とか、味方はいないの？」

さとし君（少し大げさに首を振って）「知らない」

学校の内容だと話が膨らまないので、当時人気のあったゲームや漫画の１つに話題を振りました。

医師「ところで、東方プロジェクトはどんな感じ？」

さとし君はしっかりと目を合わせて、かなり饒舌に「そうそう、東方プロジェクトの東方紅魔郷の霧雨魔理沙がいいんだよ。先生知っている？　妖々夢のキャラクターよりは、ぜんぜんいいんだよね…」

一通り本人の話を聞き、少し満足したと思ったところで終わりを告げないと、話題は延々に続くので、

医師「んじゃ、そろそろお母さんから話を聞くけど、さとし君が今とってもがんばっていることはわかったから、苦しいことや嫌なことがあれば、おとなに助けを求めるんだよ。味方はいるからね」と結びます。

今になってふり返ると、なんと無責任な言葉なんだろうと思います。その頃味方と呼べる学校のおとなは、ヘルパーだけで、担任を含めほとんどの教師たちは、「問題児」という目で、さとし君を見ていました。

徐々に環境にも慣れ、秋頃には興奮することは少なくなり、いくつかの授業にはヘルパーと教室に入れるようになりました。年明けに、クラスメイトのAが嫌なことをすると言います。からかいがあったのか、自分の洋服が汚れていると言って（実際は汚れていないのに）急にパニックになって服を脱いだり、手洗いがひどくなったりということがありました。その時期は帰宅すると母親に抱っこを毎日のようにせがみ、夜もいっしょに眠らないと不安だったそうです。クラスメイトに「僕の障害わかる？」と聞いてまわることもあるほど、不安定なようすでした。進級してその子とクラスは別れましたが、行事ごとに気持ちが不安定にあることがたびたびありました。

６年生まではクラスの子とトラブルがありながらもなんとか学校に行けている状態でしたが、中学に向けての不安からか、卒業前には学校で全裸になることもありました。母親は抱っこを要求されても機械的に応じるだけで、「ルールがわからなければ動物と同じです」などと、さとし君への言葉かけはかなり厳しいものでした。小学校時代はヘルパーとの関係性は深まっていきましたが、学級担任の理解は乏しく、何度かクリニックに足を運んでもらい、さとし君の発達特性やこころの状態の説明を行いましたが、対応が変わることはほとんどありませんでした。

さとし君は中学になって、最初の国語の授業の意見文に「ふざけた法律」というテーマで、「赤ちゃんや幼児が何もわからないで物を壊したりするのに、仕返しとして殺してはいけないというのはふざけている」と持論を展開し、教師や保護者を驚かせました。中２の秋にはクラスメイトにいじめられていることが発覚し、母親が学校側に対処を求めましたが、担任を含め管理者は「またか」という反応でした。中３になってやっと情緒支援クラス在籍になりました。ところが、たまたま廊下で小学校時代に意地悪されたAを見かけて、図工室の彫刻刀を持ち出し、叫んでいたところを教師に取り押さえられました。校長先生はさとし君を過剰に危険視し、その後約１か月間登校禁止にしました。

当時の支援クラスの教師がかなり配慮してくれて、高校は無事合格することができました。

さとし君はその後もたくさんの不適応を来たし、現在はおとなの精神科に通院しています。

ふり返れば親子関係を改善できなかったことや、学校の支援に深く介入できなかったこと、放課後等デイサービスなどの福祉の力を借りることができなかったことなど、反省の多いケースです。現在であれば、学校の情緒支援クラスは充実していますし、教員の発達障害への理解もかなり進んでいます。さとし君にこれほどの負の体験を積み上げることはなかったと思います。放課後もデイサービス等をもっと積極的に勧めることで、本人の味方になるおとなや仲間を見つけるチャンスがあったかもしれません。

発達障害者支援法が施行されて16年が経過しました。さとし君のような不適応体験をくり返す子どもは本当に少なくなりました。最近は乳幼児健診から療育施設につながり、そこからの紹介や保護者自身が不安で受診するケースが増えてきました。集団場面で問題を起こしてからの受診は、減っていると感じています。医療供給体勢はここ数年で改善してきています。

ケース2　早期から療育につながり集団でうまくやれている

だいすけ君がクリニックに来たのは、３歳になった頃の2018（平成30）年の８月でした。言葉が少し遅いのと、保育園のお集まりのときにみんなと同じ行動ができないことが心配とのことで、保護者が直接受診しました。普通体型の色白で丸顔のだいすけ君、表出はまだ単語だけで、二語文はほとんど聞かれません。ニコニコと常に穏やかですが、マイペースにふるまって、なかなか顔や視線が合うことはありません。同じ色やマークが大好きで、トミカの車を並べたり、タイヤをじっと見つめることも大好きでした。保護者は発達が心配で受診していますが、だいすけ君を見守る表情は穏やかで、そこまで深刻さを感じさせませんでした。保育園ではすでに発達支援の保育者が１人付いており（付きっきりではなく、気になる子３人に１人の保育者が付いている）、園からの相談ごとはありませんでした。おもちゃの貸し借りはできずに、取られたら取られっぱなしでニコニコしているそうです。

発達検査とその後の心理面談で、自閉スペクトラム症と診断しました。保護者も納得し、保育園と連携して児童発達支援施設に週２回通うことにしました。保育園側も当初は保護者に対して「園では問題ありませんよ」という言葉で安心させようとしていたようですが、「やりとりの中で自己発揮できない姿」や言葉の面でかなり心配していたようです。診断がつくことで保護者も園の保育者たちも支援の方向性を明確にすることができました。保育園・通所施設・クリニックで保護者の不安を支え、だいすけくんは大きなトラブルもなく、地域の小学校に入学しました。就学直前には自己主張もできるようになり、保育園では手のかからない姿にまで成長していましたが、これまでの支援の成果であることを就学前相談できちんと教育委員会に申し送りしてくれて、小学校は最初から情緒支援クラスを選択できました。現在はコロナウイルス感染症の影響で不規則なカリキュラムになっていますが、今のところ穏やかに過ごせています。

早期からの特性理解と「保幼こ小」連携の重要性

保育園・幼稚園から就学への「保幼小連携」が、かなり前から問題になっています（現在は「保幼こ小連携」と言い、こども園が加わっています）。未就学時代の育ちをきちんと把握し、学校へ橋渡しすることで小学校の最初のつまずきを防ぐねらいがあります。そこに含まれる情報は、勉強面（文字への興味や集中の度合い）や行動面（動きが多く活発、怖がりで敏感など）など、生活全般を含め多岐に渡ります。この橋渡しが、就学前相談（市町村教育委員会が主体）頼みになっている現状があります。就学前相談を受けないと確実に伝わらないという仕組みは大問題です。

浦添市は以前から「保幼小連携」に力を入れ、教育委員会に諮るまでいかない気になる子の申し送りも、学校と協力して行う仕組みを当時保育課主査だった保育士である崎枝朝子を中心につくっていました。小学校校長と保育・幼稚園長らの協働が期待されるところで、行政がリードする必要があります。人が変われば仕組みも変わるのものでそうではない仕組みを確立する必要がありますが、現在はうまくいっていないようです。

保護者をはじめ、周囲の関わるおとなが子どもの特性を早くから理解し、温かい環境で、あたりまえの日常を積み重ねていくことで、本人の過敏さや集団場面での不適応はかなり軽減していけます。多くのケースを見てきて、このことは強く感じることです。

これからの課題――問われる支援の質

◎医療

発達障害を診療する医療機関は、ここ数年でかなり増えています。しかし、発達障害は診断まで到達しない「グレーゾーン」と呼ばれる子がその数倍存在し、その子らが家庭、あるいは集団場面で不適応を来すと途端に、受診希望数はうなぎ上りに増えていきます。

もちろん、まだまだ医療体制が十分と言える状況ではありません。福祉や学校との連携も必要で、それを考えるとまだまだ数は少ないといえます。専門医の育成、専門性を高める支援も乏しい環境が続いています。2021（令和３）年度ようやく、琉球病院を中心に「子どものこころのネットワーク」が形を成しつつありますので、大いに期待したいところです。

◎学校

学校現場では情緒支援クラスが増えすぎたということで、小中学校では使われていない教室を利用したり、無理やり教室を分割して使用するという状況が生まれています。発達障害の子は環境に大きく左右され、音や臭いにも過敏な子が多く、教師たちの苦労もよくわかりますが、そこに財源をもってこられない状況に憤りを感じます。情緒支援クラスが増えたことで支援担当の教員も不足しています。当院通院中の複数の保護者の話では、那覇市は独自に教育支援委員会に諮る前の書類審査（書類審査で落ちれば話し合いにものぼらない）や２年縛り（一度通常クラス、あるいは支援クラスを決めたら２年は同じクラスを利用しなければいけない）という制度を設けてその解決を図ろうとしています。子どもの１年はおとなの何倍も大切な時間であるにもかかわらず、学校側の事情で支援を適切に受けられない状況を非常に危惧します。

◉福祉

福祉の分野では、健診からの早期発見・早期支援のシステムづくりを目指して、発達障害支援法ができてすぐに、小児保健協会を中心に議論が重ねられましたが、いつの間にかシステムづくりの話は消滅して、10年以上経てもまだなお、システムづくりは停滞しています。学齢期の支援では「障害のある子どもの放課後保障全国連絡会（以下、全国放課後連）」と当事者・保護者らにより放課後等デイサービスが制度化されました。沖縄県は、児童1000人あたりのデイの事業所数が全国一になっています[4]。

問題は「支援の質」ですが、ほぼ完全に預かっているだけだったり、塾のようなデイもあり、保護者もどう選択してよいかわからない現状があります。沖縄でも、全国と歩みを並べて、「放課後連沖縄」が立ち上げられて３年目になります。これは、「支援の質とはなにか」を問いかけながら日々の支援に取り組んでいる団体で、今後の児童デイの質の底上げに期待しています。

★本文中の子どもの名前は仮名です。

引用

1　発達障害者支援法　第２条より。

2　安里績ら「自閉的傾向の発達予後の検討」沖縄県小児保健協会『沖縄の小児保健』22号　1995年　p.26-31

　安里績ら「自閉症児の発達プロフィールの経時的変化」沖縄県小児保健協会『沖縄の小児保健』25号　1998年　p.18-22

3　与那城郁子ら「当院相談外来10年間の総括および考察」沖縄県小児保健協会『沖縄の小児保健』26号　1999年　p.17-22

4　厚生労働省「障害児通所支援の在り方に関する検討会」１回目　2021年６月14日の資料３。

しろま・なおひで

医療法人愛燦会　発達神経クリニック　プロップ理事長・院長。専門は小児神経、小児心身症、神経発達症。島尻地区発達支援専門委員会、障がいのある子どもの放課後保障連絡会沖縄アドバイザー等の活動も行っている。

人も自分も信頼できる孤立させない支援を

母子ともに育つ場所をつくる

三浦耕子
沖縄県立中部病院婦人科

13歳で中絶したとき「中学３年だったら働いて育てることができたのに」と言ったＡさんは、15歳で出産した。このことは３つの問題を示している。
「子どもが妊娠すること」
「子どもが子どもを育てること」
「育てられると思っている子どもがいること」

沖縄の若年妊娠

沖縄県は、全出生数に占める10代の出産の割合が２％台で全国の約２倍となっている（表１）。長いあいだこの傾向は変わらず、これが「沖縄は若年妊娠が多い」という根拠になっている。年齢別の中絶と出生数のデータから沖縄県では10代妊娠の約60％が出産、40％が中絶しており、中絶の割合が高い全国とは逆になっていることがわかる（表２）。

沖縄県立中部病院は、総合周産期母子医療センターとして、主に沖縄県中北部のハイリスク妊娠の診療をしている。分娩件数は年間約1000件、2016年からの妊娠22週以降の分娩では、19歳以下の出産の割合は約３～４％（年間約30～40件）で、同時期の沖縄県の14歳以下の出産の約半数は当院で行っている。2016年から19歳以下の妊娠22週以降での分娩は193件、175人が分娩していた（表３）。

表１　沖縄県の10代の年齢別出生数と構成割合の年次推移／全国との比較　2016～2019年

		14歳以下	15～19歳	19歳以下総数	総出生数	構成割合(%)
全国	2016年	―	―	11,099	977,242	1.0
	2017年	37	9,863	9,900	946,146	1.0
	2018年	37	8,741	8,778	918,400	1.0
	2019年	40	7,742	7,782	865,239	0.9
沖縄県	2016年	1	436	437	16,617	2.6
	2017年	3	394	397	16,217	2.4
	2018年	1	397	380	15,732	2.4
	2019年	2	327	329	14,902	2.2

出所：厚生労働省「人口動態統計」／沖縄県衛生統計年報「人口動態編」より筆者作成

表２　沖縄県の20歳未満の中絶の割合／全国との比較　2016～2019年

		20歳未満 中絶数（A）	20歳未満 出生数（B）	中絶の割合 A／A＋B×100(%)
全国	2016年	14,666	11,099	56.9
	2017年	14,128	9,900	58.8
	2018年	13,588	8,778	60.8
	2019年	12,678	7,782	61.9
沖縄	2016年	276	437	38.7
	2017年	232	397	36.9
	2018年	219	380	36.6
	2019年	202	329	38.0

出所：厚生労働省「行政報告例」「人口動態統計」
沖縄県衛生統計年報「衛生統計編」「人口動態編」より筆者作成

表３　沖縄県立中部病院　妊娠22週以降の出産年齢別分娩件数

出産年齢	14歳以下	15歳	16歳	17歳	18歳	19歳	19歳以下総数	総分娩件数
2016年	―	3	2	9	5	5	24	1072
2017年	2	2	4	14	7	15	44	1071
2018年	1		2	10	12	19	44	1087
2019年	1	2	2	8	7	11	31	1018
2020年	1	1	3	9	6	10	30	908
2021年*	―	1	1	3	4	11	20	629
計	5	9	14	53	41	71	193	5785

出所：沖縄県立中部病院データより筆者作成
注：期間は、2016年１月～2021年９月まで

子どもが妊娠することを防ぐ

◉性教育へのアクセス保障

妊娠や性感染症を招くような若者の性行動が問題になるのは、沖縄に限らない。対策の１つは成長に合わせた性教育だが、不登校は性教育へのアクセスを制限する。14～15歳で出産した12人中６人で不登校が確認され、16～17歳で出産した人の半数以上が中卒だった。

小中高生の不登校の割合が高い沖縄では、学校以外にも性教育の場をつくり、性教育へのアクセスを保障する取り組みが必要である。

◉避妊法へのアクセス

避妊法へのアクセスはどうだろうか。コンドームに頼らない安定した避妊法は国外では複数あるが、日本で使えるものは経口避妊薬と子宮内避妊具（intrauterine device：IUD）の２つだけで、基本的に公的医療保険が適用されず、お金がなければ利用できない。

「妊娠の終わりは避妊の始まり」だが、このつながりがうまくいかずに妊娠をくり返す人がいる。2016年から分娩した175人のうち、分娩をくり返した人が18人、65人が中絶や流産も含めて妊娠をくり返していた。出産後すぐに妊娠することがある。

17歳で出産したＢさんは実家で生活していたが、赤ちゃんが泣くと家族が不機嫌になるのですぐにミルクをあげるようになり、おっぱいが出なくなった。通信制高校への復学のため、IUDの使用を考えていたが出産後３か月で妊娠。IUDを出産後１～２か月で入れていれば、防げた妊娠だった。また、授乳は排卵を抑制するので避妊の効果もある。もし授乳を続けることができれば、妊娠していなかったかもしれない。

家賃を払うことができず実家やパートナーの家で家族と同居し、周囲の目が気になって授乳がしづらい人もいる。妊娠中から避妊法を考えておくことや授乳も含めて避妊をしやすい環境をつくることが大切だ。経済的な負担が大きいのでIUDや経口避妊薬を若年では公的補助の対象にするなどの支援があれば、妊娠を防ぐ力になる。

性虐待・性暴力被害とトラウマ対応

家族・親族の性虐待による妊娠もある。性虐待は軽い接触から徐々に時間をかけて行為がエスカレートする。加害者に秘密を強要されたり、「共犯関係」と思わされたり、また低年齢であれば自分がされていることが理解できないこともある。妊娠しても被害児は言い出せず、お腹が目立つようになるまで気づかれないことがある。妊娠が想定されない低年齢ほど発覚が遅れ、中絶の機会を逃すと出産しなければならなくなる。性虐待の初期におとなに打ち明けてもきちんと受けとめてもらえず、虐待が続くこともある。

性虐待では、妊娠終了後も被害児には苦しい状況が続く。家庭を維持するために、加害者ではなく被害児が家庭外での生活を強いられたり、逆に加害者がいる家庭内での生活を続けさせられたりする。成長に合わせた長期的なケアが必要だが、家庭外の生活に適応すること、または「何もなかった」ように今まで通りの生活することが優先されてしまう。誰がケアを提供するのかも決まっていないので、十分なケアはほとんどされていない。── 放置すれば妊娠する ── 性虐待は、どんなサインも周囲は無視してはいけない。

性暴力被害によるトラウマの影響で、危険な性行動をとるようになることがある。受診歴などから妊娠前の性暴力被害が確認できる場合があるが、周産期医療の現場で、妊婦の性暴力被害歴を知ることはできていない。被害者は被害を自分からは語らない。性暴力被害は少なくないことから、トラウマに配慮した対応（トラウマインフォームドケア：TIC）の実践が必要である。

小児期逆境体験（Adverse Childhood Experiences：ACEs）

虐待やネグレクト、家族の機能不全、その他のトラウマ体験は小児期逆境体験と呼ばれ、その後の人生に長期的な影響を及ぼすことが知られている。その小児期逆境体験も確認できる。特に14～15歳の出産例では、虐待や家族の精神疾患など１人で複数経験しているケースが半数を超えていた。同年代の妊娠の相手男性でも、小児期逆境体験を確認できたケースがある。また、母親の初産年齢が18歳以下のケースが半数で、若年妊娠の世代間連鎖といえる状況がある。母親が育児支援者になることが多いので、子どもの頃も含めて母親たちの経験を聞かせてほしいが、母親に「ちゃんとやってます」と言われると、それ以上踏み込めない。TICは母親へのアプローチでこそ必要になる。

子どもが子どもを育てる／子どもに子どもを育てさせること

沖縄では出産した女の子が子どもを育てることがほぼデフォルト（普通、標準）になっていて、本人もまわりも疑問をもっていない。沖縄には「若年妊娠でもなんとかなるよね」という空気がある。子どもに子どもを育てさせているという認識がなく、問題の深刻さが過小評価されている。

●中絶をしない理由

沖縄県では10代妊娠の60％が出産し、中絶を上まわっている。中絶可能な期間に産婦人科を受診できないこともある。中絶にはお金も時間も必要で、いっしょに動いてくれるおとながいなければ中絶はできない。そういうおとながいないのも、中絶をしない理由かもしれない。実際に中絶をしない理由をたずねると、「自分の子どもだから」「お姉ちゃんも子どもを育ててるから」「彼氏が中絶を希望しなかったから」という答えが返ってきた。まわりに若年で子どもを育てている人がいることの影響は小さくない。子どもを育てさている社会があるから、まわりに子どもを育てている人がいるのではないだろうか。冒頭のＡさんのように「育てられる」と思うのは個人的な事情ではなく、社会がそう思わせる状況をつくり、維持しているからではないだろうか。若年で子どもを育てることで、何が起きているのかをはっきりさせることなく、「なんとかなっている」と判断し、そのままにしている社会がある。

●妊娠により学業が保障されない学校

14～15歳で出産する場合、妊娠するのは中学生か中学卒業直後である。もともと不登校の人もいる。妊娠すると保健室登校をさせられたり、学校から「子育てをちゃんとしたら卒業させる」と言われた人もいる。妊娠を理由に義務教育が保障されない状況がある。高校に進学したのは２人だけで、親が子ども（孫）をほぼ丸抱えで育てる、親が高校に行く動機づけを強く行うなど、親の関わりが大きかった。しかし、定時制高校に進学し子育ては自分でやっているＣさんは、「学校行きたくない。時間がぜんぜんない。子どものことをやるからやりたいことできない」と学校を続けるたいへんさを話していた。進学しても、子育てを誰かにやってもらえなければ学業の継続は難しい。

17歳で出産した53人のうち35人が中卒・高校中退で、その中でアルバイトやパートで働いているのは６人、29人は「無職」だった。18人の高校生（通信制も含む）のうち、妊娠中の中退が３人、高校への復学を確認できたのは１人だけだった。妊娠を理由に通信制へ転学する予定の３人も含めて、その後の経過は確認できていない。

医療機関は、通院期間中の情報しか得ることができない。妊娠の学業への影響に関する情報があれば、妊娠中から産後の生活（授乳や避妊など）の対策に生かすことができ、学校とも協力しやすくなる。

●相手の男性の問題でもある若年妊娠

17歳以下の出産では、妊娠の相手男性の６割以上が建設業に従事していた。中絶に関するデータがないので、10代妊娠の相手男性の職業について正確なことはわからない。単に産業構造が反映されているだけかもしれないが、建設業の男性が相手の場合、出産を選択する理由は何だろうか。現金収入があることが出産を選択させやすくするのかもしれない。逆に男性の中には学校や別の職業の希望があっても、子どもが生まれるので収入の確保のために続けている人がいるかもしれない。避妊、子どもの養育、結婚、認知など若年妊娠は男性の問題でもある。生育歴や家族、学校、職業など男性に関する情報の不足が、若年妊娠の全体像の把握を難しくしている。

●育児で孤立させない支援

若年妊娠で市町村や医療機関などの関係機関が査定するのは、主に「誰が育児をサポートできるか」である。児童福祉法上の「特定妊婦」に当たることが多いため、支援者会議も行われている。しかし、具体的なサポートの内容までは家庭内のことなので踏み込めない。子育てはマルチタスクで同時にいろいろな作業が必要なため、おとなの女性でも難しいうえ、特に学校や仕事がなければ家事もしなければならなくなる。15歳で出産したＤさんは出産後に「どうしてできないの」と母親に責められ、居心地が悪くて家出してしまった。出産したことで家庭内で孤立する人がいる。家庭内での孤立を防ぐ対策、孤立したときの対策も必要になる。

●妊娠中からトラウマ治療と支援を

トラウマの経験を自分から進んで話す人はほとんどいない。虐待によるトラウマを抱えて妊娠する人がいる。出産後に解離性障害があることがわかったＥ

さんに深刻なトラウマがあることを、妊娠中、支援者の誰も気づいていなかった。彼女は授乳しながらフラッシュバックを起こしたり、家事をした記憶がなくなったりしながら子育てをしている。しっかりと支えてくれる人がそばにいる環境が確保できず、トラウマのケアや治療が進まない。

子どもといっしょではトラウマへの介入がさらに難しくなるが、子どもと引き離すこともできない。妊娠中にトラウマの存在を知ることができれば、治療を含めた支援を考えることができる。妊娠中にトラウマの評価を安全に行い対応することはとても難しいことだが、取り組んでいく必要がある。

「子どもに子どもを育てさせる」社会問題として対策を

若年妊娠についてのデータが不足している。福祉・教育・医療・経済などさまざまな角度から調査して実態を知ること、個人の問題に矮小化せず社会の問題として対策をとることが必要だ。

若年で出産した人の中には、虐待やいじめなどの暴力、家庭の機能不全などが理由で「人を信頼すること」ができずに苦しんでいる人がる。人を信頼することができないため、助けを求めず、孤立していく。沖縄県内に若年妊産婦の支援施設が作られている。支援施設で人との関わりから人を信頼し、自分も信頼できるようなれば、支援施設はその人も子どもも育つことができる育ちの場になる。「母子ごと里親」のような制度があれば、母子ともに育つ場所をつくることができる。

人を信頼して助けを求めることができるようになり、社会もそれに応えるようになれば、沖縄の社会にある「若年妊娠なんとかなるよね」をよい意味に反転させることができるはずだ。

みうら・こうこ

1996年弘前大学医学部卒業。沖縄県立中部病院婦人科勤務医師。沖縄県性暴力被害者ワンストップ支援センター副医療統括

5-4

子ども時代に受けた虐待のトラウマを治療する

内面を見つめる作業をいっしょに

斉藤里菜

精神科医／とよさきメンタルクリニック院長

トラウマとは――脳の働きから考える治療法

トラウマ（trauma：心的外傷）治療にはいろいろな種類があり、患者さんに合わせていくつか組み合わせることが有効といわれています。トラウマ治療を手がける精神科医ヴァン・デア・コークは次のように述べています。

「これらの手法の一つを使うだけで改善する人もいるが、回復の段階ごとに異なる取り組みが助けになる人がほとんどだ」（ヴァン・デア・コーク 2016）

ここでは、私が主に使っている治療法EMDR（Eye Movement Desensitization and Reprocessing：眼球運動による脱感作（だつかんさ）と再処理法）とパーツ（部分）のワークの説明をします。主なトラウマ体験が１つの単純性PTSD（Post Traumatic Stress Disorder：心的外傷後ストレス障害）の方には、最初からEMDRを用い、長期にわたる虐待のトラウマ体験を有する複雑性PTSDの方にはパーツのワークから始めています。

●トラウマ記憶とEMDR

私たちの脳は私たちが体験したことを処理し、過去のこととして保存する力をもっています（Shapiro 2018）。たとえば、動物園に行ったようすをスマホで撮影し、帰宅後によい写真を選び、「動物園の思い出○年○月」とタイトルをつけ、アルバムに整理するようなイメージです。うまく処理された記憶というものは、通常は私たちが思い出したいときにだけ見たり、再生したりすることができます。

が、一方、トラウマ記憶は、勝手に再生されることがあります。トラウマ記憶とは、未編集の動画や静止画が整理されずに、撮影したときの状態でくり返し現在の体験として再生されるため、それが現在か、過去かわからなくなる状態です。

トラウマ記憶を抱えていると、私たちの脳と身体は現在と過去、安全と危険を正確に区別できなくなります。トラウマ治療の一種のEMDRという方法は、脳がトラウマ記憶を処理するプロセスを助け、「あれは過去に起きたことだ、今は安全だ」と認識できるようにする治療法です。

●脳の適応とトラウマ関連パーツ

また、子ども時代に長期間にわたり虐待を受けた人は、本来協調して働くはずの左脳と右脳がサバイバルのために独立して働き始めます。左脳は冷静なので日常生活を送るパーツとして学校に行きます。右脳は防衛反応を担当し、トラウマ関連パーツとして家での虐待を生き延びることに集中します。

ただ、こうした脳の適応は後からさまざまなデメリットをもたらします。日常生活を送るパーツは、トラウマ関連パーツのもっているトラウマ記憶に近づきたくないために、徹底的に回避することになります。回避すればするほど、トラウマ関連パーツは孤立し、ますます感情コントロールが難しくなり、葛藤もまた起きやすくなります。

たとえば日常生活を送るパーツは、ある人に近づきたいと思い、トラウマ関連パーツは、その人から逃げ出したいなどの反応があります。左脳と右脳が協調できると、理性的なブレーキをかけながら怒ることができるので、怒りすぎを防ぐことができますが、子ども時代に虐待を受けた人は、おとなになってから感情コントロールがとても難しくなることがあります。感情をコントロールするためには、左脳と右脳が「仲直り」をする必要があります。

治療者の役割――左脳と右脳の「仲直り」ファシリテーター

お互い今日まで生き延びるためにがんばってきたということを認め、受け入れるために、治療者は仲直りのファシリテーターをします（Fisher 2017）。日常生活を送るパーツが、強い感情を抱えた幼いトラウマ関連パーツに対して心からの共感を感じられたときには、患者さんの胸が温かくなったり、涙がこぼれたり、何かしらの反応が起こります。そこから、日常的なパーツ同士の会話が始まり、内面が安定していき、行動の変化が起こりやすくなります。これがパーツのワークになります。

トラウマ治療の難しさと治療的関係の重要性

私は2009年に精神科で働き始め、2017年からトラウマ治療を学び始めました。まだまだ勉強途中ですが、トラウマ治療には私の想像を超えた難しさがありました。それは技術的なことよりも、治療中の自分の態度や感情をコントロールする必要があるという点です。トラウマ治療を効果的に行うためには、治療的関係を築くことがとても重要といわれていますが、精神科のトレーニングの中では、患者さんに対して湧いてくる自分自身の感情に気づき、いかにコントロールするかを学ぶ機会はありませんでした。トラウマ治療指導者の力を借りて、患者さんの強い感情に反応してしまう自分のなかのトラウマと向き合うことも必要でした。トラウマ治療に取り組むためには、これらのことを克服する必要がありました（Steele et al 2017）。

私が2009年に精神科で働き始めたときには、感情コントロール困難、相手によって出るパーツが変わること、慢性的な希死念慮や自己否定が虐待を生き延びるために適応した結果であるという考え方はまだ浸透していませんでした。トラウマ関連症状はもともとあまり薬が効かないため、薬物療法を中心に指導されていた私は、薬も効かないうえに、激しい感情の爆発や衝動行為がある患者さんの対応に困惑し疲れていました。患者さんからあきれられたり、怒られたりすることも少なくありませんでした。それでも私は、こうした反応が自分の態度のせいではなく、患者さんのせいであると思いたい気持ちがありました。

治療者自身のふり返りが治療の転機に

転機が訪れたのは、私自身がひとり親になり初めて経済的にも精神的にも余裕のない状態で仕事、勉強、子育て、家事をこなさないといけなくなったことです。このような生活を続けていくと、今までのように勉強に集中できないこと、感情コントロールが難しくなること、パートナーを選ぶ判断力が低下することがわかりました。今まで自分にあると思っていた能力は、単に環境がよかっただけなのだと気づくことができました。

考えてみたら、私は医学部を卒業するまで1度も、学費や生活費の心配をしたことがありませんでした。自分の特権に気づかずに生活していたので、世界を見る目が偏り、私の診察態度にもその影響が出ていたと思います。それに気づくと、私がなぜ患者さんにあきれられていたかがわかり、申し訳ない気持ちになりました。

もう1つの課題は、私がもっているいくつかのトラウマです。このトラウマのせいで、特定の話題や感情に対して冷静に対応できないことがありました。これらのトラウマはEMDRで処理してもらい、現在は冷静に対応できるようになっています。今後も、冷静に対応できないときにはトラウマ治療を受けようと思います。それが、よいトラウマ治療を提供することにつながるからです。

パーツの理論と治療の効果

次に、臨床経験に基づきながら、2つの架空の症例を示して、パーツを意識すると、どう患者さんが変わっていくのかを示してみたいと思います。

★本稿内の事例は、プライバシー保護と職務上の守秘義務遵守のため、実際の患者情報には、いっさいふれていません。

架空の症例　過量服薬をくり返すAさん

Aさん、20代女性。診断名は解離性障害。幼少期の記憶はありません。10代の頃から市販薬の過量服薬をくり返しており、友人や家族も対応に疲れていました。１回目の診察では、Ａさんは過量服薬について「気づくと救急部にいます。なぜ過量服薬したのかわかりません」と話していました。２〜３回目の診察で、トラウマ記憶やパーツについて説明を行うと、「パーツなんていません」と言葉ではパーツの存在を否定しましたが、涙ぐむ場面もありました。いっしょにリラクゼーションの練習を始めました。４〜６回目の診察ではまだ過量服薬は続いており、その理由もまだわかりませんでした。ただ、診察中の緊張は和らぎ始め、「パーツって本当にいるのかな？」と少し好奇心が出ていました。改めてトラウマ関連パーツがつらい体験を生き延びるために、戦う、逃げる、凍りつく、服従する、助けを求める、のうちどの反応が一番良いかを瞬時に判断して行動してくれたおかげで生き延びたことを説明しました。生き延びるために必要な反応だったと理解することで、自己批判を軽減し、トラウマ関連パーツへの共感の気持ちを育みます。

７〜９回目の診察では、数十個あるいろいろな表情をした指人形の中から過量服薬をするパーツを選ぶよう伝えると、迷わずに怖い顔の指人形を選びました。そして、どういうときにこの過量服薬のパーツが出てくるのか探っていくと、５歳のパーツが泣くと過量服薬のパーツが出てくることがわかりました。

実は５歳のパーツは性被害の記憶をもっており、フラッシュバックが起こると１人で泣き叫び、過量服薬のパーツは助けようと思って過量服薬をしていました。このことがわかった時にＡさんは、過量服薬のパーツに対して「今まで１人で５歳のパーツを守ってきてくれてありがとう。もう、１人で対応しなくて大丈夫だよ」と声かけしました。「過量服薬のパーツは、なんと言っていますか？」とＡさんにたずねると、「わかればいいよだって」と答えました。徐々に過量服薬のときに健忘が起きなくなり、フラッシュバックに対する対処方法も増やすことができました。

架空の症例　支配的関係から離れないＢさん

Ｂさん、30代女性。診断名はうつ病。10年以上支配的なパートナーと同居しており、周囲からは別れるよう再三言われています。Ｂさんとしては、頭では離れたほうがよいとわかっていても、感情的には離れることが難しいと感じていました。

1回目の診察では、なぜパートナーから離れられないのか、自分でもわからないと話していました。2～3回目の診察では、パーツとトラウマ記憶について心理教育を行いました。心理教育を受けた感想としてBさんは、「幼少期に親に無視されたトラウマがあります」と語りました。4～6回目の診察では、幼いパーツがどんなときに出てくるのか、何を求めているのか、何歳くらいなのかを探りました。すると幼いパーツは4歳で、パートナーの態度が冷たいときに出てくることがわかりました。Bさんを通じて、幼いパーツは今何を求めているのか聞いてもらうと、「無視しないで」と訴えていることがわかりました。Bさんは幼いパーツが出てくるときに胸が苦しくなるということだったので、ご自身の手を胸に当ててもらい、幼いパーツに対して「今まで寂しかったね。あなたのこと無視していないよ」と伝えてもらいました。Bさんはしばらく黙った後に、涙を流し始めました。何が起きていたのかたずねると、「わからないけど、胸が温かい」と言いました。

7～9回目の診察でわかったのは、パートナーから冷たくされたときに幼いパーツが「無視しないで」と訴えながら、パートナーにくっつこうとしていることです。Bさんが自分で幼いパーツを慰めると、「いったん離れたほうがよいかな」と、少し冷静に考えられるようになりました。

トラウマ記憶の整理から感情と行動のコントロールへ

子ども時代に受けた虐待のトラウマを治療するためには、治療的関係を築き、いくつかのトラウマ治療を組み合わせて取り組むことが必要です。トラウマからの回復のためには、トラウマ記憶を過去のこととらえ、過去と現在、安全と危険を区別できるようになることが大切です。トラウマ治療を行う基盤となる治療的関係を築くためには、治療者が自分自身のなかの特権とトラウマと向き合い、患者さんの前でのありようを考える必要があります。

治療的関係が築けたら、トラウマ記憶とは何か、トラウマ関連症状が出現した理由は、生き延びるための反応だったという心理教育を行います。そして、ゆっくりと患者さんが許容できる範囲でパーツのワークを始め、患者さんが今まで恐れていた内面を見つめる作業をいっしょに行っていきます。この作業を行うことで、患者さん自身が自分のなかにある感情やトラウマ記憶を見つめやすくなり、感情と行動もコントロールしやすくなります。

今後トラウマ治療を行う人が増え、子ども時代の虐待のトラウマに苦しんでいる人が適切なトラウマ治療を受けられる社会になることを願います。

参考文献

ベッセル・ヴァン・デア・コーク　柴田裕之訳　杉山登志郎解説『身体はトラウマを記録する——脳・心・体のつながりと回復のための手法』紀伊國屋書店　2016年

Francine Shapiro: *Eye Movement Desensitization and Reprocessing (EMDR): Basic principles, protocols and procedures. THIRD EDITION*. Guilford Press. New York. 2018

Janina Fisher: *Healing The Fragmented Selves of Trauma Survivors, Overcoming Internal Self-Alienation*. Routledge. New York. 2017

Kathy Steele, Suzette Boon, Onno Van Der Hart: *Treating Trauma-Related Dissociation*, W. W. Norton & Company, Inc., New York, 2017

さいとう・さとな

ニュージーランド・マッセー大学理学部卒業。2007年琉球大学医学部卒業。琉球大学病院精神科、天久台病院、協同病院心療内科勤務を経て、2021年６月とよさきメンタルクリニック開業。

5…5

新型コロナウイルス流行と子どものための感染対策

ゼロリスクを求めず、尊重し合いながら

高山義浩

沖縄県立中部病院感染症内科

パンデミックの状況

2019年12月、中国・武漢市ではじめて公式に報告された新型コロナウイルス感染症（COVID−19）は、わずか数か月で世界各地へと感染は広がった。2009年の新型インフルエンザ以来となるパンデミックを世界は経験し、2022年１月までに、世界で約４億人が感染し、570万人以上が死亡したとされる[1]。

日本国内でも、2022年１月までに感染者は300万人を超えており、死亡者

図表１　都道府県別にみる新規陽性者数の推移

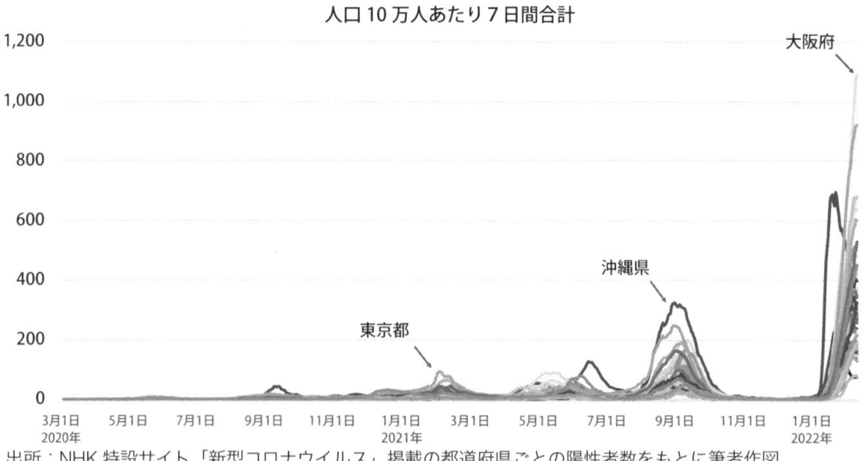

出所：NHK 特設サイト「新型コロナウイルス」掲載の都道府県ごとの陽性者数をもとに筆者作図

図表２　都道府県別にみる致死率（陽性者数に占める死亡者数）

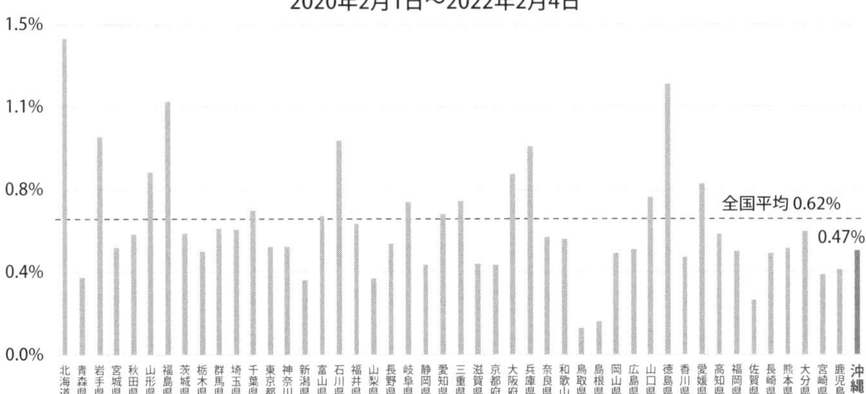

出所：NHK 特設サイト「新型コロナウイルス」掲載の都道府県ごとの感染者数をもとに筆者作図

は２万人に近い。そして、地方県のなかでは、沖縄県は例外的に大きな流行をくり返しており、これまで８万人以上の感染を確認し、死亡者は400人を超えている（図表1）。なお、死亡者の９割以上が65歳以上であり、小児の死亡例は発生していない。ただし、乳幼児の重症化は県内でも数例報告されている。

全国の自治体のなかにあって沖縄県の陽性者数に占める死亡者数は低い。これは検査体制が強化されて多くの軽症陽性者を発見していること、そして医療アクセスがよくハイリスク者の早期診断と早期治療が行われていることによると考えられる（図表2）。

沖縄県内における感染経路と拡大要因

感染拡大の経路

県内における感染経路は多様であるが、多人数が接触する場、とくにマスクを着用しないで集まる会食において感染が広がっていると考えられている。また、長時間または多人数での会議、車に同乗しての移動、パソコンなど機材の共有など、職場での感染も多く報告されている。そして、病院や社会福祉施設では、マスクや手洗いなどの感染予防策がとれない患者や入居者が多く、密接なケアが行われることもあって集団感染をきたしやすい。しかし、もっとも感染が確認されているのは家庭内である。世代を超えた感染拡大の要因となって

図表３　沖縄県内における感染経路と流行縮小の背景

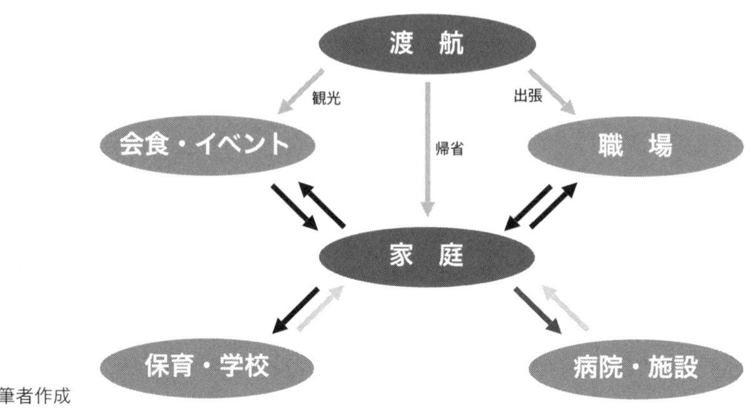

筆者作成

おり、これを結節点として再び会食や職場、病院へと広がっている（図表３）。

学校における感染リスク

沖縄県では、１人でも生徒や教員など陽性者を発見した際には、幅広くPCR検査を実施する方針とし、クラス全員のPCR検査を事業化してきた（図表４）。2021年５月31日から2022年１月25日までを集計すると、１件あたりの陽性者数は、保育園／幼稚園において0.44人であるが、小学校、中学校、高等学校は0.2－0.3人の範囲であり、特別支援学校では0.12人ときわめて低かった。

このことは、一般に学校内における感染対策が徹底されており、学校におけ

図表４　沖縄県学校PCR検査事業の実績

2021年５月31日～2022年１月25日

	発生件数	検査件数	陽性者数	１件あたりの陽性者数
保育園／幼稚園	322	8363	143	0.44
小学校	357	10323	76	0.21
中学校	234	6889	47	0.20
高等学校	253	7092	73	0.29
特別支援学校	25	465	3	0.12
学童クラブ等	180	4639	91	0.51

出所：沖縄県新型コロナウイルス感染症対策本部会議資料に基づき筆者集計
https://www.pref.okinawa.lg.jp/site/hoken/kansen/soumu/covid19honbu.html

る感染は地域流行の大きさと比すれば限定的であり、感染拡大の要因としては大きくないことを示している。ただし、このように平均値では少ないが、時に規模の大きな集団感染を認めることがあるため、症状のある生徒が学校を休むなど、基本的な感染予防策を今後も呼びかけていく必要がある。

また、学童クラブは少人数単位であるにもかかわらず、1件あたりの陽性者数が0.51人と比較的多く、家庭的な環境において感染リスクが高まりやすいことを理解して、流行期には対策を強化する必要があると考えられる。

沖縄県における流行の特徴

離島県である沖縄へは、観光、帰省、出張に大別される渡航によって、県内へとウイルスが持ち込まれている。2020年の沖縄県への入境者数は373万人であった。例年と比して激減したとはいえ、それでも1日1万人の渡航者が訪れている。シーズン入りすると数倍に膨れ上がる。実のところ、沖縄県の流行は、2021年の春休み、夏休み、正月休みとすべて休暇期間中に重なって発生している。もちろん、持ち込まれるだけでは感染は拡大しない。その後、県内における交流で加速している。持ち込まれたウイルスを地域で広げる役割は、少なからず若い世代が担っている。沖縄県の若年人口の多さは、感染を急速に広げる要因となっている。

そして、沖縄では親族や地域での交流が活発である。集まって食事をする機会が多く、誕生会をはじめ、いろいろと親族が集まるイベントが多い。平時であれば結束のよさと言えるが、パンデミック対策の弱点となっている。

沖縄県の壮年層（50代、60代）の有配偶率は66.7%と全国最低である。外出自粛を維持することが困難で、男性たちは、少なからずスナックで夕食をとっている。女性たちは、昼にカラオケで集まっている。あるいは、信頼の深い友人同士が定期的に集まる「模合（もあい）」という沖縄独特の親睦制度もある。

沖縄には、駐留する米軍の軍人、軍属、そして家族が、約5万人住んでいる。これら在沖米軍における感染者数は、2022年1月までに9,677人と報告されており、人口比では沖縄県民の3.4倍の流行となっている。

米軍兵士と県民とは、ショッピングモール、レストランなどの公共空間を共有している。相互に親しい友人がいることもあり、食事をともにすることもある。相互の流行の波は重なり合っており、沖縄県民は在沖米軍と流行を共有している。公式統計には載らない、もう1つの流行が沖縄にはある。このことは、公衆衛生対応を困難にしている。

子どものための感染対策

●症状があるときは休ませる

発熱や咳などの症状を認める子どもが登園・登校することがないよう、それぞれの家庭が心がけること。流行期には毎朝の症状確認をしたうえで、もし症状があるなら休ませる。これが子どもの感染対策の基本である。もちろん、そうした子どものケアのため、ご両親のどちらかが仕事を休めるような社会をつくっていくことも大切である。ただし、喘息（ぜんそく）などアレルギー体質で咳（せき）などの呼吸器症状を認める子どももいる。あまりに周囲が過敏になりすぎると、こうした子どもたちが排除されることになりかねないので注意したい。風邪なのかどうかの判断は、それぞれの親に任されるべきである。

●子どものマスクについて

マスクを着ける目的には2つある。1つは、感染している人が飛沫（ひまつ）をまき散らして周囲に感染させないため。もう1つは、その飛沫を吸い込んで自分が感染しないためである。飛沫をまき散らさない効果はある程度期待できるが、飛沫を吸い込まない効果は限定的だ。どんなに適切にマスクを着用しても、どうしても横から空気は入ってくるし、エアロゾル感染もある新型コロナでは、とりわけ心もとないと言わざるを得ない。これは幼児に限らない話だが、まず、前提として押さえておきたい。

新型コロナウイルスの感染経路は、飛沫だけではない。感染者に由来する唾液や鼻水などが環境中に付着していて、それに手で触れてしまったあと、自分の目、鼻、口に触れてしまうという接触感染も原因となる。子どもはいろんなものを触るのが仕事のようなもので、その手は汚染されている可能性が高い。問題は、マスクを着用させていると、それが気になってマスクや顔を頻繁に触るようになってしまうこと。マスクで遊び始める子どももいるだろう。友だちに触らせることもあるかもしれない。これらいずれも、接触感染のリスクを高めてしまっている。

また、夏になると熱中症のリスクが高まってくる。幼児はとくに、体温を調節する能力が発達していない。汗をかく機能が未熟なので、体温を下げるのに時間がかかってしまう。イヌなど毛に覆われた動物が、汗の代わりに早い呼吸をすることで体温を下げているが、子どもにとっても呼吸は体温調節の大事な機能である。それをマスクで覆ってしまうことは、かなり残酷なことだと理解してほしい。

子どもは体重に比べて体表面積が広い分、気温など周囲の環境の影響を受けやすくなっている。とくに幼児は、身長が低いために、地面からの照り返しの影響を強く受けている。おとなが思っている以上に、子どもたちは暑さを感じている。ただ、それでも水が飲みたい、休みたいと言えないでいるかもしれない。せめて、夏の野外ではマスクを外してあげてほしい。

もう1つ、マスクは汗をかくと濡れてしまう。そうすると目詰まりしてしまって、呼吸を苦しくしている。よって、屋内であっても汗をかくような運動をするときは、マスクを外させるように注意していただきたい。

マスクは予防に有効なアイテムだが、接触感染の原因にならないよう適切に扱えること、苦しくなったときに自ら外せることなど、基本的なことができるようになってから着けさせるのが良い。

おおむね、小学校になると適切に着けられるようになるが、それでも無理な子どもは無理だ。「みんなが着けているから、あなたも着けなさい」では、感染対策の本来の目的を見失っている。子どもへのマスク着用を一律に求めるのではなく、それぞれの子どもの発達段階、あるいは基礎疾患の有無などを見据えて、マスクを着用させるかどうかを個別に考えるようにしてほしい。

●子どもの遊びについて

身体接触が濃厚な遊びやスポーツは感染リスクが高いといえる。地域の流行状況によっては、控えたほうがいいこともあるだろう。中途半端に接触を制限しながら、接触しかねない運動をさせるよりは、やるならやる、やらないならやらないと明確にした方が、子どもたちには理解しやすいはずだ。

このコロナ禍において、ディスタンスを逆手に取ったような遊びを子どもたちに考えてもらうのもよいかもしれない。既成の遊びやスポーツにこだわって、ルールを微妙に変えていてもおもしろみが失われていくばかりだ。

子どもたちの生活というのは、いつもおとなたちから制限がかかっている。その状況に合わせて、子どもは遊びを発明する天才でもある。おとなが考えてあげるのではなく、子どもにコロナのリスクを説明し、任せてみてはどうだろうか？　おとなが感染対策で仕切っていても、遊びはおもしろくならないし、進歩もしないだろう。

◉ゼロリスクを求めないこと

子どもたちは、本や遊具を共有しており、直接にふれあって遊ぶものだ。常に接触感染が起きうる状況である。そんななか、飛沫感染に気を取られすぎないこと。くり返すが、有効性も限られていて、扱いの難しいマスクに、あまり力を注ぎすぎる必要はない。それより症状のあるお子さんを早めに発見して、学校を休ませることのほうが大切だ。

そして、子どもたちが集団生活をする以上は、感染症のリスクを完全にゼロにすることは難しいということを理解する。どうしても許容できない場合には、家庭でケアを続けるしかない。保育園や学校では最善を尽くしていると思うが、先生方や子どもたち自身が疲弊していくような感染対策まで求めるべきではない。

有効性がはっきりしない対策はしないこと。負担が著しく大きな対策もしないこと。できない人に求めすぎないこと。実行可能かつ意義ある予防策にエネルギーを注いでいくことが、結局のところ感染対策を成功裏に続けていくコツである。互いを尊重し合いながら、協力しながら、豊かな暮らしが続けられるようにしていきたい。

注

1 COVID Live - Coronavirus Statistics ? Worldometer
https://www.worldometers.info/coronavirus/

たかやま・よしひろ

沖縄県立中部病院感染症内科・地域ケア科副部長。感染症診療と在宅医療に従事する一方で、厚生労働省において高齢化やパンデミックに対応する医療体制の構築に取り組む。沖縄県政策参与、厚生労働省参与。

6

労働とジェンダー

6-1

子どもの貧困の背景にある親世代の雇用と低所得

家族形成と子育てを支援する仕組みづくりを

二宮 元
琉球大学

2015年に沖縄県の子どもの貧困率が29.9%と、約3割にものぼることが明らかとなって以来、子どもの貧困は沖縄社会が抱える深刻な社会問題の一つとして認識されるようになりました。厚生労働省が公表している全国的な子どもの貧困率は2015年で13.9%ですから、沖縄県の子どもの貧困率はそれと比べても約2倍の水準にあると言えます。

地元メディア等でも沖縄県の子どもの貧困の深刻な実態が報じられるようになったこともあって、県内各地では子ども食堂や居場所づくりなどの子ども支援事業が積極的に進められるようになっています。ただ、子どもの貧困という問題は、正確に言うならば「子育て世帯の貧困」であり、子どもだけではなく、子育てをしている親の貧困でもあるということを忘れてはいけません。言うまでもなく、子どもという存在は、基本的に自分で稼ぐ力をもたないため、子どもが貧困状態に陥るかどうかを決めるのは保護者である親の所得です。そこで本稿では、子育てをする親世代の就労のあり方に焦点を当てて、沖縄県の高い子どもの貧困率をもたらしている社会的背景を明らかにしたいと思います。

子育て世帯の低所得

まず子育てをしている世帯の所得の状況がどうなっているかを見ておきます。

図表1　子どものいる世帯の所得分布（沖縄県と全国）

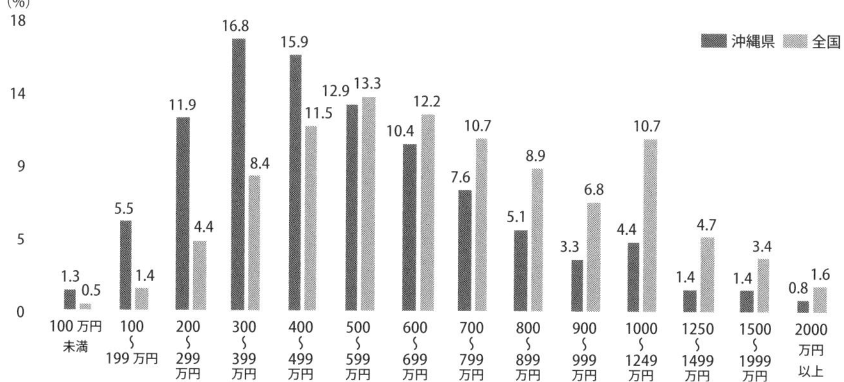

出所：総務省統計局「平成29年就業構造基本調査」

図表1は2017年の就業構造基本調査をもとに、子どものいる世帯の所得の分布を沖縄県と全国で比較したものです。全国と比べて沖縄県では、所得の低い世帯、特に所得400万円未満の世帯の割合が高くなっていることがわかります。世帯所得400万円未満の割合は、全国では14.7％に対して沖縄県では35.5％にのぼります。数値から見ても、この所得階層の世帯が子育てする貧困世帯の大半を占めていると考えることができます。

子どもの貧困要因（1）非正規雇用

では、なぜ沖縄県では子育て世帯の所得がこれほど低いのでしょうか。大きく言えば、２つの要因があると考えられます。１つは、よく指摘されていることですが、沖縄県では非正規雇用の比率が高いということです。次ページの**図表2**にもあるように、1990年代の後半以降、全国的に正規雇用が縮小し非正規雇用が増加してきましたが、沖縄県では全国を上まわるペースで雇用の非正規化が進んできました。

こうした非正規雇用の増加は、子どもの貧困率を高める要因になります。戦後の日本社会では、1960～70年代の高度経済成長期に終身雇用と年功型賃金を特徴とする日本型雇用といわれる独特の雇用のあり方が形成されました。

図表２　沖縄県と全国の非正規率の推移

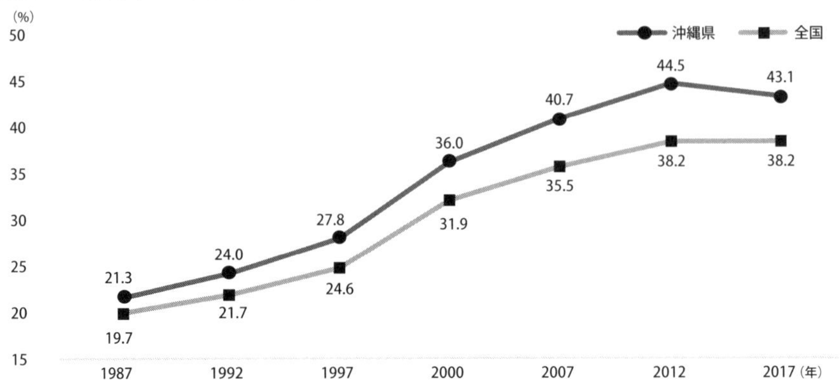

出所：昭和62～平成29年総務省統計局「就業構造基本調査」
ただし、1987年と1992年の沖縄県の非正規率については、
沖縄県企画開発部統計課「平成４年就業構造基本調査結果」より算出

日本型雇用の年功型賃金とは、企業での勤続年数に応じて賃金が上昇していくものですが、これが、労働者の年齢上昇とともに増えていく家計支出をまかなう家族賃金としての役割を果たしてきました。つまり、戦後の日本社会では、主として男性労働者が正規雇用に就き年功賃金を稼得することで、結婚や出産、子どもの養育・教育等に関わる家計ニーズを満たし、子育て世帯が貧困状態に陥ることを抑制してきたのです。

ところが、1990年代以降、企業による日本型雇用の見直しが進められるようになり、正規雇用を縮小し非正規雇用に置き換えていく動きが強まることになりました。非正規雇用の賃金水準は正規雇用よりも低く、昇給もほとんどないことが多いため、フルタイムで働いても家族を養うのに十分な所得を得られない労働者が増加してくることになります。この間、日本型雇用が崩れ雇用の非正規化が進んできたことが、全国的に子どもの貧困率を押し上げてきた要因であり、沖縄県ではその影響がより強く表れていると言えます。

子どもの貧困要因（２）年功賃金の欠如

ただ、非正規率の高さだけでは、全国の２倍の水準にある沖縄県の子どもの貧困率の高さを説明することはできません。もう１つ、さらに重要な要因とし

図表３　年間所得300万円未満の男性正規労働者の年齢ごとの比率

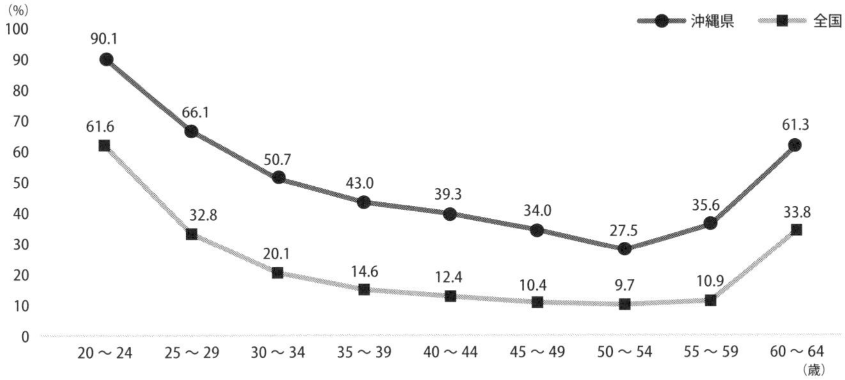

出所：総務省統計局「平成29年就業構造基本調査」

て、正規雇用の処遇の低さにも注目しなければなりません。前述したように、戦後の日本では男性労働者が年功賃金を手にすることで家計の支え手としての役割を果たしてきましたが、沖縄県では正規雇用であっても、ほとんど賃金が上昇しない労働者が多くいるのです。

例えば、**図表３**は正規雇用に就いている男性のうち、年間所得が300万円に満たない者の割合が年齢ごとでどのように変化するかを沖縄県と全国で比較したものです。まず全国では、20代で年間所得300万円未満の割合がそれなりに高いものの、30～40代になるとその割合が減少し40代後半には10％程度にまで下がることがわかります。それに対して、沖縄県では20代で年間所得300万円未満の割合が非常に高いうえに、30～40代になってもその割合があまり下がらず35～50％程度の高い水準にとどまっています。

30～40代になっても年間所得が300万円を超えないということは、年齢による賃金の上昇がほとんどないということであり、沖縄県では男性の正規雇用であっても、約半数近くの労働者が年功型の賃金にはなっていないということを意味しています。

全国的にも1990年代以降、非正規雇用が増大してくるにともなって、正規雇用の処遇も悪化し年功賃金を得ることができない労働者が増えてきているといわれています。しかし、そもそも沖縄では日本型雇用に見られるような年功賃金を得ることができていた労働者は非常に限られていたと言えます。

日本型雇用が広がらなかった戦後沖縄の経済構造

日本型雇用の年功賃金は、もともと日本の高度経済成長を牽引した製造業部門の大企業から広がっていったものです。沖縄の経済や雇用のあり方は、高度経済成長期に米軍統治下にあったという歴史的背景や本土から海洋を隔てた遠方に存在するという地理的条件などから、本土とは異なる発展の道をたどってきました。特に沖縄経済では、本土のような大規模製造業が発展せず、日用品や食品加工を扱う中小企業が製造業の中心になってきましたし、第二次産業のなかでは製造業よりも建設業の比重が高い状態が長く続いてきました。そのため、戦後の沖縄では日本型雇用のような雇用のあり方が労働者に広がっていかなかったのです。

冒頭にも述べたように沖縄県が子どもの貧困率を試算し公表したのは2015年のことですが、それよりもかなり以前から沖縄県の子どもの貧困率は高かったものと考えられます。例えば、生活保護基準を用いて都道府県ごとの貧困率を算出した戸室健作の研究では、1992年までさかのぼって試算しても、沖縄県の子どもの貧困率は28.7%（全国は5.4%）と非常に高い水準にあったことが指摘されています[1]。こうした点をふまえてみても、日本型雇用の欠如という沖縄社会が歴史的に抱えてきた問題が、深刻な子どもの貧困の構造的な背景となっていると言えます。

妻の就労と家族の多就業化

男性労働者の賃金が年功賃金でないために、子育て等の家計ニーズを十分に満たせないということが、沖縄の家族のあり方にも特有の影響を及ぼしてきました。全国的にも、近年、日本型雇用が崩れてきたことで、夫の賃金だけでは家計をまかなうことが困難になり、妻や子も稼ぎ手となる多就業化の傾向が強まっていることが指摘されていますが[2]、沖縄県では、家族の多就業化がかなり以前から進んでいたと考えられます。

図表4は、夫婦と子からなる世帯のうち妻が就労している世帯の割合を沖縄

図表４　末子年齢別の妻の就業率（夫婦と子からなる世帯・沖縄県と全国）

	沖縄県				全国			
	全体（%）	末子6歳未満（%）	末子6～14歳（%）	末子15歳以上（%）	全体（%）	末子6歳未満（%）	末子6～14歳（%）	末子15歳以上（%）
1997年	47.90	43.10	57.80	46.20	52.90	31.60	61.50	59.80
2002年	51.30	48.30	64.20	45.40	50.70	33.70	62.00	55.20
2007年	53.50	50.70	65.40	47.70	53.10	39.20	66.30	54.70
2012年	56.50	59.90	68.70	46.10	54.90	46.60	67.30	53.10
2017年	64.80	69.90	75.80	53.00	60.80	57.20	74.80	55.40

出所：総務省統計局「平成29年就業構造基本調査」

県と全国で比較したものです。末子の年齢が６歳未満、６～14歳、15歳以上のどこにあたるかで区分してありますが、特に注目をしてもらいたいのは末子年齢６歳未満の区分です。６歳未満の未就学児を育てている世帯のうち妻が働いている割合は、沖縄県でも全国でも上昇し続けていますが、一貫して沖縄県は全国を10％以上上まわる高い水準にあります。全国的には、かつては結婚や出産を機に仕事を辞めて子育てに専念し、子どもが小・中学生に成長した段階で再び仕事に就く女性が多くいたため、末子年齢６歳未満での就業率は低くなる傾向が見られました。それに対して、沖縄県では、末子年齢６歳未満でも就労する女性の割合が以前から比較的に高い水準にありますから、多くの女性が子育てによって仕事を中断することなく、あるいは中断したとしても短期間のうちに仕事に就き家計を支えてきたと言えます。

子育て世帯の収入を支える妻の就労

実際、沖縄県では女性の稼得収入が、子育て世帯の収入状況を大きく左右する非常に重要な要因になっています。次のページの**図表５**は、沖縄県の末子年齢６歳未満の子どもと夫婦からなる世帯の所得の分布を、夫婦とも就労しているか、夫のみ就労しているかで分けて示したものです。夫のみ就労している世帯では所得が低い層への分布が多くなるのに対して、夫婦ともに就労する世帯では低所得層の割合は低く比較的に所得の高い層への分布が多くなっていることが明確にあらわれています。

図表５　夫婦と子ども（末子6歳未満）世帯の所得分布（沖縄県2017年）

(%)

所得	夫婦とも有業	夫有業・妻無業
100万円未満	0.8	2.4
100～199万円	3.0	8.9
200～299万円	8.6	25.0
300～399万円	16.2	19.0
400～499万円	21.3	17.3
500～599万円	29.7	16.1
600～699万円	16.5	7.1
700～799万円	4.1	3.0

出所：総務省統計局「平成29年就業構造基本調査」

一般的に言って、夫婦片働き世帯よりも夫婦共稼ぎ世帯のほうが所得が高くなるのは当然のことですが、両者のあいだでこれほど大きな所得格差が見られるのは沖縄県だけです。沖縄県の多くの子育て世帯にとっては妻の就労の有無が、安定的な家族形成と子育てが可能かどうかを左右する重要な要因になっていると言っても過言ではありません。そうした観点からも、保育園や学童クラブなど就労と子育ての両立支援の充実に取り組んでいくことが必要なのです。

子育て世帯の所得引き上げと子育てへの公的支援制度拡充

現代社会においては、家族形成と子育てが安定的に行われるためには、それを支えるさまざまな仕組みが必要となります。例えば、戦後のヨーロッパでは、子ども手当や住宅保障などの社会保障制度が整備され、子育て世代の生活を支える役割を果たしてきました。戦後の日本では、子育て世代を支援する公的な社会保障制度があまり充実しませんでしたが、日本型雇用という独特の雇用のあり方がその代わりの役割を果たしてきたと言えます。しかし、戦後の沖縄社会は、社会保障も日本型雇用も欠いたことによって、家族形成と子育てに関わる独特の困難を抱え込んできました。

沖縄が抱える子どもの貧困を解消していくためには、家族形成と子育てを支援する仕組みを改めてつくり上げていくことが必要になります。日本型雇用の年功賃金は、労働者の家族形成を支えるものでしたが、他方で男女間や正規・非正規間に大きな賃金格差を生じさせる賃金形態でもあります。したがって、目指すべきは、沖縄の男性労働者の賃金を年功型にすることではありません。むしろ、第1に、性別や雇用形態による賃金格差を是正しつつ、最低賃金の底上げなどによって子育て世帯の稼得所得を全体として引き上げること、さらに第2に、子どもの養育や教育に関わる費用負担を軽減する公的制度の拡充を図ること、この2つの方向で取り組んでいくことが必要です。

注

1 戸室健作「都道府県別の貧困率、ワーキングプア率、子どもの貧困率、捕捉率の検討」『山形大学人文学部研究年報』第13号　2016年

2 蓑輪明子「新自由主義下における日本型生活構造と家族依存の変容」松本伊知朗編『「子どもの貧困」を問いなおす』法律文化社　2017年

にのみや・げん

1977年生まれ。琉球大学人文社会学部教授。専門は比較政治学・福祉国家論。主な著書・論文に『福祉国家と新自由主義』旬報社　2014年、『キーワードで読む現代日本社会』共著　旬報社　2012年、「沖縄の『子どもの貧困』と雇用・労働問題」『政策科学・国際関係論集』第21号　2021年など。

6-2 基地依存・低所得構造はどのように形成されてきたか

子育て世代の雇用・労働の質向上は次世代の環境づくり

島袋隆志
沖縄大学

沖縄において、低所得問題は子どもたちの生育に大きな影を落としています。この低所得の状況は、単に特定家庭の問題ではないことの再認識が共有されてきています。こうした低所得構造は沖縄社会においてどのように形成され、なぜ早急に改善することができないのでしょうか。

以下、日本本土と沖縄の歴史的な経緯の相違が産業基盤の形成のあり方につながり、その就労者の状況のあり方に影響していることを見ていきます。

1　1945～1972年の27年間での日本本土との相違

日本本土の生活給型賃金の形成過程

1945年８月に第２次世界大戦が終結し、その後の復興需要期には深刻な物資不足やそれまでの度重なる戦争への財政支出による急激な物価高となりました。物価高は実質賃金を大幅に低め、日本経済と市民生活は非常に不安定になりました（図表1）。

そうした状況に対して1946年９月に電力会社の労働組合連合会である日本電気産業労働組合協議会（電産協）は、生計費を根拠にして賃金額を決定すべきだと主張しました。これは生活保障のための賃金体型として「電産型賃金」と呼ばれ、当時の日本社会に広く浸透しました。また当時の職員（ホワイトカラー）の月給制と工員（ブルーカラー）の日給や出来高給の異なる賃金制度を

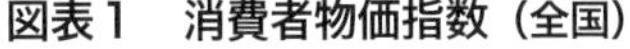

図表1　消費者物価指数（全国）

2015年＝100としたときの年平均・持家の帰属家賃を除く総合指数

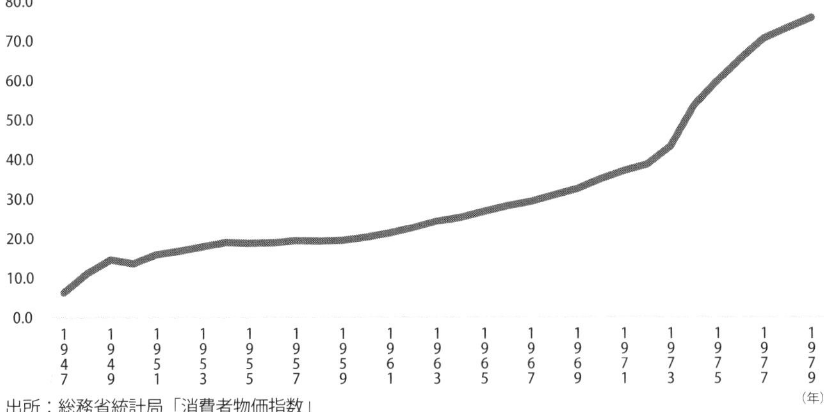

出所：総務省統計局「消費者物価指数」
独立行政法人労働政策研究・研修機構Webサイトより筆者作成
https://www.jil.go.jp/kokunai/statistics/timeseries/html/g0601.html

月額固定の月給制賃金に統一する「職工一体」を実現し、工員であっても月額固定の賃金が保障される制度になりました。

その後、1970年代初頭までの高度経済成長期において、日本本土では、職務給の導入や能力主義賃金の導入が試みられながら、日本的経営の特徴として「終身雇用、年功制、企業内組合」の三種の神器を備える「日本型雇用」慣行が定着してきました。特に昇進、昇格と昇給を、年功的序列をもって合理的なものとする年功的要素は、職能給の導入により「年と功」の２つの視点から職務能力を評価されるとしながらも、実質的には年齢ごとに従業員世帯の生計費を賄うようなカーブを描く「生活給型賃金」の性格を保持してきました。これは、その後1980年代の海外直接投資期、1990年代のバブル経済の膨張と崩壊期、2000年代の成果主義賃金導入ブーム期を超え役割給導入ブームなど、賃金決定のあり方が多様化するなかでも、生活給型賃金の思想は現在でも多くの日本企業の特に「正規雇用」の賃金制度に内包される一要素となっています（次ページ図表2）。

しかしながら、この「生活給型賃金」の適用外となっているのが1980年代から急増した「非正規雇用」であり、これには「ワーキング・プア」として低賃金問題が顕著になってから久しくなっています。

図表２　性別、年齢階級による賃金カーブ（全国）
[1976年、1995年、2019年]（一般労働者、所定内給与額）

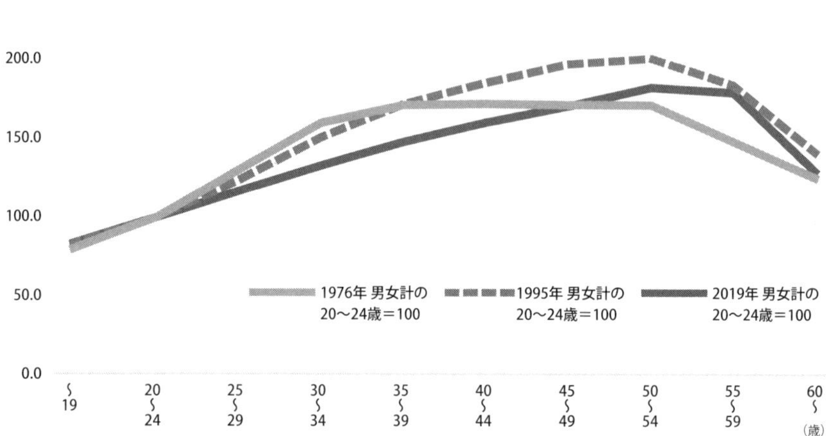

出所：厚生労働省「賃金構造基本統計調査」
独立行政法人労働政策研究・研修機構Webサイトより筆者作成
https://www.jil.go.jp/kokunai/statistics/timeseries/html/g0405.html

沖縄の基地依存経済化の過程

上述のように日本本土では1970年代初頭の高度経済成長期までに生活給型賃金が形成されました。その同時期に沖縄では、占領軍が居住地や農地を「接収」された収容住民を米軍基地建設の労働力としてあてがい、この「軍作業」に対して軍票等による賃金支払いを行うことで経済活動の再開を企図しました。米軍統治下の1954年に琉球政府が立案した「経済振興第一次５ヶ年計画案」によると、戦敗地への援助資金として1947年にガリオア資金の設定、軍人軍属の飲食等の基地関連収入、そして1950年半ばからさらに加速する基地建設工事等により、戦後の荒廃から相当な繁栄がもたらされました。

当時の為替制度は固定相場制に基づき１ドル360円で「ドル高」相場にあったため、基地建設の軍作業は高収入の仕事となり、本源的に戦後復興に必要となる産業・経済、教育、自治体等に必要な業務に人材が集まりにくい状況さえ生じさせました。しかしながらそれは一時的なものであり、実際に1953年には基地建設工事景気も下がり始め、1955年後半にはガリオア資金の物資援助が打ち切られています。

また、前掲「5ヶ年計画」では、基地建設ブームの3年間を経て急激に発展し国民所得は戦前より増え、一人当平均所得と生活水準もほぼ戦前の水準になったとされています。同時に米軍基地建設に依存した復興そのものが変則的なものであるため、経済的に不健全な歪み、生産の著しい不振、輸出入の著しい不均衡、そして所得配分の不均衡がもたらされていることが言及されています。

その15年後の1970年に琉球政府がまとめた『長期経済開発計画』でも、戦後一応の発展を遂げてきたものの、軍事基地収入に依存するところ大きく、経済構造のうえでの脆弱性から自立的発展を妨げる不安定な諸要素が内在していることを指摘しています。1972年の本土復帰を念頭に、「日本経済の一環としての本県経済の自立的方途を確立すること」が急務とし、戦後20有余年、国の施策から切り離されたため所得水準、産業基盤、生活基盤等において本土と比べ極めて大きくなった格差を、計画期間において同一水準にすること、また、基地経済から脱却し、基地収入は最終年度の1980年度には「皆無に等しくなる」ことを前提として計画していることを明記しています。

1954年の戦後復興期から1970年の本土復帰を展望する2つの計画からは、米軍基地建設ラッシュによる急激な経済水準の他方で、生産業不振のまま1960年代後半には軍雇用者の大量解雇があるなど、経済・産業、雇用・労働の在り方が基地に翻弄されてきたこと、そして、本土復帰を目前にした1970年においても、自立的経済の基盤となるべき牽引産業の不在、そして基地経済依存の状況に変化がないことがわかります。

2 1972年～現在（50年間）での低賃金構造

「本土復帰」と産業構造の変化

1972年の「本土復帰」を目前にした1971年、それまでの固定相場制から変動相場制への政策変更を発表した「ニクソンショック」により、それまでドル高に支えられた沖縄経済は、ドル安の経済体制へ入っていきます。それまで食料品をはじめ生活物資の多くを輸入に依存した経済構造を直ちに修正することは難しく、輸入関税の優遇措置を含んだ沖縄振興開発計画により「本土格差の是正」が目標として掲げられました。

図表3　沖縄の産業別就業者数（千人）

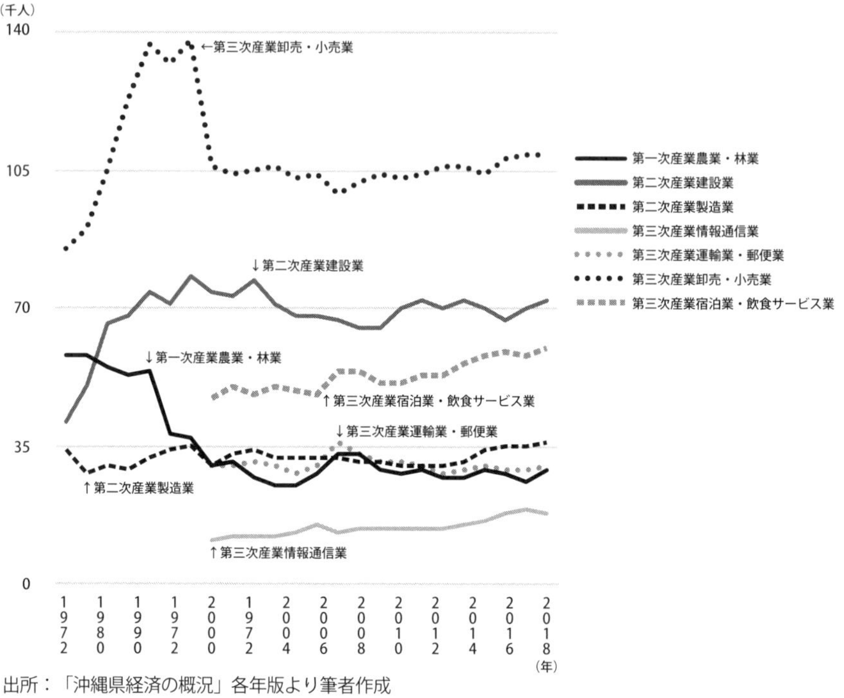

出所：「沖縄県経済の概況」各年版より筆者作成

輸出製品を生産する技術はほとんど蓄積されないなかで、経済を牽引する業種として注目されたのが観光業です。沖縄返還、本土復帰記念事業として企画された沖縄国際海洋博覧会は、1975年７月から1976年１月までの半年間の開催が予定されました。開催地である本島北部及び那覇を中心に、県内外資本のホテル建設、道路建設、そして土地開発などが急ピッチで行われました。しかし、来場者数目標450万人に対し、実際には約349万人の来場者にとどまりました。また開催後の1976年来県観光客は約83万人に減少し、増加しかけた1979年には第２次石油危機が起こるなど、博覧会開催を契機として期待された経済波及効果は結果として薄いものでした。しかしながら、こうした観光開発に向かう流れは、農業従事者の減少、卸小売業及び建設業就業者の増加など、その後の沖縄県の産業構造、就業構造、所得構造に大きな影響を及ぼしています（図表３・４・５）。

図表４　沖縄の就業構成比（%）

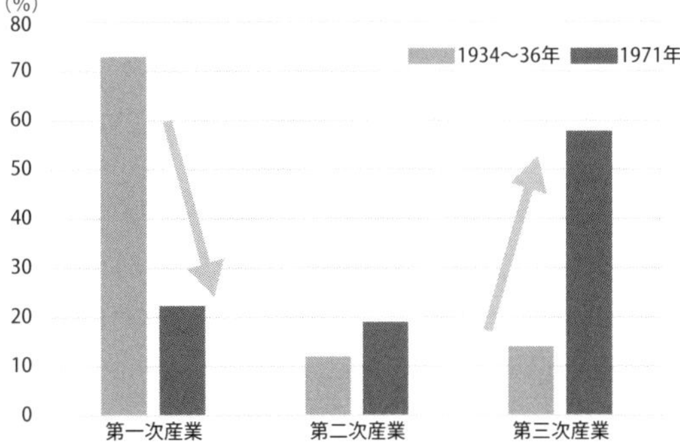

図表５　沖縄の所得構成比（%）

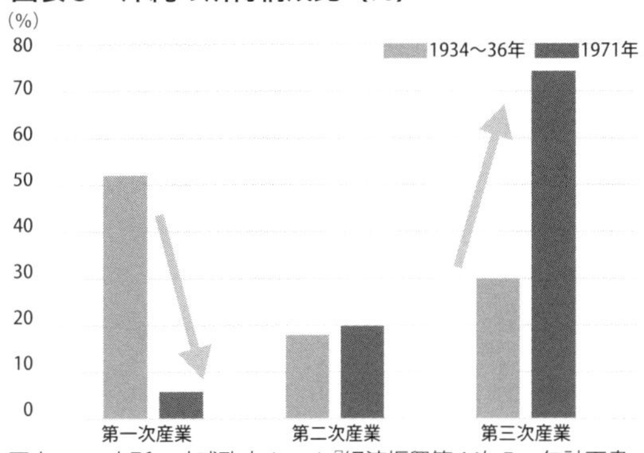

図表４・5出所：琉球政府（1955）『経済振興第１次５ヶ年計画書』
琉球銀行（1984）『戦後沖縄経済史』より筆者作成

本土格差是正から自立型経済への模索

本土復帰による通貨切り替えとドル安経済への移行、国際海洋博覧会を契機として観光関連業が芽吹き、これに道路等のインフラ整備や宿泊及び観光施設等の大型建設工事が続きました。就業者や所得構造が第一次産業から第三次産業へ移行するような「サービス産業化」が、沖縄県の経済産業環境、雇用・労働環境を大きく変化させました。

政府は、本土復帰後の沖縄開発の目標を「本土との格差是正」とし、1972年から10年間一区切りとして、「第一次沖縄振興開発計画」「第二次計画（1982年)」「第三次計画（1992年)」として、道路建設をはじめとするインフラ整備の大型公共工事を進めました。

その後、2000年には第26回主要国首脳会議が「九州・沖縄サミット」として開催され、「IT革命」が議題にあげられました。それを契機に沖縄における牽引産業として情報通信業が掲げられるとともに、企業立地に際しての税や補助事業など優遇制度が設けられ、コールセンター、データセンター等の立地が進められました。2002年からは「第四次沖縄振興計画」、そして沖縄県が策定した「(第5次)計画(2012年)」において、「民間主導の自立型経済の構築」が開発目標とされています。

3 自立経済への模索と現状

現在、2022年からの「新たな振興計画」の継続が決まりました。そこでは、沖縄県の牽引産業として観光関連業、情報通信等が掲げられており、コロナ禍の問題も含め、「Reso-tech (Resort・Technology」「DX (Digital X-formation)」という新しい課題が明示されています。しかしながら、これら業種の特徴は、航空会社、宿泊業は大手本土資本や外国資本が多く、またコールセンター、データセンターは、税・補助等の優遇期間が切れると撤退するなど現地化が進まない問題がこれまでも生じています。また、地域最低賃金の低額なことから正規雇用であっても処遇は低く、非正規雇用の多さが問題となっています。

県外資本、県外からの企業誘致に長く依存してきた結果、「ザル経済」として沖縄の地に資本蓄積できない問題、大型公共工事に依存した建設業が相対的に多い問題、非正規雇用の多い「サービス産業」主体の就業先が多く低賃金の仕事が多い問題等、沖縄の働く者に通底した現状となっています。

子育て世代の雇用・労働の質の向上は、次代を担う子どもたちの環境づくりでもあり、真摯な検討がなされる必要があります。

しまぶくろ・たかし

沖縄大学経法商学部経法商学科教授、キャリア教育担当。専門は経営学・人事労務論、中小企業経営。企業、公務公共機関やNPOなど人が協働する場での「働き方・働かせ方」についての問題研究や仕事を通じた成長を調査研究している。

6-3

沖縄の子育て家族とジェンダー

性別役割分業の動向

澤田佳世
奈良女子大学

外を歩けば元気いっぱいに笑顔で声をかけてくれる沖縄の子どもたち。沖縄の子どもたちをとりまく家族とジェンダーという社会関係や社会構造は、本土復帰から50年、どのような状況にあるのでしょうか。

本稿では、本土復帰後の沖縄の子育て家族とジェンダーの現状とその特徴の一位相について、さまざまなデータに基づきながら出生、家族形成や世帯構成、女性の就労や共働き世帯、生活時間のジェンダー差にみる性別役割分業の動向に注目していきます。なお、本稿では「男性は仕事、女性は家庭」という性役割を中心にジェンダーをとらえます。

沖縄の出生動向

沖縄は全国で最も出生率が高く、15歳未満の年少人口割合が最も高い県です。沖縄県の出生率は本土復帰後、全国で最も高い水準を維持しながら推移しています。次のページの**図表１**をみると、沖縄の合計特殊出生率（Total Fertility Rate,以下TFR）は、2019年現在1.82となっています（全国1.36）。相対的に高い出生率を反映し、自然増加率は2010～2015年で2.2％と全国１位の高値であり（全国−0.9％）、2015年の年少人口割合も17.3％と全国で最も高い値を示しています（全国12.5％）[1]。

相対的に高い出生率の一背景として、沖縄は理想とする子ども数が全国と比

図表１　都道府県別合計特殊出生率（2019 年）

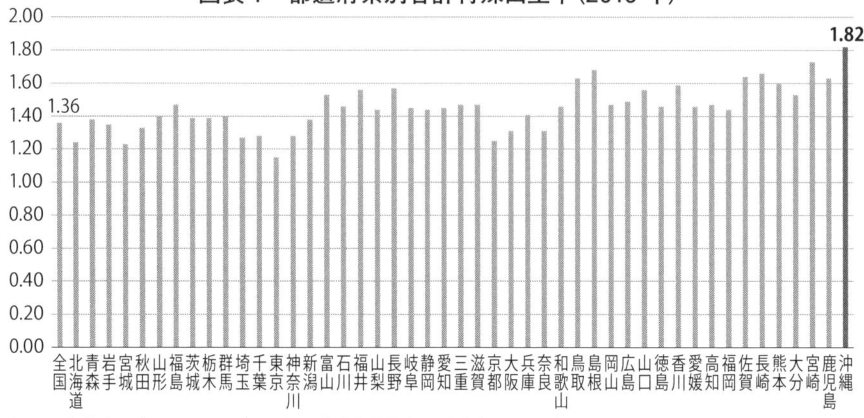

出所：国立社会保障・人口問題研究所「人口統計資料集（2021年版）」より筆者作成

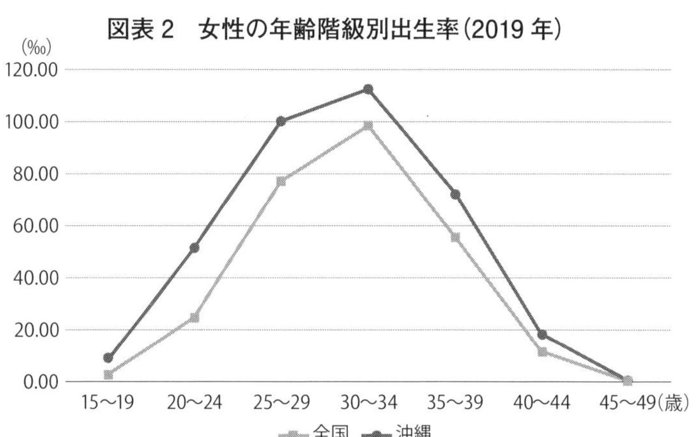

図表２　女性の年齢階級別出生率（2019 年）

出所：国立社会保障・人口問題研究所「人口統計資料集（2021年版）」より筆者作成

して多い傾向にあります。琉球大学法文学部社会学講座が2006年から2007年にかけて実施した「沖縄総合社会調査2006」によると、沖縄の理想子ども数は３人が大多数を占め、全国値の２人を上まわっています[2]。こうした傾向は本土復帰前もみられ、1960年代末に実施された意識調査では、沖縄の理想子ども数は４人が最多で５人以上が続き[3]、全国の３人（２人が次点）よりも多くなっています[4]。

出生動向に注目すると、10代の若年出産の割合が相対的に高いことも沖縄の特徴です。**図表2**で母親の年齢別出生率をみると、沖縄はすべての年齢階級で全国水準より高く、とりわけ15～19歳の年齢別出生率は8.44‰と全国2.80‰の約3倍です。母親の年齢階級別にみた出生児の構成比では、沖縄の19歳以下の割合は低下傾向にあるものの2019年現在2.2%であり、全国0.9%の2倍を超えています[5]。

一方、沖縄のTFRも1990年頃から人口置換水準（約2.1）を下まわって推移しており、全国値をおよそ15年の差で追う形で少子化が始まっています。厚生労働省「人口動態統計（令和2年）」によると、沖縄の出生数は1975年の22,371人から2020年には14,943人に減少しました。年少人口の割合も1975年の31.4%を経て2015年には老年人口割合（19.7%）を下まわる状況になっています[6]。

沖縄の家族形成・世帯の動向

前述の「沖縄総合社会調査2006」では、沖縄は「一般的にいって、結婚していない人よりも結婚している人の方が幸せである」とする考えや、「結婚したら子どもをもつ」ということに対する価値が、全国と比して強く支持されていることが報告されています[7]。全国よりも結婚と出産による家族形成に高い価値を置くとみられる沖縄で、家族形成や世帯構成の実態はどのようになっているのでしょうか。

結婚の動向に目を向けてみると、沖縄県は全国同様に晩婚化と未婚化の趨勢（すうせい）にあります。沖縄の男性の平均初婚年齢は、1980年の27.3歳（全国27.8歳）から2019年には30.6歳（全国31.2歳）へと3.3歳上昇しています[8]。女性は1980年の25.2歳（全国25.2歳）から2019年の29.3歳（全国29.6歳）へと、およそ40年間で4.1歳上昇しました。未婚者割合については、30～34歳の沖縄男性で1990年の36.5%（全国32.8%）から2015年の44.1%（全国47.1%）に、25～29歳の女性で1990年の39.8%（全国40.4%）から2015年の58.2%（全国61.3%）への上昇となっています。沖縄では本土復帰後の生涯未婚率（50歳時未婚割合）も男女ともに上昇していますが、とくに男性で上昇幅が大きく、1980年の4.75%（全国2.60%）から2015年には全国最高値となる26.20%（全国23.37%）となっている状況です。

図表3 世帯の家族類型別の一般世帯数と割合

	年	世帯(%)	一般世帯数	親族のみの世帯	核家族世帯	夫婦のみの世帯	夫婦と子供から成る世帯	男親と子供から成る世帯	女親と子供から成る世帯	核家族以外の世帯	非家族を含む世帯	単独世帯
沖縄県	1995	総数	403,060	312,373	263,547	49,151	167,399	6,654	40,343	48,826	2,274	88,413
		割合		77.5	65.4	12.2	41.5	1.7	10.0	12.1	0.6	21.9
	2015	総数	559,215	369,332	327,514	86,079	170,639	10,546	60,250	41,818	7,285	180,974
		割合		66.0	58.6	15.4	30.5	1.9	10.8	7.5	1.3	32.4
全国	2015	総数	53,331,797	34,314,998	29,754,438	10,718,259	14,288,203	702,903	4,045,073	4,560,560	463,639	18,417,922
		割合		64.3	55.8	20.1	26.8	1.3	7.6	8.6	0.9	34.5

出所：総務省統計局「平成27年国勢調査」より筆者作成

次に、復帰後の世帯構成の動向をみると、全国同様に世帯の小規模化が進んでいます。沖縄県の一般世帯における1世帯当たりの人数は、復帰前の1960年4.38人（全国4.14人）から復帰後の1980年3.68人（全国3.22人）を経て、2015年には2.50人（全国2.33人）に減少しました[9]。

図表3で世帯の家族類型別の一般世帯数と割合をみると、2015年の沖縄県の一般世帯数は559,215世帯であり、うち核家族世帯が327,514世帯（58.6%）と過半数を占めています。1995年と比較すると、核家族世帯は世帯数としては増加していますが、単独世帯などの大幅な増加にともない、一般世帯数に占める割合は低下しています。

沖縄県の2015年における核家族世帯の内訳は、「夫婦と子どもから成る世帯」が最も多く170,639世帯で30.5%（全国26.8%）、「夫婦のみの世帯」が86,079世帯で15.4%（全国20.1%）、「男親と子どもから成る世帯」10,546世帯で1.9%（全国1.3%）と「女親と子どもから成る世帯」60,250世帯で10.8%（全国7.6%）を合わせた「ひとり親世帯」が70,796世帯で12.7%（全国8.9%）です。沖縄県は、全国と比べると「夫婦と子どもから成る世帯」と「ひとり親世帯」、とくに「女親と子どもから成る世帯」の割合が高い県であることがわかります。国立社会保障・人口問題研究所の将来推計によると、2040年の沖縄県では「ひとり親世帯」は82,000世帯に増加し、「夫婦と子どもから成る世帯」は160,000世帯に減少する見込みです[10]。

子育て家族と性別役割分業（1）働く女性と共働き世帯の増加

相対的に高い出生率の沖縄で、家族形成や世帯構成の変化が進む中、仕事と

図表４　育児と女性の就労および共働き世帯の割合（%）

		育児をしている女性の有業率	夫婦共働き世帯の割合
沖縄	2017	72.5	50.6
	2012	61.9	44.9
全国	2017	64.2	48.8
	2012	52.3	45.4

出所：総務省統計局「平成29年就業構造基本調査-結果の概要」より筆者作成

家族をめぐるジェンダーの現状はどのようになっているのでしょうか。

近年の男女共同参画社会に関する意識調査をみると、「夫は外で働き、妻は家庭を守るべきである」という性別役割分業に関する考えについて、沖縄では「賛成・どちらかといえば賛成」の割合が24.7%であり[11]、全国35.0%と比して相対的に低くなっている状況です[12]。

ここでは、沖縄の労働市場における男女の就労状況、とくに実態としての女性就労の位置づけをとらえてみましょう。本土復帰後、沖縄の労働力人口は1973年の男性236,000人、女性137,000人から2019年の男性407,000人、女性339,000人へと男女ともに増加していますが、とりわけ女性の増加幅が大きいことがわかります[13]。女性の労働力率は、1973年の38.8%（男性75.3%）から2019年の54.9%（男性69.1%）に上昇しました。雇用労働についてみると、女性の雇用者数は1973年の75,000人（男性157,000人）から2019年には301,000人（男性328,000人）に増加しており、働く女性の約９割が雇用者として職業に従事するようになっています。雇用者総数に占める女性の割合は1973年の32.3%から2019年の47.8%へと上昇し、沖縄における雇用労働のおよそ５割を女性が担っている状況です。

総務省統計局「平成29年就業構造基本調査」によると、沖縄では育児をしている女性の有業率も2012年の61.9%（全国52.3%）から2017年の72.5%（全国64.2%）に上昇し、全国と比して相対的に高い値を示しています（図表４）。日本の女性の働き方の特徴を表すものとして、M字型就労形態（学卒後に働き、結婚・出産によって離職、子育て後にパートタイムで再就職するという女性の典型的な働き方を背景に、日本の女性の年齢階級別労働力率はアルファベットのM字型カーブを描く）がありますが、沖縄県の女性の年齢階級別労働力率は、全国と比較して出産・育児期の年齢に重なるM字型の底が浅いことが知られています。

こうした中、**図表４**をみると、沖縄県の夫婦共働き世帯（「夫婦のみの世帯」「夫婦と親から成る世帯」「夫婦と子どもから成る世帯」「夫婦、子どもと親から成る世帯」の合計のうち、夫婦ともに有業の世帯数）の割合もまた、2012年の44.9％（全国45.4％）から5.7ポイント増加して2017年に50.6％となり、全国平均（48.8％）を上回って半数を超えました。

子育て家族と性別役割分業（２）生活時間とジェンダー差

最後に、総務省統計局「平成28年社会生活基本調査」にみる沖縄県の生活時間とジェンダー差の動向から、沖縄社会と子育て家族における性別役割分業の実態に接近してみましょう。

図表５で沖縄県の男女の１日の生活時間をみると、沖縄の女性の家事関連時間（家事、介護・看護、育児、買い物）は３時間28分（全国３時間28分）、男性は42分（全国44分）であり、女性が男性のおよそ５倍の家事関連時間を担っていることがわかります。家事や育児などの主な担い手が女性であることは全国同様の傾向です。仕事等の時間（通勤・通学、仕事、学業）については、沖縄の女性は４時間04分（全国３時間35分）、男性は６時間07分（全国６時間08分）であり、男性が女性よりも２時間程度長い状況です。仕事等の時間が男性優位であ

図表5　男女別の仕事等・家事関連時間（2016年）（時間.分）

	男性		女性	
	沖縄県	全国	沖縄県	全国
仕事等	6.07	6.08	4.04	3.35
通勤・通学	0.35	0.43	0.26	0.25
仕事	4.40	4.41	2.49	2.29
学業	0.52	0.44	0.49	0.41
家事関連	0.42	0.44	3.28	3.28
家事	0.17	0.19	2.18	2.24
介護・看護	0.01	0.02	0.09	0.06
育児	0.10	0.06	0.30	0.24
買い物	0.14	0.17	0.31	0.34

出所：総務省統計局「平成28年社会生活基本調査―生活時間に関する結果―結果の概要」（平成29年9月15日）より作成

図表6　6歳未満の子どもをもつ夫・妻の仕事等・家事関連時間
(2016年)（時間.分）

	男性		女性	
	沖縄県	全国	沖縄県	全国
仕事等	8.30	8.43	3.47	2.25
通勤・通学	0.42	1.00	0.25	0.20
仕事	7.47	7.42	3.18	2.02
学業	0.01	0.01	0.04	0.03
家事関連	1.39	1.23	6.54	7.34
家事	0.18	0.17	2.53	3.07
介護・看護	0.00	0.01	0.14	0.06
育児	0.65	0.49	3.12	3.45
買い物	0.16	0.16	0.35	0.36

出所：総務省統計局「平成28年社会生活基本調査―生活時間に関する結果―結果の概要」（平成29年9月15日）より作成

ることは全国同様の傾向ですが、沖縄の女性の仕事等時間は全国平均よりも30分程度長くなっています。

次に、子育て家族の状況について、**図表6**で６歳未満の子どもをもつ夫と妻の生活時間をみてみると、沖縄県の家事関連時間は、女性が６時間54分（全国７時間34分)、男性が１時間39分（全国１時間23分）となっています。子育て中の家事や育児等の主な担い手は妻ですが、全国と比して沖縄の女性の家事関連時間は40分短く、男性は16分長い状況です。沖縄における子育て家族の仕事等の時間については、男性は８時間30分（全国８時間43分)、女性は３時間47分（全国２時間25分）であり、生活時間にみる仕事等の主な担い手は夫であることがわかります。一方、全国と比較すると、沖縄の男性の仕事等時間は13分短く、沖縄の女性は１時間22分長くなっています。

子育て中の夫と妻においても「男性は仕事、女性は家庭」という性別役割分業の一端がみられますが、沖縄では全国と比して女性は仕事等に、男性は家事・育児等に費やす生活時間が相対的に長くなっている状況がうかがえます。こうした中、男性の育児参加を示す一指標として、沖縄の男性の育児休業取得率は2010年の1.3%から2019年に10.4%に上昇しています[14]。

沖縄の子育て家族とジェンダーのあり方は今後どのように変化していくのでしょうか。本土復帰から50年を経た現在、これまでみてきた出生、家族形成や世帯構成、女性の就労や男女の生活時間にみる沖縄県の特徴や全国との差、それらの変化と現状を沖縄という地域の歴史的・文化的文脈に位置づけて理解しつつ、沖縄の子どもと家族に対する社会的支援のあり方について継続的に検討していくことが望まれるでしょう。

注

1 国立社会保障・人口問題研究所「人口統計資料集（2021年版）」2021年９月１日取得 http://www.ipss.go.jp/syoushika/tohkei/Popular/Popular2021.asp?chap=0

2 安藤由美「沖縄の家族意識」安藤由美・鈴木規之編『沖縄の社会構造と意識――沖縄総合社会調査による分析』九州大学出版会　2012年　pp.23-44

3 当間重剛編『昭和四十四年度版　沖縄の家族計画』沖縄家族計画協会　1969年

4 毎日新聞社人口問題調査会編『日本の人口――戦後50年の軌跡』毎日新聞社人口問題調査会　2000年

5 沖縄県保健医療部地域保健課「沖縄県の母子保健――令和２年度刊行・2020（令和元年度資料）」2021年９月18日取得
https://www.pref.okinawa.jp/site/hoken/chiikihoken/boshi/okinawakenbosihoken28.html

6 国立社会保障・人口問題研究所　前掲書

7 安藤由美　前掲書

8 国立社会保障・人口問題研究所　前掲書

9 同上

10 国立社会保障・人口問題研究所「日本の世帯数の将来推計（都道府県別推計）」（2019年推計）2021年９月20日取得　http://www.ipss.go.jp/pp-pjsetai/j/hpjp2019/t-page.asp

11 沖縄県子ども生活福祉部「令和２年度『男女共同参画社会づくりに関する県民意識調査』報告書」2021年９月10日取得
https://www.pref.okinawa.jp/site/kodomo/heiwadanjo/danjo/r2kenminisikityousa.html

12 内閣府「男女共同参画社会に関する世論調査」（令和元年９月調査）2021年９月10日取得
https://survey.gov-online.go.jp/r01/r01-danjo/index.html

13 沖縄県企画部統計課「労働力調査」（長期時系列統計データ【A02　労働力調査年報】）2021年10月７日取得　https://www.pref.okinawa.jp/toukeika/long-term/longterm_index.html

14 沖縄県子ども生活福祉部「令和２年度　沖縄県の男女共同参画の状況について」2021年９月16日取得　https://www.pref.okinawa.lg.jp/site/kodomo/heiwadanjo/danjo/documents/okinawakennogenjyou.pdf

さわだ・かよ

奈良女子大学研究院生活環境科学系・准教授。専門は人口学・家族社会学、国際社会学、ジェンダー研究。主な業績に『戦後沖縄の生殖をめぐるポリティクス――米軍統治下の出生力転換と女たちの交渉』（大月書店、2014年）など。

6-4

ライフステージに合わせ将来を見通す総合支援

子育て環境も整え、孤立させずに仕事を継続

小那覇涼子
公益社団法人 沖縄県母子寡婦福祉連合会 事業推進部長

私ども沖縄県母子寡婦福祉連合会は、県内におけるひとり親世帯を支援する公益法人として、沖縄県から受託している支援事業を始め、多くの事業を展開しています。2012（平成24）年には、ひとり親世帯の支援ニーズが多様化していることに対応した新たな自立支援策として、沖縄振興特別推進交付金を活用した「沖縄県ひとり親家庭生活支援モデル事業」（以下「ゆいはぁと事業」）を開始しました。民間アパートを活用しながら、生活や就労などの総合支援を行うものですが、こうした事業を実施するなかで見えてきたひとり親世帯の現状や課題について考えます。

就労支援だけにとどまらない総合支援

沖縄県では５年に１度「ひとり親世帯等実態調査」（沖縄県子ども生活福祉部）を実施しており、直近2018（平成30）年度の調査結果によると、母子世帯の母親の平均年間就労収入は187万円です。2013（平成25）年度と比べると改善してはいるものの、全国の200万円（厚生労働省「平成28年度全国ひとり親世帯等調査」2016年）と比較すると低い状況です。相談を受けるなか、あるいは、ゆいはぁと事業の利用者に関して言えば、当初月収10万円未満という世帯が多く、改善しているという実感がないのが正直なところです。

また、父子世帯では、父親の年間就労収入は271万円で、全国の398万円との開きは母子世帯以上に大きくなっています（同調査）。さらに、沖縄の母子・父子世帯の就労率は91.2％、95.7％で、全国平均81.8％、85.4％より高いのです。それにもかかわらず、苦しい生活を余儀なくされているその背景に、県民所得の低さや不安定雇用という課題が浮き彫りとなります。

このような状況をふまえて総合支援を展開するなかで、経済基盤の安定を図ることは優先課題の１つであり、就労支援のあり方について常に問われ続けています。

就労支援の課題は大きく、①ミスマッチ、②就労場所（地域格差）、③働きがいに分けられます。

１ 本人の希望と仕事とのミスマッチ

ひとりで子育てと生計を担うことから、土日祝祭日が休みで、就労時間が８：30～５：30という標準的な勤務条件を希望とする求職者が圧倒的に多いのです。しかし、この条件を満たすとなると事務職が中心となり、スキルや経験が求められます。パソコンができればすぐにでも事務職に就けるという思いもあり、職業訓練などで資格を取得している求職者も多いなか、現実は仕事につながらず、本人もどうしたらよいのかわからないというケースが少なからずあります。

２ 車社会・通勤困難と就労の場所

ゆいはぁと事業の拠点事務所は、県庁所在地・那覇市郊外の与那原町にあります。就労相談のなかで「（那覇市中心部への入り口である）一日橋（いちにちばし）あるいは国場（こくば）より遠い職場は困る」という声を聞いたときに、当初はよく理解できませんでしたが、通退勤時の交通渋滞を鑑みるとわからなくもありません。朝早くに家を出て、出勤、退勤時も保育園の送迎に間に合うようあわただしく時間に追われ、延長保育を利用しても子を迎える時間はいつもぎりぎり…このような生活は精神的にも肉体的にも疲弊します。単に「がんばれ」とは言えない現状があります。

ワークライフバランスは、どこの世界の話かと思わざるを得ません。ひとり親世帯に限る問題ではありませんが、企業が市中心部に集中していることや鉄軌道のない車社会沖縄の交通渋滞の緩和、解消もまた大きな課題です。後述する車ローンも併せ考えると、将来的には車に頼らない社会づくりも必要だと思います。

3 目の前の働きやすさと見通しをもった働きがい

ある程度のビジネススキルがあり、待遇などもよい企業を紹介しても「休みの融通が利くほうがよい」ということを理由に、二の足を踏むケースがあります。これまでの勤務経験のなかで、子どもの学校行事や病気などのときに休みづらい経験をしたのでしょう。子育てと生計をひとりで担うなかで、自らの働きがいにまで気がまわりません。数年後にスキルアップして働く自らの姿を想像できないのではないかと思います。生計維持が優先と言えばそれまでですが、将来を見通せない働き方は、むしろ早期の離職につながってしまいます。

また、パート勤務における働きぶりが評価されて、正社員や契約社員への転換および社保加入の打診があったにもかかわらず、辞退するというケースもあります。責任が重くなる、子どもの緊急時対応に融通が利かなくなるという理由がここでもあげられます。また、社会保険に加入すると、手取り額が少なくなるので断ったという例もあります。これに関しても、経済的な苦しさゆえに将来を考えるゆとりがない状況が垣間見えます。さらに社会保障のしくみなどを学ぶ機会が少ないという実態もわかり、学校教育等の場でぜひ、取り入れてほしいと感じています。

就労支援と言っても、多くの課題が絡み合っており、単なる仕事の紹介にとどまらない、とどめてはならない現状があります。

就労支援の実際／タイミングの重要性

就労の課題を少しでも改善するために、当連合会では、企業とのマッチングを図り、かつフォローも行う就労支援事業を行っています。それぞれの世帯の状況もふまえたうえでの就労支援が、求職中あるいは転職が必要なひとり親世帯にとっては欠かせないものとなっています。

ケース　視点を変え専業主婦から介護職へ

パソコンをはじめとする各種資格は保有しているものの、実務経験がないまま専業主婦期間が長く、その後離婚。本人は、資格も有しているので事務職以外は考えないという固い意志の下、就職活動が始まりました。しかし、本人が希望する企業は年齢的にも実務経験を重視するところが多く、採用に至りません。私たちは当初よりコミュニケーション能力の高さから介護職を提案するのですが、それだけは無理と拒否します。事務職不採用が続くなかで、「介護事業所の見学・体験だけなら」という言葉を引き出して、すぐに対応。「案外楽しかった」という感想を受けて、近隣の介護事業所にマッチングを図り、３か月間の職場訓練に入ることが決定しました。

３か月後、事業所の評価も高く正職員としての採用が決定し、翌年には介護職員初任者研修の資格も取得することができました。事務職以外は拒否を貫いていた本人が、「この仕事は天職」と健康保険証を見せながら報告にきたときの笑顔は、今でも忘れられません。

このようにうまくいくケースばかりではありませんが、何かのきっかけで本人の視点が変わることもあり、私たちがその機会をどう提供すればよいのか、支援のタイミングの重要性を学んだケースです。

介護職に関しては言えば、土日が休めない、夜勤があるのは困るという声も多くありますが、むしろ子どもの年齢に応じて、働き方を変えていくことができる職種です。

当連合会では、介護系の資格取得については特に力を入れており、介護職員初任者研修から始まり、介護支援専門員対策までカバーし、スキルアップを支えています。前述した「働きがい」と関連しますが、介護職の場合、スキルアップが目に見える、将来の自分の働く姿が想像できる、人から感謝される・喜ばれることにより、本人のモチベーションの維持につながっているかと思います。介護職以外にも働きがいが得られる、スキルアップを図ることができる職種を広げていくことが、私たちの目下の大きな課題です。

ライフステージに応じた働き方の提案

就労支援において安定雇用を目指すのは第1の目標で、そのためにはおのずと正規雇用・フルタイムをとなりますが、若年母子や多子世帯等では、仕事と子育ての両立、社会経験や養育能力を考えたとき、それが困難な場合もあります。初めからフルタイムや正規雇用にこだわり無理をさせるのではなく、子どもとの時間を確保することを視野に入れ、ライフステージに応じた働き方を提案しつつ、給与収入と諸手当等で安定した生活の基盤を築くことができるよう家計管理も一体とした支援が必要です。

ひとり親家庭等日常生活支援事業（ヘルパー派遣事業）等の利用できる制度も提供することで、子育て環境も整えながら、孤立させずに仕事を継続できるよう、総合的な観点からの支援が欠かせません。

誰もが言葉にはしなくとも状況を何とかよくしたいという思いはもっています。そうした思いを受けとめる形で支援していく大切さを日々感じます。

債務整理・家計管理支援、ライフプランづくり

ゆいはぁと事業において、利用開始時には多くのひとり親世帯が借金を抱えており、経済基盤の安定を阻害する一因となっています。離婚前より生活費のための借り入れがあり、債務を抱えたまま離婚。返済と借り入れをくり返している世帯が多いのが現状です。

また、車の購入費や維持費に要するためのローンが多いという特徴もあります。県内において車は生活必需品ですが、目先の返済の負担軽減だけにとらわれ長期ローンを組み、当初のローン返済が完済しないうちに車検代等をさらに借り入れるというケースも少なからずあります。こうなると、就労収入を上げても、返済に消えていくだけで、根本的な解決には至りません。就労支援と家計管理支援を並行しなければ、安定的な基盤を築くことは難しい世帯が多い状況です。

債務整理が必須と思われるにもかかわらず、今後、借り入れができなくなる

のは困るということを不安視し、躊躇(ちゅうちょ)するケースも多いです。これまでローンで生活費を補ってきた現状を考えると、ひとりで子育てをしていくうえで、将来何かあった場合の漠然とした不安はすぐにぬぐえるものではありません。特に、金銭については誰にも相談ができず、厳しいやりくりを長期にわたり余儀なくされたことを考えると、「借金に頼らない生活を」と簡単には言えません。

幸い、当連合会では、定期的に司法書士相談も行っており速やかにつなぐことができます。

専門家の助言を得ながら、債務整理後のライフプランを生活支援コーディネーターがいっしょに考えることで、不安を解消し債務整理につながった世帯は数多いです。あれだけ躊躇し続け、債務整理までに時間を要した人が、その後生き生きとした表情に変わるのを見ると、借金に追われた生活がどれほどたいへんだったのかと痛感します。貸付が必要な場合もあることを否定はしませんが、返済まで見据えたものにしなければ、本人の精神的な負担が増すだけと考えざるを得ません。

親にも伝わる子どもたちのがんばり

ゆいはぁと事業では、付帯事業として小・中学生の学習支援および小学生の居場所づくりも行っています。学習支援の目的は学力の向上を図ることですが、子どもたちを通してその世帯の状況も見えてきます。学習支援の担当から、どうもホワイトボードを見づらそうにしているという情報を得てメガネの購入につなげたケースもあります（子どもは家庭の経済状況を考えて言い出せなかったらしい…保護者が驚いていました）。

就学援助等の周知も広がっていますが、子どもにかかる費用は極力負担のないよう、地域格差がないようにと強く願います。

小学生の居場所づくりでは、多くのおとなが関わりながら、いろいろな体験をさせるなかで、困ったときは助けてと伝えることができる環境づくりを目指しています。ひとり親世帯の場合、親はどうしても仕事に追われて子どもとの時間があまりもてない状況があります。親にはなれませんが、まわりのおとながしっかりと子どもと向き合うことで信頼関係を築くことは可能です（実際、いろいろな話をコーディネーターは子どもたちから日々聞いています。たわいもない話から会議が必要な内容までさまざまです)。信頼できるおとなに見守られているという安心感を子どもたちに与えなければなりません。子どもは社会全体で育てるという視点をもち続けていきたいものです。

子どもたちのがんばりは親にも伝わり、志望高校へ合格したことをきっかけに親が転職に踏み切ったという例もあります。給付型奨学金も増えてきたので、がんばれば選択肢が広がるという声かけがやりやすくなっていますし、実際に難関大学への進学を果たした子や好きな道で生計を立てている子もいます。厳しいなかでも良い連鎖が少しずつ生まれています。

努力すれば夢がかなうと思える社会へ

コロナ禍は、経済的に厳しい世帯により大きな打撃となり、さらに格差は広がっている感すらあります。実際に解雇や雇止めによる就労相談も増えつつあります。経済基盤の安定がより求められているなか、企業と連携し、テレワークも可能な就労支援事業を新たに始めたところです。時代に即した新しい取り組みやこれまで以上に支援の質が求められています。

非正規雇用の増大等、現在の格差時代は私たちおとなが招いたものです。少しでも改善すべく、子どもたちが将来へ希望がもてる社会を目指し、せめて努力すれば夢がかなうと思えるその程度の格差にとどめるよう、今できることを地道に続けるしかないと考えています。

おなは・りょうこ

消費生活アドバイザー、社会保険労務士。消費生活相談員、専門県民相談員を経て、2004年NPO法人消費者センター沖縄理事就任。2012年より公益社団法人　沖縄県母子寡婦福祉連合会　沖縄県マザーズスクエアゆいはぁと統括責任者、2022年４月より現職。

雇用・労働・貧困

項目	単位	全国	沖縄県	順位
産業構造（第１次産業構成比）	%	1.05	**1.35**	27
産業構造（第２次産業構成比）	%	27.64	**17.89**	44
産業構造（製造業構成比）	%	21.90	**4.31**	47
産業構造（建設業構成比）	%	5.67	**13.51**	1
産業構造（第３次産業構成比）	%	70.77	**81.29**	2
完全失業率	%	2.8	**3.3**	2
県民所得（１人当）	千円	3,317	**2,391**	47
月間現金給与総額	円	322,552	**246,948**	47
年間平均収入（２人以上の世帯）	万円	634	**463**	46
エンゲル係数（２人以上の世帯）	%	27.5	**30.6**	3
貯蓄年収比率（２人以上の世帯）	%	282.49	**158.53**	47
生活保護被保護実世帯数一般世帯千世帯当たり	月平均	30.70	**51.56**	2
持ち家率	%	61.2	**44.4**	47
子どものいる世帯の所得 400 万円未満の割合＊1	%	14.7	**35.5**	-
年間所得 300 万円未満の 40-44 歳男性正規労働者の割合＊1	%	12.4	**39.3**	-
非正規雇用率（2017 年）＊1	%	38.2	**43.1**	-
末子 6 歳未満の妻の就業率（2017 年）＊1	%	57.20	**69.90**	-
コロナ禍による世帯収入の変化（中学２年生）全体／減った＊2	%	32.5	**42.8**	-
コロナ禍による世帯収入の変化（中学２年生）ひとり親世帯／減った＊2	%	34.4	**51.7**	-

出所：沖縄県企画部統計課『100の指標からみた沖縄県のすがた 令和4年3月版』
沖縄県統計局　2022年

＊１：総務省統計局 2017年「就業構造基本調査」より算出。II部6章-1二宮論文参照

＊２：沖縄県「令和3年度沖縄子ども調査報告書」、
内閣府政策統括官「令和３年子供の生活状況調査の分析報告書」より。7章-3二宮・山野論文参照

7

貧困とたたかう

7……1

子どもの身近に遊び・仲間と出会える居場所を

話を聞いてくれるおとながいて、自分の意見が言える場所

山城康代
みどり町児童センター 館長

進む環境整備、変わらない基地・子どもの貧困

沖縄が復帰した年、私は10歳でした。アメリカ世(ゆ)から大和の世(ゆ)に切り替わる大きな変化のなかにいるとの思いはなく、学校でニコニコマークの入った下敷きや筆箱をもらい、うれしかったことが記憶に残っています。ドルから円に紙幣が切り替わり、それはまるでおもちゃのお金のようでした。当時、私は嘉手納基地のすぐそばに住んでいました。町には米軍関係者が多く出歩いていて、基地は金網で囲われた場所で、日本人は入れないことが不思議でした。お隣の家との関わりもとても近く、私が庭で泣いているとお隣のおばちゃんがようすを見に来てくれたり遊びに行ったり、自分の家庭とお隣の違いを感じながら育ってきたように思います。私はいつも近所の子どもたちといっしょに遊んでばかりいました。最初に経験した集団の場は、小学校敷地内の幼稚園でした。

復帰後は沖縄の環境もずいぶんと変わり、子ども子育て支援法が施行され、保育や学童施設、そして子育て支援センターなどの整備もされてきました。が、復帰前と変わらない基地の存在があるように、復帰前から変われない家庭の文化が「子どもの貧困」として連鎖し続けています。

児童館から見える子どもたちと家庭

私は児童館に勤務しています。子どもが主体的に自分で来ることができる居場所のため、さまざまな子どもの背景に出会うことがあります。

ケース1　父親に厳しく叱りつけられるたかしくん（仮名）

たかしくんは無意識に髪の毛を抜いていて、大きなはげができていました。父親から厳しく叱りつけられることが多く、「自分が悪いから叱られる」「クリスマスにプレゼントをもらえなかったのは、自分が悪い子だから」と自分を否定し、家に帰りたくないと何度も言いました。お父さんは「自分も父親から厳しくしつけられてきたから今の自分がいる。だから同じように子どもをしつけているだけだ」と話し、苦しかったはずの子ども時代を肯定しながら、たかしくんへの厳しいしつけを続けていました。

たかしくんは学校からつながってきた子どもでしたが、夏休みなどの長期休みになると学校での見守りはできません。自分で来ることのできる児童館が、彼にとっての居場所となっていました。児童館ではのびのびと遊ぶたかしくんですが、父親が来ると表情が固まり、緊張しているようすでした。たかしくんは児童館で、家族とは違う職員と、自分の家庭のことや不安を話したりするようになりました。お友だちの家にも遊びに行くなかで、少しずつ自分の家への違和感をもち、「ほかの子のお父さんは掃除をしないだけであんなに叱らない。普通のお父さんとは違う」と少しずつ気づいていきました。今はおとなになったたかしくんですが、「違う」と気づくことで、これからつくり上げる自分自身の家庭が変化していくのではないかと、希望をもちたいと思うのです。

ケース2　学校には行かれなくても児童館に来るひろしくん（仮名）

ひろしくんは、学校に行くことができずに1年ほどたっていました、ある日公園に遊びに行くと、児童館がありました。中をのぞくと子どもたちが楽しそうにドッジボールをして遊んでいるのを見て、いつのまにかいっしょにドッジボールをやり始めました。ひろしくんはボールを投げることで気持ちがすっきりすることを発見し、学校には行くことができませんでしたが、児童館には毎日遊びに来ることができました。そのなかでゆっくりと時間をかけて仲間関係をつくることができ、その後学校へと戻ることができました。お母さんともつながることができ、ひろしくんが楽しく児童館で過ごせるように協力をしてくれました。自分がそろそろ外に出たいと思ったときに、児童館が近くにあったことで、ひろしくんは自分の足で居場所を見つけることができたのです。

子どもが「行きたい」と思える居場所を

子どもが放課後何をして過ごしているか、学童クラブや習い事などに行くということを思いつかない家庭の子どもたちは、居場所を求めて子どもたちだけで近所で遊んでいます。地域で小さな子どもが子どもだけで遊んでいる姿は気になる子どもとして映ります。朝ごはんがない、お風呂に入らない、お菓子が食事代わりなど、それが日常であれば、子どもにはそれが家庭の文化として引き継がれていきます。

私たちが運営している日本財団「子ども第三の居場所」は、なかなか変われない家庭の文化に対して、生活習慣の確立や遊びを通しての仲間をつくります。家族と違うおとなが情緒的に不安になっても支えてくれる、そんな関わりで子どもの世代から変わっていけるのではないかという前提で始まりました。子どもたちは居場所を求めています、けれど、おとなが導いてくれなければ、学童クラブにも習い事にも行けません。おとながいなければたどり着けないのではなく、子ども食堂や児童館など自分で歩いて行かれ、家庭とは違うおとながいて話を聞いてもらえる、自分の意見が言える、そして守ってもらえる場所が必要です。子どもにとって楽しい「遊び」があって、いっしょに遊べる「仲間」がいるからこそ、「行きたい」と思える居場所になるのだと思います。

コロナ禍が長引くなかで保護者を支える

コロナ禍で児童館も休館を余儀なくされました。人と人がつながる場所がなくなり、育児中の親も集える場所を失いました。毎月1回行っている障がいのある子を育てる親の会も開催できず、保護者は「いつから児童館は開きますか？　もういっぱいいっぱいです」と涙ながらに訴えていました。家庭保育中のお母さんも、子どもを保育園に預けることも、外に出ることもママ友に会うこともできずに、ストレスを抱えていました。コロナ禍の隙間に何とか行った会では、「やっと話ができる。ほっとします」と言ってくれました。しかし、すぐに緊急事態宣言となり、会は再び中止となりました。

公園には黄色いロープが張られ、親子が遊ぶこともできない空間となりました。親の会は、横のつながりでお互いに近況を連絡し合ったり、たいへんなときに愚痴を聞いてくれる仲間つくりをしています。市内の4児童館で実施し、その近くの保護者が主体的に月1回の集まりを行っています。

歩いて行くことができる小学校区内に居場所を

子どもは自分の家がどんなに厳しくても、それがあたりまえで普通のこととして受けとめているため、困っているだろうなと思っていても、本人は自覚していないことがあります。また、親や学校の先生には話せないということもあります。そんな子どもたちの生活に密着し、普段から子どもたちが主体的に行ける場所で、おとなが子どもの困り感を発見し、実は子どもが困っているということに気づき、関係機関につなぎながら、子どもを支えていくことが必要だと思います。特別なニーズがなければ居場所にたどり着けない、保護者が申請しなければ利用できない――ではなく、子どもが自分で行くことができるためには、子どもが歩いて行く小学校区内に居場所が必要となります。

沖縄が復帰をしてから、学童クラブも多くなり、習い事に行ける子どもたちも増えました。しかしまだまだ、復帰以前から連鎖している「子どもの貧困」は根強く残り、居場所にたどり着けない子どもたちも多く存在します。子どもの貧困は、目にはなかなか見えません。それだからこそ、子どもが発する声やようすなどに関心をもち、支えてくれるおとながいる居場所を、子どもが歩いて行ける地域に多くつくってほしいと思うのです。

やましろ・やすよ

1961年生まれ。一般社団法人りあん 代表理事。うるま市内児童館・学童クラブ（3か所）と日本財団「子ども第三の居場所」を運営。児童健全育成指導士・認定心理士。

7…2

「いつもひとりぼっち」「生きてる意味あんのかな」

いっしょに子どもを育てはぐくむ社会を信用する力

新垣梨沙

琉球新報社記者

「あなたたちは、どうやったってエリートだ。新聞記者は子どもたちの置かれた状況を見ていない」。ある研究者の言葉に押されるようにして取りかかったのが、10代の子どもたちの声を聴くことだった。取材を始めたのは2017年の秋。学校から遠のき、家にもいられないでいる子どもたちが、日々どんな思いを抱え、どこで過ごしているのか知らなければいけないと思った。

取材初日、同僚２人と公園、ハロウィーン暴走の現場を歩いた。深夜、街灯のない暗がりの茂みに中学生４人が潜み酒盛りをしていた。北谷（ちゃたん）の国道を暴走していた少年の１人は「(10代の) 男はクスリを売った金を元締めに渡す役。女にはクスリが出まわってる」と教えてくれた。子どもたちの置かれた状況は思っている以上に深刻だ、そう感じた。

「あの家に戻るくらいなら…」子どもたちに話を聴く

ぼんやりとした感覚が実感となったのは、実際に子どもたちに話を聴くようになってからだ。出会った10代の子、特に女の子の多くがSNS（会員制交流サイト）を介して、「タシマ（地元とは違う地域)」の子とつながり、交友範囲を広げていた。本島南部から北部へ、中部から南部へ、長距離を移動して飲み会をしている場合もあった。移動や寝場所、働き口の確保を手助けするのは多くが年上の男たち。女の子たちはSNSをきっかけにさまざまなトラブルに巻き込まれていた。

出会った当時19歳だった鈴奈は親の暴力から逃げるために、かつて通っていた高校の体育館裏で野宿を続けたが、「蚊が多くて眠れなかった」ことから、SNSで新たな寝場所を探すようになった。やりとりするのは主に成人の男性。ただでビジネスホテルやラブホテルに泊まらせてもらう見返りとしてセックスに応じることもあった。13歳だったつばさも、SNSを使って寝場所やアシになる（車で送る）男を探していた１人だ。彼女も泊めてくれた男から暴行されそうになって逃げたことがあった。

つばさはSNSでつながった「タシマ」の友人たちの酒盛りに参加して、自分だけ強めの酒をつがされ、つぶされた（酔いつぶされた）こともある。「イチドゥシ（親友）」の紗良が「１人で男の車に乗るのも、泊まるのも危ない」と止めても、「意味わからんことで浴びられたり（文句を言われたり）、くるされたり（殴られたり）…。あの家に戻るくらいなら、どんなやっても別に寝られる所探すよ」と取り合わなかった。危険な行為だとわかっていても、「家での暴力に比べたらまし」とつばさは話していた。当時のつばさが頼れる相手は、指先を通してつながる見知らぬ男だけだった。勤務先のキャバクラで人間関係に悩んでいた17歳のユキノは、「別のいい店を紹介する」と近づいてきた男にだまされ、ピンサロに連れていかれた。脅され働き続けたユキノは、連載記事が掲載されて半年近く後に、男たちにレイプされたことを明かした。

SNSや出会い系などのソーシャルメディアをきっかけに、子どもたちが性犯罪に巻き込まれるケースは後を絶たない。取材当時の2018年に県警がまとめた統計によると、性犯罪被害87件のうち85件は少女に対する性的犯罪だった。そのなかには、私が取材で話を聴いた女の子も含まれる。

一方で、公的機関の開所は午前から夕方までで、子どもたちが犯罪被害に遭いやすい夜の時間帯に駆け込める相談窓口は不足している。暴力のある家に帰れないでいる子を一時的に宿泊させるような施設も足りていない。今ある保護施設も、子どもたちに必要不可欠なスマホの利用を制限する場合がほとんどで、子どもたちが自ら進んで保護されるには厳しい現状がある。

「学校を諦めた」家や学校での暴力と排除

取材班が直接話を聴いた子どもは43人。そのほぼすべてが家や学校で虐待や排除、いじめなどの暴力に直面していた。不登校になっている子も多く、小学校高学年の頃には学校に行くことを「諦めた」と答える子も少なくなかった。

子どもたちは暴力から逃れた先でも困難な状況に置かれ、新たな傷を負っていた。家族からの虐待と学校で教師のいじめに遭い、年上のグループとつるむようになった13歳のアンリは、仲間に入れてもらった見返りにデリヘルを強要された。16歳のみおは小学生の頃、母親の彼氏に殺虫剤をかけられて片目が失明寸前になり、学費を稼ぐために始めたバイトではブラックバイトの被害に遭った。父親の激しい暴力から逃げ出した18歳のふうかは、ソープで働いた金を年上の彼氏に巻き上げられた。

「家の中に家族はいるのに、自分はいつもひとりぼっちだよ」「学校に来るなって先生が。自分が来たらみんなが悪いところまねするからって」「こんなつらいのに、生きてる意味あんのかな」――彼らの痛みを聴き取るたび、不信と諦めに満ちた社会をつくったおとなの1人として申し訳ない気持ちになった。

「いっしょに子どもを育ててほしい。」見えてきた親の姿

子どもたちの話は、2018年1月から9月にかけて全36回の連載と特集紙面「彷徨う――少年少女のリアル」に掲載した。連載をしている頃から子どもたちの痛ましさを書くことで、読者が親への非難を強めないか、「自分とは別の世界の無関係の話だ」と切り離してしまわないか、それは大きな気がかりだった。取材を進める過程で、子どもたちの背後にいる親の姿も見えてきたからだ。

虐待をした親も、子育てを懸命にがんばっていた時期があった。だが、離婚や疾病、失業などによって子と向き合う力が尽きていた。それはつまり、誰もが直面しうる出来事であり、決して「別世界」の話ではない。

親の姿は、ひとり親家庭で育ち未婚で小学生の娘を育てる自分自身にも重なる。働いて家計を担い家事・育児をする。1人で何役もこなさなければならず、常に経済的な不安や健康への不安がのしかかる。行政の窓口でのすげない態度や、「未婚」と「離別・死別」によって税負担が違うことに落胆し、自尊心を傷つけられることもある。疲れ切ってゆとりを失い、子どもに怒鳴り散らすことや手をあげることさえある。子どもを泣かせた後は、決まって「いい母親」でないことを後悔する。こうした負のサイクルは、私自身何度も経験済みだ。

子どもが安全に、かつ安心して育つためには、何より子育てをする親が安全で安心できる環境にいなければならない。子どもたちの取材をして行き着いたのは、親を支えてほしい、いっしょに子どもを育ててほしいという思いだ。要は私事(わたくしごと)なのだと痛感する。

希望のたね／孤立させない・尊重しいたわる支援

東京の３自治体では、思春期の子どもたちの心身の健康にかかわる要因を調べ、発達を支えようという調査が継続的に行われている。2012年から２年ごと、約3000組の親子を対象にした調査の過程でわかったことは、母親に相談できる人が多いほど子どもの幸福度も高まるということだ。プロジェクトリーダーの西田淳志氏（東京都医学総合研究所）は「子どもを幸せにするためには、まず母親を孤立させないようにしなければならない」こと、「みんなが互いに助けたり、助けられたりできることが、子どもの精神的な健康、幸福感を支えている」ことを挙げている（『朝日新聞』2020年１月10日付）。

希望をつなぐ動きはある。2021年秋、沖縄では10代で妊娠・出産した女の子たちを支える保護施設が誕生した。私に子どもの声を聴くよう背中を押した研究者が、女の子たちの調査と支援に奔走するなかで「公の動きを待っていたら間に合わない」という切迫感から立ち上げた施設だ。

その施設には助産師が常駐する。福祉と教育、医療の専門職がきっちりとつながり、女の子を真ん中に置いて四方八方からこれでもか、というようにたくさんの手で包み込む。女の子は、自分がいたわられ、尊重され、赤ちゃんの誕生を祝ってもらう経験を通して、社会を信用する力をつけていくだろう。未来をつくるこの動きと東京で続く調査をきっかけに、子育てをする親を支えることがあたりまえだとの感覚が社会に広がればいい。そして、社会を前に進めるために、私自身も子どもたちの声を聴く作業を、自分のこの手を使ってできることをしていこうと思う。

★本文中の名前は仮名です。

あらかき・りさ

1977年生まれ。2015年から児童虐待や親子の問題に関心をもって取材を続けている。著書に琉球新報取材班『夜を彷徨(さまよ)う──貧困と暴力　沖縄の少年・少女たちのいま』朝日新聞出版　2020年

7…3

毎年実施子どもの貧困調査 コロナ禍は低所得層を直撃

求められる中長期的対策

二宮千賀子・山野良一
一般社団法人Co-Link　沖縄大学

2015年から、沖縄県では毎年、子どもの貧困に関する調査が行われてきました。最初の2015年は２つの調査で構成されていました。１つは、行政データを用い県独自の子どもの相対的貧困率を計算し、その数値が29.9％と全国の数値に比べ２倍以上の高いことを示し社会の耳目を集めました。もう１つは小中学生の子どもと保護者に対するアンケート調査を実施し、就学援助の利用や食料を買えない経験などをたずね、経済状況別に分析することで貧困状況にある子どもや家族の厳しい生活の姿を浮び上がらせました。

後者のアンケート調査については、その後も高校生、乳幼児と対象となる子どもの年齢を変えながら毎年継続して実施されてきました。2021年度までの７年間に、小中学生については３年ごとに計３回、高校生と乳幼児については３年ごとに計２回実施されてきました。各年のアンケート調査のなかでは、前述の行政データを用いた貧困率の詳細な算出方法に比べ、やや簡易的（50万円単位の選択肢から所得額をたずねる）ですが、世帯の年間所得をたずねています。同じ年齢の子どもをもつ家族を対象とすることで、３年ごとの世帯所得の全体的な推移、食料を買えない経験の割合の推移などについて分析することができます[1]。

ここでは、７年間の調査のうち、2021年度実施の小中学生の子ども・保護者を対象とした調査[2]におけるコロナ禍の影響についての分析の結果、2020年度実施の未就学児の保護者を対象とした調査における保育利用の分析の結果、2019年度実施の高校２年生の子ども・保護者を対象とした調査における「物質的はく奪」(子どもの体験や所有物の欠如）の分析を報告します。

コロナ禍が直撃した沖縄の子育て家族

2021年度実施の小学５年生、中学２年生の子ども及びその家族を対象とした調査（以下、2021調査）は、2022年５月末に結果が公表されています。この結果を報じた地元紙「琉球新報」(2022年６月１日）は、１面トップで「子どもの貧困　初の悪化」という大きな見出しを付け報じました。

先述したように、小学５年生、中学２年生については今回が３回目の調査となります。これまで、2015年から2018年では困窮世帯の割合[3]は小学５年生で4.4ポイント、中学２年生で3.2ポイント改善を示していました。ところが、2021年では小学５年生は３年間で1.8ポイント増の28.5％、中学２年生は3.3ポイント増の29.2％と悪化してしまいました。特に、ひとり親世帯の状況は深刻で、2021年では小学５年生は68.9％（３年間で12.6ポイント増)。中学２年生は、66.4％（同9.7ポイント増）となっていました。約７割が困窮状況にあるというのは、非常に苛烈な結果です。

2020年から続くコロナ禍が、沖縄県の子育て家族に激しく襲いかかっていることを示すものです。沖縄県は、子育て世帯であっても非正規雇用者の割合が高く、しかも観光県として飲食宿泊業などサービス産業に多くの人が従事していることが、コロナ禍の経済面での影響を強く受ける結果につながったのでしょう。また、沖縄県は全国のなかで感染率の高い県でもあり、いっそうの大きなインパクトをもたらしていると言えそうです。

2021調査では、コロナ禍の世帯所得への影響をダイレクトにたずねた質問もあり、その結果を**図1**で示しています。このあと、全国との比較で用いる中学２年生の世帯のデータを示しています。調査では、世帯人数と世帯収入から等価可処分所得を算出し、厚生労働省の「国民生活基礎調査」における貧困線を基準に、貧困線未満の世帯を「低所得層Ⅰ」、貧困線以上から貧困線の1.5倍の世帯を「低所得層Ⅱ」、それ以上を「一般層」とした３つの区分を設けています。

図1　沖縄県におけるコロナ禍による世帯収入の変化(中学2年生)

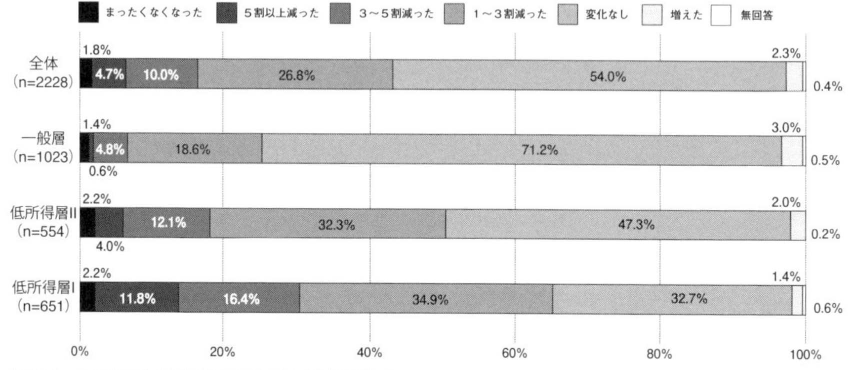

出所：　沖縄県「令和3年度沖縄子ども調査報告書」
注　：　質問は「あなたの世帯では、新型コロナウイルスの感染拡大（2020年2月頃）の前と比べて、現在の世帯収入は減りましたか」

図1は、全体及び３つの区分ごとのコロナ禍における所得の減少幅を見たものです。すると、全体でも、所得の減少があった世帯は43.3％となっており、３割以上減った場合は16.5％と厳しい数値です。他方、世帯所得ごとの分析を見ると、低所得世帯ほど大きな痛手を負っていることがわかります。低所得層Ⅰでは、所得が減少した世帯は65.3％、３割以上減った場合も30.4％、５割以上も14％が経験しています。

さらに、2021調査では、内閣府が同じ2021年に「子供の生活状況調査」（中学２年生の子ども・保護者対象）を実施し結果を公表したことから、全国レベルのデータとの比較を行うことができました。

図２は、コロナ禍の影響を全国と沖縄県で比較したものです[4]。内閣府の調査では、「変化なし」「減った」「増えた」の３つの選択肢しかないことから、沖縄県のデータの「1-3割」「3-5割」「５割以上」「まったくなくなった」を「減った」にひとつに括り再集計して分析しています。すると、全体で、所得が減った割合が沖縄県では全国と比較して10ポイント以上高く、ひとり親については全国よりも17ポイントも高いことがわかりました。沖縄県の子育て家族、さらにひとり親家族にコロナ禍の被害が集中していることが推察できる結果でした。

なお、世帯所得だけでなく、コロナ禍が子ども・家族の生活や心理面への深

図2　沖縄県・全国におけるコロナ禍による世帯収入の変化(中学2年生)

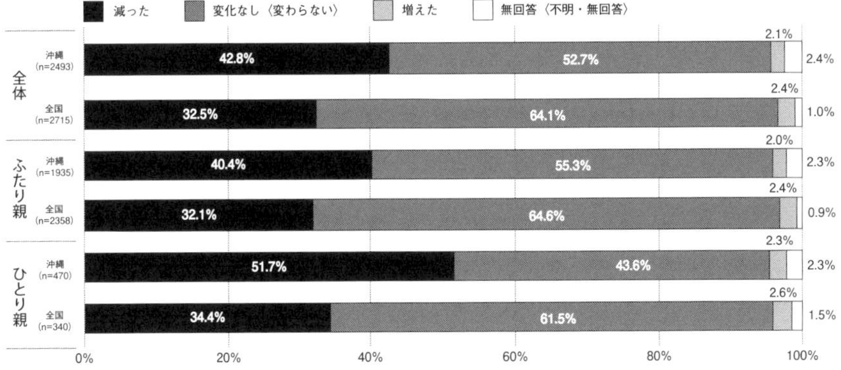

出所：　沖縄県「令和3年度沖縄子ども調査報告書」
　　　　内閣府政策統括官「令和３年子供の生活状況調査の分析報告書」
注１：〈　〉内は、内閣府全国調査の選択肢
　２：内閣府全国調査の質問文は、「あなたのご家庭での現在の生活は、新型コロナウイルス感染症の拡大により学校が休校する前（2020年２月以前）から比べて、どのように変わりましたか。a.世帯全体の収入の変化」
　３：全体には世帯状況不明の場合も含む

刻な影響を与えていることを示すデータも報告されています。

まず、子どもについては、コロナ感染症の拡大による生活の変化を直接的に問う質問があり、かつ内閣府調査と同様の質問であったことから全国との比較ができました。例えば、「学校の授業がわからないこと」が増えたと回答したのは、全国では26.4%、沖縄県では39.1%、「食事を抜く回数」が増えたのは、全国では5.5%、沖縄県では13.3%になっていました。「イライラや不安を感じたり、気分が沈むこと」が増えたのも、全国の28.8%に対して沖縄県では37.2%と高い傾向が見られました。沖縄県の子どもへの影響は全国に比べ大きいと言えそうです。

保護者については、コロナ禍の影響を直接的にたずねる質問はありませんが、2018年に実施した調査と2021調査でともに、K6指標[5]を用い保護者の抑うつ傾向を把握していることから、３年間の経年比較によりコロナ禍の影響を検討することができました。

すると、図３からは中学２年生の保護者全体では、３年間で約５ポイント高くなっており、コロナ禍が保護者の精神状況に影響を与えていることが推察できる結果となっていました[6]。一方、世帯所得が貧困線未満の困窮層（ここで

図３　沖縄県における保護者の抑うつ傾向の変化（中学2年生）

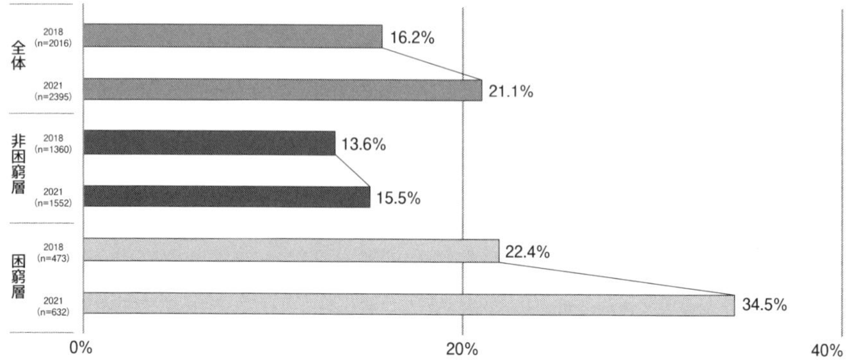

出所：沖縄県「令和3年度沖縄子ども調査報告書」
注１：K6指標9点以上を「抑うつ傾向」にあるとして集計
　２：全体には所得不明の場合も含む

は２区分のみ）では増加が12ポイントとなっており、全体や非困窮層に比べ増加の傾向が高いことがわかりました。コロナ禍は、子育て中の保護者のメンタルヘルスに大きな爪痕を残したと言えるのですが、特に経済的に脆弱な家族において強く作用していることを示唆するものです。

低所得層ほど利用していない低年齢児保育

沖縄県では、幼い子どもを抱えている母親の就業率が全国に比べて高くなっています。2020年度に実施した未就学児の保護者を対象とした調査（以下、2020調査）によると、末子１歳児の世帯の母親の就業率は80.0％と、国が実施した2019年の国民生活基礎調査の末子１歳58.4％、末子２歳62.9％と比較すると約20ポイント高いことがわかりました。女性の社会進出が進んでいるとも見て取れますが、本書Ⅱ部６章-１二宮元氏論文でふれられているように、沖縄県では全国に比べて男性の収入が低いことから、経済的要因も女性の就労を促していると推察されます。

働きながら子どもを育てるには、保育所が必要不可欠です。しかし、沖縄県は全国的に見ても待機児童数が多く、待機率（申込者に占める待機児童数の割合）も全国ワーストと、充足しているとはとても言えない現状があります。背景には、戦後米軍統治下に置かれたことにより児童福祉施策の適用が遅れたた

図4　沖縄県における保育利用格差（1歳児・ふたり親世帯）

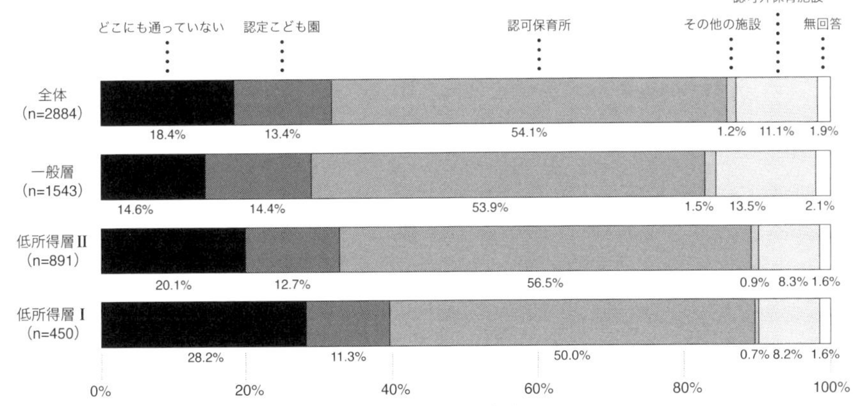

出所：沖縄県「令和２年度沖縄子ども調査　未就学児調査報告書」

め、認可保育所の整備に遅れが生じたことなどが指摘されています。さらに保育所の利用においても経済格差が生じている実態が明らかとなりました。

図4は、2020調査において、保育所の利用状況についてたずねたものです。先の等価可処分所得による３区分で分析しています。**図4**を見ると、「どこにも通っていない」層は生活の困窮程度が最も厳しい「低所得層Ⅰ」が約３割と他の層より高くなっていました[7]。

同調査では、低所得層ほど働いていない母親の割合が高くなっていることから、保育所の利用が低くて当然とも言えます。しかし、先の問いにおいて、「どこにも通っていない」と回答した人に保育所の利用を希望しているかたずねたところ、「希望しており、すぐにでも通わせたい」と回答した割合は低所得層ほど高くなっていました。つまり、保育所が利用できれば働きたいと考えている人が多いということです。

それなのになぜ、低所得層ほど保育所を利用していない世帯が多いのでしょうか。調査では、その理由までは明らかとなりませんでしたが、その要因として認可保育所の入所選考制度における問題が背景にあると考えられます。本来、保育を必要とする子どもは保育を利用できるのが当然ですが、待機児童が発生している場合、市町村による入所選考が行われます。就労や健康状況などによって指数が決められていますが、就業時間が長いほど保育が必要と判断され指数が高く、有利になるシステムとなっています。低所得層の場合、パートやアルバイトで働く割合が一般層に比べて高くなっていることから、入所選考の際の指数が低くなってしまい、結果、保育所の利用における経済格差が起きていると考えられます。

ただし、2017年度に実施した調査と比較すると、いくつか改善している項目も見られました。１歳時の保育所の利用状況について、「どこにも通っていない」の割合が、2017年では23.3％だったのに対し、2020年では18.3％と５ポイント減少していました。また、保育所などを利用していない人のうち、「希望しており、すぐにでも通わせたい」と回答した割合も、2017年の34.7％から、2020調査は27.1％と、7.6ポイント減少していました。これは、沖縄県の待機児童数が2017年の2,247人から2020年には1,365人へ、待機率も4.2％から2.2％へと改善していることから、以前よりも入所しやすくなった状況を反映した結果と考えられます。

生活のなかでの権利侵害を示す高校生の物質的はく奪

最後に取り上げる「物質的はく奪」について簡単に説明します。相対的貧困率は保護者の所得に基づいて計算されるもので、子どもや家族が社会のなかでどういう相対的位置にあるのかがわかる指標ですが、これのみでは子どもたちが実際・具体的にどういう状況で生活しているかは、ピンとこない部分も大きいと言えます。一方、物質的はく奪指標は、子どもが暮らす社会において、大多数の子どもが享受していると考えられる子どもの経験や所有物の有無を問うものです。子どもが日々の生活のなかで遭遇する権利侵害をより如実に示す指標と考えられます。

物質的はく奪指標は、都立大学子ども若者貧困研究センターが実施してきた、全国いくつかの自治体の子どもの生活実態調査で、共通した指標を基に調査されています。本県の調査では、2019年度実施の高校生調査（以下、2019調査）で初めてほぼ同じ指標を用い分析を行いました。

2019調査の質問票でたずねられた子どもの体験や所有物のなかで、**図５**では６つの項目を取り出して、東京都、長野県の数値と比較しています。なお、東京都は47都道府県のうち１人当たりの県民所得が最も高い自治体ですが、

図5　沖縄県・東京都・長野県の子どもの物質的はく奪（高校２年生）

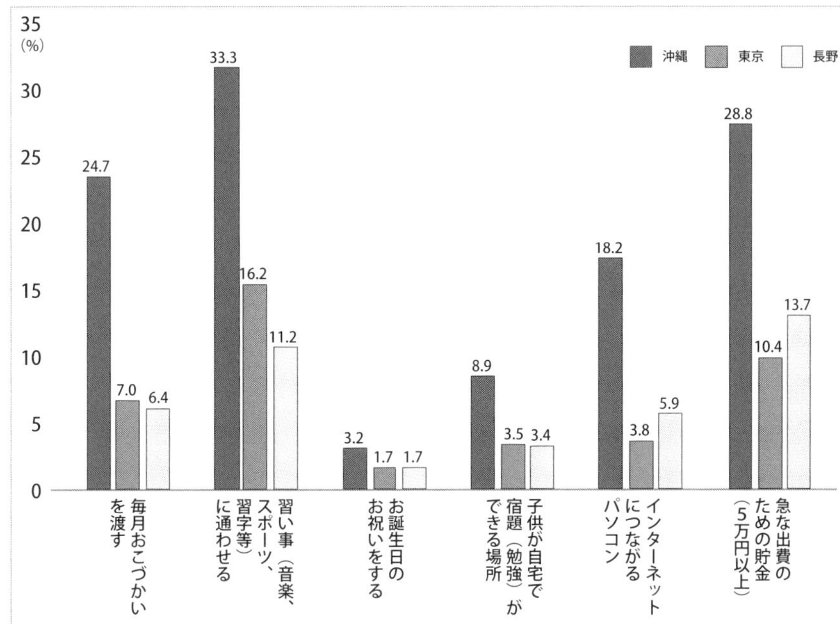

出所：子どもの貧困調査研究コンソーシアムを通じて沖縄県（令和元年度高校生調査）・東京都（平成28年度子供の生活実態調査）・長野県（平成29年度子どもと子育て家庭の生活実態調査）よりデータの提供を受け筆者（山野）が分析を行った

長野県は21位と中位に位置しています（「県民経済計算」2018年）。

すると、**図5**からわかるように２つの県と比べ、すべての項目で沖縄県の高校生は所持できない割合がかなり高いことがわかります。

こうした厳しい現実は、もちろん冒頭で述べたような貧困率や困窮世帯の割合の高さを反映していると言えますが、他にもいくつかの要因が関連しているのではないでしょうか。１つには、沖縄県では貧困線周辺の所得層や低所得層が相対的に厚く、貧困線以上の中所得層であっても経済的にはかなり厳しい世帯が多いという点が関連していると思われます[8]。

また、**図5**の項目の一部は、貯蓄が一定あり、中長期に安定した収入があって、初めて購入したり与えることができるものもあります。例えば、インターネットにつながっているパソコンや、自分の部屋などです。ところが、沖縄県の子育て世帯は、「現在」の収入額の少なさという課題だけでなく、非正規労働の割合が高いことなどから収入の「安定さ」に欠ける場合が多く、かつ米軍基地が住宅地・商業地を支配し経済発展を阻害するなど、「歴史」的にも長期にわたって厳しい経済状況に苦しんできました。

それらの複合的な点が貯蓄というストック面に沖縄県では作用しており、子どもの「物質的はく奪」という権利侵害につながっているのではないでしょうか。そうした意味からは、「現在」の保護者の所得を上げるだけではなく中長期的な視野をもって施策を深めていく必要もあることが、この分析からも推察できるのだと思います。なお、貯蓄については**図2**からも「急な出費のための貯金（５万円以上)」がない割合が、沖縄県ではかなり高いことが示されています。

県民・行政がともに取り組んで

沖縄県では貧困が深刻な状況ですが、その問題にきちんと向き合ってきた県民や行政の姿勢が存在する県でもあります。2019・2021年に実施された「県民意識調査」では、県が重点的に取り組むべき施策として「子どもの貧困対策の推進」が突出して最も高い結果でした。

また、都道府県レベルでは全国で唯一、子どもの貧困対策のための専門部署を設置して対策を実施しています。いくつかの点で成果も出ていると言えます(本章-４仲村卓之氏論文参照)。新聞社など地元メディアの協力もあり、また子どもの貧困調査の結果を活用しながら子どもの権利や家族のウェルビーイング向上に取り組んできたのだと思います。

ただ、コロナ禍の影響は沖縄県では厳しく、特に経済的な弱者やひとり親により大きな作用を及ぼしていることが調査からはわかりました。保育環境や子どもの物質的はく奪も深刻な状況にあると言え、中長期的な視野をもって貧困問題に取り組んでいく必要があると言えるでしょう。

注

1　詳細は沖縄県のホームページ「沖縄子ども調査の結果について」を参照のこと。

2　2021調査では、0-17歳、つまり子ども年齢全体を対象としてのアンケート調査も行われ、子ども年齢全体の「困窮世帯の割合」を算出している。

3　沖縄県では、2015年に実施した調査における行政データを用いた「相対的貧困率」と、各年のアンケート調査データを用いた「困窮世帯の割合」を区分している。

4　内閣府調査が2-3月、沖縄2021調査が10月実施とタイムラグがあることには留意が必要である。ただし、どちらもコロナの流行期にあった。

5　K6指標は、米国のケスラーらによって開発されたもので、日本の「国民生活基礎調査」でも用いられ「心理的ストレスを含む何らかの精神的な問題の程度を表す指標として広く利用されている」（厚生労働省）。点数が高いほど精神的な問題が重い可能性があり、いくつかのカットオフ点が提案されているが、ここでは他の研究でも用いられる９点以上を抑うつ傾向にあるとした。

6　もちろん、本分析ではコロナ禍以外の影響をコントロール（考慮）できていないが、2018年から2021年の３年間で、保護者全体の精神状況に影響を与えた最大の要因は、（経済的なものも含め）コロナ禍であると考えてよいのではないだろうか。

7　全国データで、１歳児などで低所得層が保育利用割合が低いことを示すものとして、山野良一「未満児保育リッチ・未満児保育プア――子育て罰は誰に重いのか」白梅学園大学・白梅学園短期大学子ども学研究所『子ども学』10号　萌文書林　2022年。

8　例えば、「令和元年度沖縄子ども調査高校生調査報告書」図11や本書６章-１二宮元氏論文図表１を参照。

にのみや・ちかこ

沖縄県出身。保育団体、NPO法人沖縄県学童・保育支援センター勤務を経て、2022年６月より現職。沖縄大学とともに沖縄県子ども調査を受託するなど調査事業に関わっている。

やまの・りょういち

沖縄大学人文学部福祉文化学科教授、専門は子どもの福祉。元神奈川県児童相談所児童福祉司。「なくそう！子どもの貧困」全国ネットワーク世話人。

7-4

県独自の調査・基金・体制 ライフステージに応じた支援

誰一人取り残すことのない優しい社会の実現へ

仲村卓之

沖縄県子ども生活福祉部子ども未来政策課 課長

これまでの取り組み

沖縄県は全国と比べ所得水準が低いことやひとり親家庭が多いことなどから、以前から子どもを取り巻く環境が全国より厳しい状況にあることは想定されていましたが、その実態は十分に把握されていませんでした。そこで独自調査を実施して子どもの貧困の実態を把握するとともに、子どもの貧困対策計画を策定して取り組みを進めてきました。その経緯について簡単にご説明します。

1　県独自調査／子どもの貧困率調査（2015年度）

子どもの貧困対策を効果的に実施するための実態把握等を目的として、2015年度に、市町村の保有データを用いた子どもの貧困率調査と、小中学校の児童生徒と保護者を対象としたアンケート調査を実施したところ、子どもの貧困率が29.9％（全国16.3％の1.8倍）と、約３人に１人が貧困状態にあるという厳しい実態が明らかとなりました。

このような状況を深刻に受け止め、「沖縄県子どもの貧困対策計画」の策定や「沖縄県子どもの貧困対策推進基金」の設置などを行い、国や市町村、関係団体等と連携して各種施策を推進することとしました。

2　計画策定／沖縄県子どもの貧困対策計画の策定（2016年度～）

2016年３月、子どものライフステージに沿った切れ目のない総合的な支援を行うための「沖縄県子どもの貧困対策計画」(2016～2021年度) を策定し、41の指標や160の重点施策を定め、この計画に基づいて子どもの貧困対策を推進してきました。

3 県独自の取り組み／子どもの貧困対策推進基金（2016年度～）

2016年3月、30億円の沖縄県子どもの貧困対策推進基金を設置し、県と市町村それぞれで子どもの貧困対策に活用してきました。県においては子どもの生活実態調査や就学援助制度の周知広報など、市町村においては、就学援助の充実や放課後児童クラブの利用料負担軽減などを実施してきました。

4 政府による支援／内閣府「沖縄子供の貧困緊急対策事業」(2016年度～)

政府にも、全国に比べ特に深刻な沖縄の子供の貧困に関する状況に対応するため、2016年度以降毎年10億円以上の事業費を確保していただき、この事業費により、県と市町村で、沖縄の実情を踏まえた事業をモデル的・集中的に実施してきました。

5 県民運動の展開／沖縄子どもの未来県民会議（2016年度～）

2016年6月には、県民運動として子どもの貧困問題の解消に向けて取り組むため、国、県、市町村、経済団体、労働団体、福祉・医療・保健、教育関係団体など115団体で構成する「沖縄子どもの未来県民会議」を設立しました。子どもに寄り添う給付型奨学金事業や「おきなわこども未来ランチサポート」などの活動を行っています。

取り組みの成果（計画の最終評価）

計画の最終年度である2021年度に、計画期間中の目標値の達成状況や重点施策の取り組み状況、成果や課題などについて、沖縄県子どもの貧困対策推進会議（議長：知事）において点検評価を行うとともに、外部有識者等で構成する会議において分析・評価を行い、計画の成果や課題等を最終評価しました。

1 指標および重点施策の状況について

計画で目標を設定した41指標について、12指標（29.3%）が達成、25指標(60.9%) が改善、4指標（9.8%）が横ばいまたは後退という結果となりました[1]。主要な指標である「困窮世帯の割合」は、すべてのライフステージで改

表１　困窮世帯の割合

	基準値　%	直近値　%	目標値	達成状況
小中学生	29.9（2015年度）	25.0（2018年度）	20%	改善
高校生	29.3（2016年度）	20.4（2019年度）		
未就学児	23.3（2017年度）	22.0（2020年度）		

出所：沖縄県「沖縄子ども調査」各年より作成

注：最新の「令和3年度沖縄子ども調査報告書」（2022年3月）は、沖縄県子ども生活福祉部子ども未来政策課ホームページに掲載されている。

善[2]しているものの、目標の達成には至っていません（**表１**）。

また、重点施策については、2019年度までに160の重点施策にすべて着手し、取り組みを実施しました[3]。

２ 今後の課題及び展開方向について

各重点施策に取り組んできたことにより、保育所等利用待機児童数の減少、放課後児童クラブ平均月額利用料の低減、小中学生の基礎学力の上昇、高校・大学等の進学率の上昇、正規雇用者の割合の増加、困窮世帯の割合の低下など一定の成果が見られました。他方、困窮世帯の割合の改善状況は十分とは言えず、全国との差は縮小したものの依然として、高校・大学の進学率は低く、若年無業者率は高くなっており、子どもの貧困の連鎖の解消に向けて、なお課題が残されていることがわかりました。

2022（令和４）年４月から実施する次期計画の策定にあたっては、児童の権利に関する条約や「沖縄県子どもの権利を尊重し虐待から守る社会づくり条例」の精神に則り、子どもの「将来」だけでなく「現在」に向けた対策として、子どもの貧困対策を総合的に推進することを明記することとしました。

また、対策の推進にあたっては、目指すべき社会にかなった目標を設定するとともに、それぞれの目標に対応した定量的な指標等に基づいて施策効果等を検証するため、指標の見直しを行いました。

これまでに効果を上げてきた重点施策等については、社会経済情勢の変化を踏まえ、必要に応じて目標設定を見直し、その達成に必要な取り組みの推進・深化を図っていくとともに、目標達成に必ずしもつながらなかった重点施策等については、実効性の確保に向け、既存の取り組みの継続の是非や新たな取り組みの検討を含め、改善・見直し等を行いました。

新型コロナウイルス感染症拡大による雇用情勢への影響、幼児教育・高等教育無償化の開始、子供の貧困対策に関する大綱（2019〈令和元〉年）で追加された指標、若年無業者やヤングケアラーなどの把握することが難しい子どもなど、新たな課題に対応する施策を検討しました。

新たな子どもの貧困対策計画

2022年３月に「新たな子どもの貧困対策計画」を策定しました。計画の骨子は以下のとおりです。

1 基本理念

社会の一番の宝である子どもたちが、現在から将来にわたって、その生まれ育った環境によって左右されることなく、夢や希望を持って成長していける「誰一人取り残すことのない優しい社会」の実現を目指します。

2 基本方針

子育てや貧困を家庭のみの自己責任とするのではなく、地域や社会全体の問題として取り組みます。また、子どもの権利条約（児童の権利に関する条約）や「沖縄県子どもの権利を尊重し虐待から守る社会づくり条例」の精神に則り、子どもを権利の主体としてとらえ、子どもの最善の利益を第一に考えた支援に取り組みます。

⑴ 子どもにつながり、支援につなげる仕組みの構築

⑵ 親の妊娠・出産期から子どもの社会的自立までの切れ目のない支援

ア 教育の支援、**イ** 生活の安定に資するための支援、**ウ** 職業生活の安定と向上に資するための就労の支援、**エ** 経済的支援

⑶ 関係機関による連携と県民運動としての展開

3 計画の位置づけ

「子どもの貧困対策の推進に関する法律」第９条第１項の規定に基づく「都道府県子どもの貧困対策計画」、沖縄21世紀ビジョン基本計画の子どもの貧困対策に係る行動計画

4 計画の期間　2022年４月から2027年３月までの５年間

5 支援の対象になる者

支援が必要な子どもに必要な支援が届くようにするため、対象とする子どもの年齢については特に定めないこととし、必要な支援ごとに対象者を定めることとします。

6 重点施策

⑴ ライフステージに応じたつながる仕組みの構築

子どものライフステージに応じて、支援を必要とする子どもや子育て家庭につながり、適切な支援機関等へつなげる仕組みの構築。子どもや子育て家庭の支援に携わる人材の確保と資質の向上。

⑵ ライフステージに応じた子どもへの支援

ア 乳幼児期　すべての子どもが安心して質の高い幼児教育を受けられるよう、子どもの発達と学びの連続性を踏まえた教育・保育を提供。

多様な保育ニーズに対応するため、子どもを安心して育てることができる環境整備。

乳幼児の健全な発育・発達を図る観点から、保育や医療に係る経済的負担の軽減。

イ 小・中学生期　学校を子どもの貧困対策のプラットフォームとして位置づけ、総合的な対策を推進。

子ども一人ひとりに寄り添って支援を行う安全・安心な子どもの居場所づくりを推進。

経済的理由により就学が困難な家庭の教育費負担の軽減と子どもの健全育成に資する医療に係る経済的負担軽減を推進。

ウ 高校生期　学校における就学継続のための相談・指導体制の強化を図るとともに、教育・福祉関係機関、民間団体との協働による支援体制を構築し、中途退学の防止、学習支援、キャリア教育の充実。

多様な進学希望に対応した学習支援。

家庭の経済状況に関わらず、安心して教育を受けることができるよう、家庭の教育費負担を軽減。

エ 支援を必要とする若者　中学・高校卒業後または高等学校中途退学後に、就学、就労をしていない若者で、社会的自立に向けた展望を見出せないでいる者に対し、円滑な社会生活が営めるよう寄り添い型の支援。

児童養護施設等の入所児童に対する支援の充実を図り、自立に向けた取り組みの促進とともに、退所後の安定した生活基盤の構築及び円滑な自立の支援。

各ステージに潜在化していると思われるヤングケアラーなど支援を必要とする子どもの早期発見と適切な支援につなげるための体制の構築。

オ 保護者への支援 若年妊産婦を含む妊娠・出産期に困難を抱える保護者に対する支援の充実を図り、安定した生活基盤の構築及び自立の支援。

生活困窮家庭やひとり親家庭に対し、生活に関する相談や個々の状況に応じた支援。

職業訓練の実施や就職のあっせん等、保護者への就労や学び直しの支援。

生活保護や各種手当など金銭の給付や貸与、現物給付（サービス）などのさまざまな支援を組み合わせてその効果を高めるとともに、養育費の取得に向けた取り組みを支援。

カ 雇用の質の改善に向けた取り組み 県内企業の雇用の質の改善や生産性向上を図り、所得を向上させ、その成果を働く人へ分配することで、賃金の上昇を図ることは、ひいては貧困の連鎖を断ち切ることにもつながることから、県内企業の取り組みを促進。

保護者が、子育てしながら安心して働き続けられるよう、長時間労働の是正や休暇の取得促進等、ワーク・ライフ・バランスの推進。

7 連携推進体制の構築

知事、副知事、関係部局長で構成する沖縄県子どもの貧困対策推進会議を活用し、全庁体制で対策を推進します。

国・県・市町村、関係団体、ＮＰＯ法人、ボランティア、企業、大学等と知恵を出し合い、広く県民各層の理解と協力を得ながら対策を推進します。

沖縄県子どもの貧困対策推進基金を積み増し、総額60億円にするとともに、設置期間を2031（令和13）年度までに延長し、県と市町村が連携して、計画的かつ効果的に子どもの貧困対策に資する事業に取り組みます。

国、県、市町村をはじめ、教育・医療・福祉の関係団体、経済・労働関係団体等の115団体で構成する「沖縄子どもの未来県民会議」において、広報啓発活動や、民間資金を活用したNPOその他の支援団体及びボランティア等の自主的な活動への支援等に取り組みます。

沖縄県子どもの貧困対策推進会議において、PDCAサイクルに沿って施策の点検評価を行い、必要な見直しを行います。

外部有識者等で構成する会議を設置し、施策の分析・評価を行い、計画の効果的な推進を図るための体制を構築します。

これからの子どもの貧困対策

沖縄県では、子どもの貧困対策を県政の最重要政策に掲げ、沖縄振興計画(2022～2031年度)においても、子どもの貧困の解消に向けた総合的な支援の推進を基本施策として位置づけています。

社会の一番の宝である子どもたちが、その生まれ育った環境に左右されることなく、夢や希望をもって成長していける「誰一人取り残すことのない優しい社会」の実現に向け、国や市町村、関係団体等と連携し、これからも引き続きあらゆる角度から切れ目のない支援に取り組んでいきたいと考えています。

なお、最新の調査報告「令和3年度沖縄子ども調査報告書」(2022年3月)は、5月に発表され、沖縄県子ども生活福祉部子ども未来政策課ホームページに掲載されていますので、ご参照ください。

https://www.pref.okinawa.lg.jp/site/kodomo/kodomomirai/index.html

注

1 指標等検証総括表は、沖縄県子ども生活福祉部子ども未来政策課ホームページをご参照ください。 https://www.pref.okinawa.lg.jp/site/kodomo/kodomomirai/index.html

2 最終評価後に実施した沖縄子ども調査（小中学生調査）においては、新型コロナウイルス感染症の影響等から数値は後退しています。

3 重点施策等検証総括表は、沖縄県子ども生活福祉部子ども未来政策課ホームページをご参照ください。

なかむら・たかゆき

1972年生まれ。1994年沖縄県入庁、以降、商工労働部、環境部、総務部等に配属。2019年八重山事務所総務課長、2021年より現職。

求められる行政の総合性 居場所への具体的支援

子どもの居場所の現状と課題

島村 聡
沖縄大学

2016年３月に沖縄県子どもの貧困対策計画が策定され、内閣府の子どもの居場所と市町村支援員に対する交付金事業が明記されました。当時の内閣府特命沖縄担当大臣の強い働きかけで2016年度の沖縄振興予算に子どもの貧困対策費として10億円（沖縄子供の貧困緊急対策事業、補助率10／10）が追加されたのです。この事業費により、県内市町村や教育委員会に100名ほどの子どもの貧困対策支援員（以下「支援員」）が配置され、すでに開設されていたものも含めNPO、児童館や市民団体等が運営する100を超える子どもの居場所が一斉に補助対象となりました。

本論では、筆者が行った居場所に関する調査において明らかになった現状と課題についてまとめます。

子どもの居場所の実態はどうなっていたのか

事業がスタートした2016年度の実績[1]をみると補助対象となっているのは119か所です。月２回程度～週５日と開設頻度には大きな差があり、午前～夕刻までカバーするところもあれば夜間のみのところと、開設時間もまちまちです。その背景として、親の労働時間に配慮して、夜間のみの開設や車での送迎を認めるなど柔軟な補助の姿勢がありました。

この柔軟性は評価しますが、一方で急激に数を増やした居場所の質の担保には課題がありました。食事を提供する際の衛生的な知識、学習支援をする際の教え手の確保、複雑な家族事情を抱えた子どもへの配慮などについて関係者や市町村からも疑問の声が上がったのです。

求められる居場所の２層構造／2016年度実態調査[2]より

この状況に不安を感じ、筆者らは2017年２～３月に119か所の居場所に対して、どのような形で子どもとの対応を考えているのかについて確認するため、アンケート調査を実施しました。電話による追加調査も実施し、回収件数は63件で回収率52.9％でした。調査項目は、以下です。

① 居場所＆運営主体の情報
(経営基盤・スタッフの質、待遇・場所の規模、定員等)
② 居場所の意義・役割に関すること
(課題・支援プログラムの内容・居場所運営に関する困りごと)
③ ネットワークへの意識、期待度に関すること・連携・課題など
④ 子どもの貧困対策事業についての認知度
⑤ 今後に思う事（自由回答）

結果のまとめを同報告から一部引用すると、次の通りです。

⑴ 対象者の区分では、就学前213人、小学生1,225人、中学生500人、高校生154人と居場所等の多くは小学生年代を対象にしており、「食事提供」「学習支援」「生活支援」を柱にした居場所運営が中心であった。
⑵ 事業規模は様々で、経営状況にバラツキが大きく、公共施設や自治会では60代以上の無償ボランティアが中心、民間施設では20代の有給職員が中心で運営されている。
⑶ 実施しているメニューは食事提供42件や学習支援38件など基本的なものが中心であるが、生活支援26件、送迎24件と寄り添い型の支援も相当数ある。
⑷ 設問項目には事業内容とは別に「専門的な支援」を行っているか否かの視点がある。その関連項目は、「ケース会議の実施」10件、「個別支援計画の作成」９件、「アセスメント等の実施」７件、「インテークシートの作成」４件となっていて、実施率は低い。

(5) 運営上の課題として、職員となる人材の確保26件、事業継続に必要な収入の確保24件、関係団体との連携不足14件を挙げるところが多い。

以上のことから筆者らは、内閣府調査において標榜している食事提供や学習支援といったメニューを超えて、実態はかなり個別的支援が要求されてきており、子どもの自己肯定感を向上させるという目的との間で苦しい状況があること、その原因としてマンパワーと専門性と事業費が不足していること、就学前の子どもに対する予防的アプローチやすでに課題が複雑化している中高生へのアプローチが弱いこと、学校などの教育関係者や地域の他の資源と居場所との関係づくりが課題となっていることなどが考察されたのです。

よって、筆者らは居場所には、気軽に利用ができるユニバーサルな（貧困かどうかを問わず利用できる敷居の低い）居場所と専門的な関わりが可能な居場所の２層の構造が求められてくるのではないかと推察をしました（図表1）。

図表１　一次支援と二次支援

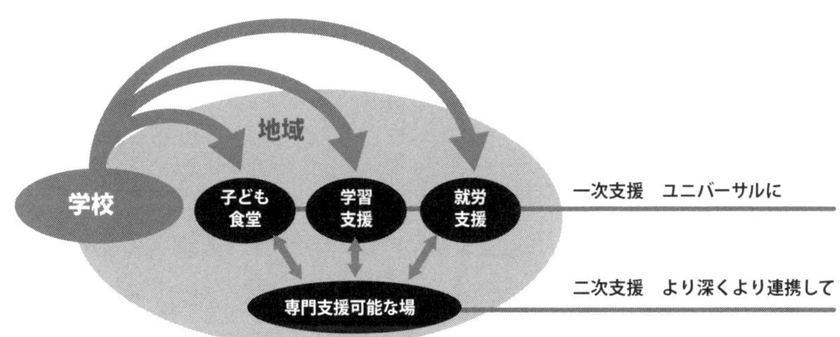

明確になった居場所のタイプ／2017年度調査[3]より

2016年度調査で各居場所のマンパワー不足、関係機関との連携のなさ、各々の居場所等を設置した目的や方向性自体にバラツキがあることを感じました。この状況について市町村行政と居場所の考え方のズレなど体制的な課題も明らかにする必要性を感じました。そこで、2017年11月～2018年１月に、沖縄本島中南部にある５か所の子どもの居場所と管轄する自治体の担当課を訪問して、それぞれ個別に居場所運営について聴き取りをしました（2017年度調査）。

内容は、居場所の設置目的、利用者発見から利用登録までの流れ、アセスメントの方法、ケース会議の開催内容、保護者支援の内容、食事等支援の意図と内容、問題を抱えた子どもとの個別の関係づくり、運営・プログラムへの子どもの参画、居場所と担当の行政と連携具合など詳細なものです。

本調査では、2016年度調査で得た知見を生かし、調査対象を以下の５類型にあたる居場所を１か所ずつとし、その居場所を所管する市町村役場にも調査の協力を求めました。

Ⅰ．地域で一次支援も二次支援も実施［地域組織・自治会による運営］

Ⅱ．一次支援と二次支援の中間［一般社団法人による運営］

Ⅲ．一次支援・二次支援を含めて総合的に実施［任意団体による運営］

Ⅳ．二次支援中心に実施［NPO法人による居場所］

Ⅴ．一次支援で完結［NPO法人による無料塾］

2017年度調査の考察をまとめると以下の通りでした。

1　運営を居場所の主体性に委ね運営団体の活動支援の補助金交付で行っている「地域型」と、居場所を支援の流れの一環として位置づけ、居場所の代表者も要対協メンバーとしてケース会議に参加する業務をも委託した「機関型」という２つのタイプが見られた。

2　課題の大きな子どもに対して、アセスメントから、食事づくりの支援、学習支援、キャリア教育、生活支援まで一貫して実施して、事業の評価まで行う個別支援の仕組みを整えつつあり、「支援型」といえる。一方、食事提供、学習支援といったプログラムを実施しながら、生活習慣のアドバイスを必要に応じて行う「活動型」が多く見られるタイプである。

2016年度調査で示したように居場所の「専門的な支援」の実施率は低く、多くは小学生年代を対象にしており、「食事提供」「学習支援」「生活支援」を柱にした運営が中心でした。さらに、公共施設や自治会の運営する居場所では60代以上の無償ボランティアが中心であることから図表２のＢ１（補助で個別支援型）とＢ２（補助で活動型）に多くの居場所が属し、そのうちＢ１に属する居場所は必要に迫られ地域の子どもたちのために個別対応していると考えて

図表２　居場所の類型化

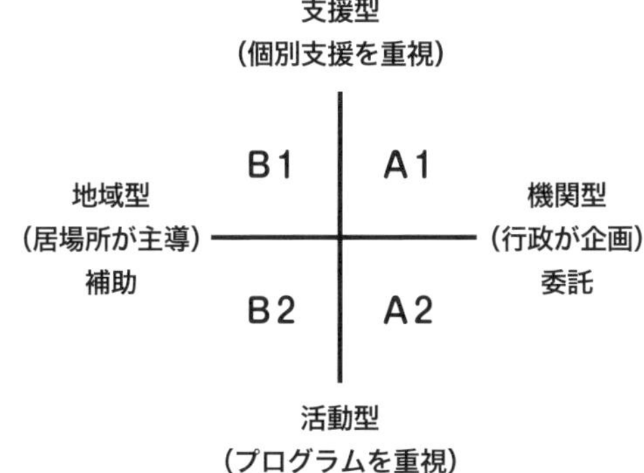

います。個別の支援に特化したＡ１（委託で個別支援型）、学習支援などのプログラムを強力に進めるＡ２（委託で活動型）は行政の子ども支援に対する姿勢と居場所のもつスキルが相乗した特異な例ではないかと考えられます。

ちなみに沖縄県内においてＢ２型は数多くありますが、当時、Ａ１型は調査対象の１か所のみで、個別支援がきちんとできる居場所の必要性が浮き彫りになったのです。

両調査を通して見えた居場所と行政の課題

居場所が、地域、特に小中学校に知られるようになったことには意義がありますが、居場所の声からすれば、まだまだ幅広い信頼を得ているとはいえません。その一因は教育、子育て支援、生活保護等福祉の３つの領域の壁であり、領域をまたいだ子どもの総合的窓口となる組織の不在です。居場所に求める機能にも、行政の抱える課題が大きく影響しています。厳しい状況にある子どもがあまりに多く、従来の家庭児童相談員や要保護児童対策地域協議会を中心とした体制で間に合わないため、居場所を支援の戦力として期待しているのです。逆に、居場所の受け手が見つからない市町村もあります。このような地域事情が無理な形の補助や委託につながっているようです。

立ち直りが困難な子どもを受けとめるためには、必要な支援方法を開発し、関係機関はもちろん、周囲の居場所とも協力して支援の輪を構築することができる専門的関わりが求められています。そうした力量をもった「拠点型居場所」の必要性に市町村が気づき積極的に構築を進めるべきでしょう。

一方で、居場所側にもとまどいが感じられました。運営管理体制がないまま、スキルをもった職員が探せないとか、ボランティアの確保も難しいといったマンパワーの不足を嘆く、あるいは子どもに関わる前提となる知識や技術を学ぶ機会がなく、とまどいながら運営している居場所も多く存在しています。多くの居場所が子どもたちにとって拠り所となり、厳しい家庭環境から守ってくれる保護的な機能も果たしている実態を考えると、居場所に対するコンサルティングや助成制度の紹介、食材提供の仕組み、学習ボランティアの派遣システム、そして人材の育成研修体制の整備は必置だといえるでしょう。

注

1　内閣府の「沖縄子供の貧困緊急対策事業（10億円）」によりすでに開所した子供の居場所一覧（119か所）（平成28年12月1日現在）

2　島村聡・金城隆一・鈴木友一郎・糸数温子「子どもの居場所等の意義と関係機関等との連携に関する研究―居場所等の機能に着目して―」沖縄大学地域研究所紀要『地域研究第20号』（2017年12月）

3　島村聡・金城隆一・鈴木友一郎・稲垣暁「子どもの居場所等の意義と関係機関等との連携に関する研究―居場所等の機能に着目して　その２―」沖縄大学地域研究所紀要『地域研究第24号』（2019年10月）

しまむら・さとる

沖縄大学人文学部福祉文化学科教授、地域研究所長。2015年末から始まった沖縄県における子どもの貧困対策事業に関わり、主に貧困対策支援員の育成や子どもの居場所のシステム化に取り組んでいる。

7……6

平和と生活保障への願い　もっと利用しやすい制度へ

戦後27年間も憲法の生存権保障がされなかった地域

高田清恵

琉球大学

生活保護制度は、憲法25条で定められたすべての国民の「健康で文化的な最低限度の生活を営む権利」を保障するための「最後のセーフティネット」です。人権としての生存権が保障されない状態とは、人としての尊厳が損なわれた状態にあるということも意味します。

沖縄県は、生活保護の利用率が恒常的に高い県の１つですが、その一方で、子どものいる世帯において制度が十分機能していない実態もみられます。

以下では、子どもの貧困との関連で、生活保護の課題について何点か指摘したいと思います。

1　生活保護制度の利用状況と意識

①　生活保護の利用状況

まず、生活保護の利用状況をみてみましょう。2020年３月の生活保護速報（厚生労働省社会援護局調べ）によると、県内の生活保護利用者数は３万8,125人、世帯では２万9,873世帯となり、いずれも過去最多となっています。[1]人口総数に占める保護利用者数の割合（「保護率」という）は、全国平均（2019〈令和元〉年度）は16.4‰（パーミル）ですが、沖縄県は25.59‰であり、全国47都道府県のうち、３番目に高い県となっています。特に多いのが、那覇市、沖縄市などの都市部です。

他方で、子どもの保護率をみると、県平均の保護率25.59‰と比べるとかなり低くなっています。県の「子どもの貧困対策計画【改訂計画】」(2019年３月）によると、2015年度の県内の17歳以下人口に占める生活保護利用者数の割合は1.43％（＝14.3‰）です。これは全国平均と比べると0.14ポイント高いと指摘されていますが[2]、沖縄県の子どもの貧困率（約４人に１人）[3]を考えた場合、極めて低いと言わざるをえません。もちろん、生活保護だけが子どもの貧困の全体を表すものではありませんが（同計画８頁）、他の年齢層における保護率などと比較しても、実際はもっと多くの子どもが生活保護を必要としているであろうことが懸念されます。

また、保護利用者を世帯類型別にみると、「高齢者世帯」が55.1％で最も多く、次いで「傷病・障害者世帯」30.3％、「その他世帯」10.6％と続き、「母子世帯」はわずか4.3％にすぎず（2018〈平成30〉年度)、その数は年々減少しています（2012〈平成24〉年度1,380世帯、2019〈令和元〉年度1,276世帯）[4]。沖縄県が母子世帯の出現率が全国一高い県であること、ひとり親世帯（特に母子世帯）における貧困の出現率の高さをふまえると、母子世帯の保護利用は少なすぎるように思います。

② 生活保護に対する意識

次に、生活保護に関する意識についてです。2018（平成30）年に公表された「沖縄県高校生調査」では、高校生の子どもの保護者を対象に「生活保護を利用していない理由」をたずねたところ、「(生活保護は）必要ない」と回答した割合は、困窮世帯[5]では非困窮世帯よりも30％も低くなっています[6]。ここから、困窮世帯においては、実際には生活保護が必要だ、と感じている場合も少なくないことが推測されます。

そのうえで、困窮世帯の保護者が「生活保護を利用していない理由」を具体的にみてみると、多い順に「申請要件を満たしていないと思う」39.1％、「制度がよくわからないので」20.9％となっています。少なくとも約２割が、「生活保護制度がよくわからない」ために利用に至っていない可能性が高い、ということが指摘できます。

次に、「車両を手放したくないから」13.1％、「車両保持を認められないと思う」12.5%という、自動車の保有を理由に挙げる回答が高くなっています[7]。両者を合わせると約４分の１もの困窮世帯の保護者が、自動車を保有・利用できなくなることを懸念して生活保護をあきらめるに至っていることが指摘できます。

2 生活保護制度の周知・情報提供

このような現状をふまえると、子どもの貧困の解消に向けて、生活保護の制度面や運用面において、さまざまな課題があると考えられます。以下では何点か指摘したいと思います。

第１に、生活保護の利用に至らない要因の１つとして、「制度がよくわからない」という場合が少なくない現状にあることです。ここから、子ども本人、保護者、子どもに関わる仕事に従事する人々や、支援活動を行う人々などに、生活保護制度についての必要かつ正しい知識をこれまで以上に周知、情報提供していくことが課題として挙げられます。制度に関する正しい知識の欠如は、生活保護への差別や偏見の助長にもつながるものです。

沖縄県生活と健康を守る会連合会は、2020年、沖縄県内の16福祉事務所（県５福祉事務所と11市）を対象に、今後の生活保護制度についての周知・広報に関する調査を行いました（2020年１月末現在）。それによると、「ポスター、案内チラシ等を検討したい」という前向きな回答をした福祉事務所は１か所のみであり、他は「現状どおり（で良い）」という回答でした（「特に考えていない」「現状のホームページや広報誌等で十分」「ホームページや広報等に加えて関係機関にも周知している」等）。制度の周知に関して、県内の実施機関は全体として消極的な姿勢にあるといえます。

他方で、積極的な取り組みをしている自治体もあります。例えば「生活保護のしおり」を誰もが自由に入手できる場所に設置している自治体も、数は多くありませんがみられます。こうした取り組みを他の自治体にも拡大していくことが必要でしょう。

現在のコロナ禍のなかで、厚労省は2020年12月22日、生活に困窮しているにもかかわらず生活保護の利用をためらう人が全国的に多いことを懸念して、厚労省の公式ホームページ上に、「生活保護の申請は国民の権利です」という内容を初めて掲載し、制度の積極的利用を呼びかけています。こうした国の積極的な姿勢を、県内でも十分に知らせていくことが必要だといえます。

ただし、生活保護の「申請書」を福祉事務所の窓口やホームページで誰でも入手できるようにしている自治体は、県内にはまだありません。窓口で申請書をなかなか交付してもらえない、といった申請権侵害が疑われる事例も支援団体等に寄せられています[8]。こうした状況を早急に改めていくことも必要でしょう。

3 自動車の保有・利用について

第２に、制度の運用面でも、いろいろな課題があります。そのなかでも、前述の「沖縄県高校生調査」でも顕著であった自動車保有に関する課題を取り上げたいと思います。周知のとおり沖縄県は、鉄軌道や公共交通機関の整備が十分ではなく、仕事や生活のあらゆる面で自動車の必要性が高い地域です。特に子どものいる世帯では、自動車を手放してしまうと生活と就労の両方に多大な支障が生じることから、自動車の処分を求められることを恐れて、生活保護の利用をあきらめる人が多いことが推測されます。

しかし他方で、自動車の保有・利用が認められる範囲は、全国的には審査請求や裁判の成果などを受けて、しだいに拡大してきています[9]。例えば、厚労省の通知によると、事業に必要な自動車のほか、公共交通機関の利用が不便な地域では、通勤、通院・通学・通所に使用する自動車の保有が認められます。仕事を一時的に失っている場合には、概ね６か月以内に就労による自立が見込まれるのであれば、自動車を保有し続けることが可能ですし、事情によって１年まで延長も認められます。通勤用の自動車を保育園の送迎に使用することも可能とされています。近年では、通勤や通院等の保有目的以外に、買い物等の日常生活の目的で使用することも、法の目的である自立助長や補足性の原則の観点から当然に認められる、とする判決も出されています（大阪地方裁判所平成25年４月19日判決、『賃金と社会保障1591・92合併号』2013年８月合併号、旬報社、64頁）。

このように、生活用品としての自動車保有は原則として認められていないとは言え、現行の実施要領の枠内においても、地域の実情をふまえ、保護を必要とする世帯や個人の具体的状況やニーズに応じてより適切な運用を実施することによって、今よりもっと多くの世帯に自動車保有・利用を認めることが可能であると考えられます。そのためには、実施機関が地域の実情をしっかり把握し、各世帯の生活困難やニーズに耳を傾けてきめ細かな対応をすることが求められるといえましょう。また、自動車を持ちながら生活保護を利用できる場合があること、その範囲が緩和される傾向にあることについて、積極的な周知が必要でしょう。

4 扶養義務の運用について

生活保護の運用上の課題として、扶養義務に関する問題もあります。

沖縄憲法25条を守るネットワークと沖縄県生活と健康を守る会連合会が2018年に実施した「生活保護のしおり」に関する調査では、ほとんどの自治体のしおりに記載の不備や誤りがみつかりました[10]。特に県内のしおりに特徴的だったのが、扶養義務に関する不適切な記載や誤りの多さでした。

生活保護法４条２項にいう扶養義務者からの扶養は、保護を受給するための「要件」ではなく、保護に「優先」するという趣旨にとどまるものです。例えば、親族から現に仕送り等がされている場合には、その分の保護費の支給額が減額される、といった意味です。

しかし、多くの自治体のしおりには、扶養義務の履行が保護を受けるために不可欠な「要件」であるかのような誤解を招く記載がありました。一例では「扶養義務者（…）と同居することも含めて、よく相談をしてください」「高齢者で、子・兄弟が近くに住んでいる場合は一緒に相談にいらしてください」「夫婦、親子（離婚後の子の父、母も含む）兄弟姉妹などとよく相談して、できる限りの援助を受けるように努めてください」など、法に書かれていない義務があるかのごとく記載している例もみられました。

これらは単に記載上の問題にとどまらず、制度の運用にも反映されるおそれが高いものです。2020年の沖縄生健会による追跡調査では、その後、多くの自治体でしおりの改訂作業が進められています。しかし、まだ修正が十分でない部分も残っています。

扶養義務に関する別の課題として、扶養照会の問題があります。沖縄の例ではありませんが、東京つくろいファンドが2020年の年末年始に実施したアンケート[11]では、20～50代の回答者の４割以上（42.9%）が「家族に知られるのが嫌だから利用していない」と回答しています。福祉事務所による扶養照会が、生活保護の利用の大きなハードルになっていることが明らかです。そして、福祉事務所が扶養照会を実施したケースのうち、わずか1.45%しか経済的な扶養に結びついておらず、親族側にも余裕がなく、扶養義務の履行ができないケースが98%を占めている、という実態にあります（2017年調べ）。扶養照会制度の効果自体が疑問視されています。

こうしたなかで、厚労省は2021年３月、別冊問答集の記載を改訂し、要保護者等の本人が扶養照会を拒む場合は、福祉事務所は「扶養義務の履行が期待できない場合」にあたる事情がないかをていねいに聞き取るように、という内容へと改められました。これは扶養照会を機械的に実施するのではなく、個別事情に応じた対応をとることを福祉事務所に求めるものです。県内の実施機関でも、こうした改訂内容を活用して、生活保護に対する心理的ハードルをなるだけ取り除き、必要な利用に結びつけることが肝心であるといえます。

5 コロナ禍での生活困窮の拡大と生活保護の役割

2020年から発生した新型コロナウイルスの影響により、県内でも生活に困窮する人が増加しています。その一方で、生活保護の申請や開始件数は、現状では微増にとどまっています[12]。筆者が2021年７～９月に行った沖縄県内の16福祉事務所（県の５福祉事務所および11市）を対象としたアンケート調査では、回答があった11市・福祉事務所のうち、８割を超える９か所が、新型コロナウイルスの影響によって、子どものいる世帯の生活保護の相談、申請、開始件数は「あまり変化していない」と回答しています。

その背景には、国のコロナ禍における生活困窮対策があると考えられます。ただし、その中心は、低所得子育て世帯特別給付金や生活困窮者自立支援金などの一時的・期間限定的な給付と、総合支援資金や緊急小口資金などの貸付に偏っています。特に、こうした貸付は、コロナ禍の特例として「返済能力を問わず」に行われたため、例年をはるかに上まわる件数の貸付が実施されました。もちろん、それが多くの人の当座の生活を救ったわけですが、そのなかには返済能力に乏しく、本来であれば生活保護の対象となるべき人も少なからず含まれていた、ということも指摘されています。そして、コロナ禍が長期化するにしたがって、貸付と一時的な給付金だけでは生活を維持していくことが困難である、ということも認識されるようになっています。

厚労省は2020年４月より、コロナ禍で生じた生活困窮について、生活保護の利用を促し、迅速かつ柔軟に保護を開始するために、生活保護の「弾力的運用」の方針を示しています。

具体的には例えば、①申請時にすべての書類がそろわなくてもよい、②口頭による申請でもよい、③必要最小限の情報だけでよく、後は電話で確認することもできる、といった「スムーズな申請の保障」とともに、④通勤用の自動車は１年で自立の目途があれば保有していてもよいとしていたが、コロナ禍の状況においては「１年を超えても良い」とする、⑤稼働能力活用要件についても、コロナ禍で就労の場を探すこと自体が困難な場合には、稼働能力活用要件を必ずしも厳格に求めなくても良い、といった弾力的運用を行うよう実施機関に求めています[13]。

こうした国の緩和方針は、前述のように県内で保護の相談、申請、開始件数が「あまり変化していない」実態に照らすと、すべての福祉事務所の現場で十分に徹底されているとは言いがたいように思います。こうした方針をしっかり浸透させていくことが喫緊の課題だといえるでしょう。

6 利用しやすくスティグマのない制度に

沖縄では、多くの人の命やくらしが沖縄戦の犠牲になっただけでなく、戦後も長きにわたって日本の施政権が及ばず、日本国憲法で定める「生存権」などの基本的人権が保障されなかった地域です[14]。そのため復帰の際は、平和への願いとともに、人間らしい生活の保障への期待も大きかったといいます。しかし現在も、生存権の保障は十分とはいえません。

本稿では生活保護を取り上げましたが、本来、子どもや子どものいる世帯に向けた社会保障や住宅保障、教育の無償化等がもっと充実していれば、最後のセーフティネットである生活保護の出番は、それほど大きくないはずです。しかし、そうした制度が必ずしも十分ではない現状のもとでは、それらを補い、すべての子どもに等しく生存権や発達権を保障するために、生活保護がもっと役割を発揮する必要があると言わざるを得ません。

しかし、その生活保護制度も、制度面でも運用面でも多くの課題があり、子どもの貧困解消に十分な役割を果たせていない現状にあります。最たるものは、必要な人に保護が行きわたっていないという「捕捉率」の低さであり、そのことが保護利用者への差別やバッシングにもつながっています。

国連の社会権規約委員会は、日本における生活保護利用者への差別やスティグマが極めて大きいことを懸念して、2013年に日本政府に勧告を出し、改善を求めています。

長期的には、より利用しやすくスティグマのない制度へと抜本的改革が必要だといえますが、他方で、現行制度の枠内でも、運用改善や周知徹底の拡充など、できることは多くあります。特に現在のコロナ禍では、弾力的運用の実践の拡充が求められています。これらはいずれも、県内の子どもの貧困解消に向けて生活保護をもっと機能させるために、早急に取り組むべきことでしょう。

注

1 沖縄県子ども生活福祉部「沖縄県の生活保護　令和２年度版」2021年１月、p.5

2 沖縄県「子どもの貧困対策計画〔改訂計画〕」2019年３月、p.8

3 沖縄県子ども生活福祉部「平成30年度沖縄県小中学生調査報告概要」2019年６月、p.14など。

4 前掲（注１）、p.8-9

5 同調査では、世帯の等価可処分所得額が127万円未満の世帯を「困窮世帯」、それ以上の世帯を「非困窮世帯」と分類する。当該額は「平成25年度国民生活基礎調査から算出した貧困ライン（122万円）に消費者物価指数の変動から算出された係数…を掛け」て算出されている。沖縄県子ども生活福祉部「沖縄県高校生調査詳細分析概要」2018年７月、p.3

6 前掲（注５）、p.13-15

7 前掲（注５）、p.14

8 子どもシェルターおきなわ理事の横井理一弁護士は、子どもがシェルターから自立するにあたって生活保護の利用が困難な現状や水際作戦の問題を指摘している。子どもシェルターおきなわNews Letter ６号、2021年６月、p.2

9 生活保護問題対策全国会議「自動車を持ちながら生活保護を利用するために！ Q&A（パンフレット）」2021年７月を参照。

10 『沖縄タイムス』2018年３月２日付（朝刊）、沖縄憲法25条を守るネットワークNEWS第９号、2018年４月。

11 つくろいファンド東京のホームページに結果概要が掲載されている。
https://tsukuroi.tokyo/2021/01/16/1487/

12 『琉球新報』2021年５月４日付（朝刊）。同記事では、生活保護を「恥」と感じて申請を我慢し、苦しい生活を続けている現状についても紹介されている。

13 令和２年４月７日厚労省社会援護局保護課「新型コロナウイルス感染防止等のための生活保護業務等における対応について（事務連絡）」等を参照。

14 さしあたり、
我喜屋良一『沖縄における社会福祉の形成と展開』沖縄社会福祉協議会　1994年
高田清恵「沖縄における公的扶助の歴史から学ぶもの」全国公的扶助研究会編集・発行『季刊公的扶助研究239号』（2015年　p.9-13）を参照。

たかた・きよえ

琉球大学人文社会学部教授。専門は社会保障法。主な著書に、矢嶋里絵・田中明彦・石田道彦・高田清恵・鈴木静編著『社会保障裁判研究』ミネルヴァ書房　2021年、同編著『人権としての社会保障』法律文化社　2013年。

7……7 沖縄未来提案プロジェクト

小さな勉強会から100人以上参加の議論へ

石垣綾音
まちづくりファシリテーター

「沖縄未来提案プロジェクト」は、策定中の「沖縄振興計画」に対して、現場で動いている、問題意識をもった市民の意見を反映するため、パブリックコメントの提出を目的としたプロジェクトです。声掛けに賛同した20代から50代の、延べ160名の有志とともに、テーマを分けて21の部会を開催し、各部会では、関連する項目を読み合わせし、一行一行に「ツッコミを入れる」というスタイルで、質問とともに提案をまとめ、提出しました。

このプロジェクトは、沖縄の戦後の社会史・政治史の年表を自分たちで作成する小さな勉強会から始まったものです。沖縄の子どもたちは、歴史教育どころか、現代につながる戦後史も学ぶことができていません（それが私たちです）。こんなに自分の生きる土地の歴史や社会の文脈と切り離されて、どのように社会に関心をもてというのでしょうか。小学校１年生向けの「せいかつ」の本を開いても、この島にはない「四季」の姿があり、「こくご」の教科書や挿絵には、この島にはない「さくら」が満開になっています。私たちは、今でもなおずっと、自分の足元がどこにあるかもわからぬまま、「日本」の足跡ばかりを見せられ続けているのではないか。そんなフラストレーションから始まった５人ほどの勉強会でした。このメンバーが、今回の議論を記録し要旨をまとめる役割を担い、ウェブサイトまで作成しました。

●「沖縄振興計画」とは

1972年、沖縄は日本に「復帰」しました。当時の沖縄は、高度経済成長も、東京オリンピックも大阪万博の経験もなく、本土とは産業構造そのものからまったく違っていました。そこで「本土並み」のインフラ整備・産業振興を行うためには、あまりにも前提の違う沖縄にだけ「特別な」計画と予算が必要となり「沖縄振興開発計画」が策定され、これに基づいた予算及び事業が決定されることになりました。その後、もうインフラの整備は十分行われたということで、「開発」の二文字が抜けましたが、４期目からは経済の自立を掲げ、産業政策を中心に据えた「沖縄振興計画」として継続されています。

「沖縄未来提案プロジェクト」提案の方法

今回のプロジェクトは、2023年度からの10年のための「第６次」沖縄振興計画に対する議論を行い、パブリックコメント及び提案として提出したものです。パブリックコメントは骨子案の部分部分にコメントを入れる形で提出しましたが、これらのコメントを総括する意見として、各部会での議論の要旨をサマリー（概要）として提出しています。以下では、骨子案に記載された文言に対する「貧困対策部会」での議論の一部を紹介します。

「貧困対策部会」の議論から

「貧困対策部会」には、NPO法人Learning for Allで子どもの貧困の本質的な解決に取り組む沖縄出身の宇地原栄斗氏、播磨篤氏や、那覇市で子どもの居場所運営に携わる（当時）安次富亮伍氏、一般社団法人daimon代表理事で、スポーツイベントを活用した社会的弱者のセーフティネット／支援コミュニティの創出に関わる若手研究者の糸数温子氏（ダイモンのあっちゃん）、『ヤンキーと地元』（筑摩書房）で沖縄の不安定層男性についてのルポを著した社会学者の打越正行氏に参加いただきました。それぞれ福祉的な観点だけでなく教育の面にも造詣が深いため、貧困対策・子ども支援・教育といった視点からもコメントをいただきました。部会での議論は多岐にわたりましたが、本稿では主に「支援のあり方」「経済的支援の方向性」「人権の保障と公助のあり方」の３つのポイントにまとめます。

１ 支援のあり方

【骨子案にある記述例】

・本県の子どもの貧困問題は極めて厳しい状況にあり、喫緊の課題である。貧困の連鎖を断ち切るためには、親の妊娠・出産期から子どもの社会的自立までのライフステージに対応する切れ目のない支援体制等の仕組み、保護者の所得向上等を含めた社会政策と経済政策の一体的推進等が急務である。

骨子案にある支援体制については、その連携と一本化の必要性が指摘されました。学校などから支援につながったとしても、支援側の連携体制がきちんとできていなければ、たらいまわしにされてしまう状況があることから、福祉と教育が連携しやすい体制を整え、包括的なサービスの向上を目指すべきという指摘です。

また、用意された支援メニューは必要な人に届くことで初めて意味をなします。支援する以前に支援が必要な子どもや家庭を見つけるアウトリーチの役割についても強調されました。アウトリーチの努力がなければ、「申請」主義的で近づきにくい制度と同様に使いにくくなってしまうおそれがあります。支援体制の一本化及び支援者や学校現場などの連携は、これらのアウトリーチを強化することにもつながると考えられるでしょう。

【私たちの「提案」に書いたこと】

・既存の公的支援についても、各部門や医療機関、教育機関との連携がスムーズでないことも多いため、福祉や教育と連携したサポート体制の構築が求められる。

・学習支援や居場所作り、相談支援やアウトリーチなど包括的で切れ目のないサービスが長期にわたって安定して提供される必要があり、制度から漏れる人が出ないためのワンストップの相談機関の設置が求められる。

2 経済的支援の方向性

【骨子案にある記述例】

・貧困の抜本的な解消に向けた経済政策と併せて、世代に応じた子育て支援や地域の子育て支援体制の充実を図るとともに、ひとり親家庭、若者、要保護児童など、対象に応じたきめ細かな支援を行うことが課題である。

・確かな学力、豊かな心、健やかな体など、子どもたちの「生きる力」を育むことができる教育環境の充実を図り、児童生徒一人ひとりが豊かな人生を切り拓き、持続可能な社会の創り手となることを目指す。

・教育環境の充実に向けた授業改善や教員の指導力向上に加え、家庭や地域、関係機関と連携し、子どもたちの「生きる力」を育む環境づくりを進めることが課題である。

・本県経済の発展の礎は人材である。経済のグローバル化、AI（人工知能）やIoT等の先端技術による第４次産業革命など、社会経済情勢の変化に対応し、持続的発展を実現するため、一人ひとりの「働く力」を引き出し、伸ばす人材育成策の展開を目指す。

この経済的支援の項目については特に近年話題になっている「子どもの貧困」を意識した内容が含まれていますが、親を対象にした支援がひとり親に偏っていることも指摘されました。ひとり親世帯ではない低所得世帯に対する支援や生活保護の捕捉率向上、最低賃金の引き上げといった視点が欠けていることは今回の大きな指摘の１つでした。

経済的なアプローチとしては、企業の「稼ぐ力」を向上したうえで所得の分配と経済循環を目指すことが記されています。しかし、これでは働き方を自由に選べるような経済的にある程度安定した層がその恩恵を受けるだけであり、これだけでは不十分ではないかとの懸念も挙がりました。特に打越氏の調査する不安定層の男性たちは、学歴も中学卒業程度にとどまり、就職先も建築関係など選択肢がほぼない状況にあるという情報が補足されました。原因として、通貨の変更や工業化をともなう高度経済成長を経験していないこと等、沖縄の特殊事情によって形成された産業構造があると打越氏は分析します。子どもの居場所などの社会的な支援に加え、経済的な支援及び産業政策も必要であることが指摘されました。

一方で、これに呼応するように、素案に示されている教育についての項目には、能力形成を通して強い個人をつくるための施策が多く見られました。例えば、「生きる力」を育てるといったテーマが言及されているなど、「生きることに力が必要」という発想がメリトクラシー的（能力主義的）な発想ではないかとの懸念も挙がっています。「生きる力」に関しては、1980年代からくり返されている古いコンセプトであるという指摘もありました。このような記述では、学校は本来子どもがケアされる場所であるという認識があまり見られず、子どもを競争社会に放り込むのではなく、給食を食べる、先生や友だちに会えるなどの機能を前提としてほしいとの声もありました。

経済的な支援は必要ですが、同時に子どもの生き方を経済的な視点から規定するような教育現場にしないように注意を払い、教育の本来の意義を失わないようにすることも忘れてはいけない論点でした。

【私たちの「提案」に書いたこと】

・経済的困窮に対しては、経済的な支援によって所得の再分配を促すことは必要である。同時に経済的に困窮している世帯並びに子どもが低所得という状態に止まらず、学習機会の喪失、居場所の欠如、不適切な養育といった複合的な困難を抱えていることも指摘される。

・教育は、生産性の拡大や能力の伸長だけでなく、障がいの有無、性の多様性、ルーツなど互いの違いを認め合い、一人ひとりの人権が尊重される社会を築くための基礎となるものである。多様な背景を持つ個人が集まる学校現場においてこそ、多様性を認め合うことやその考え方を伝えるような教育が必要である。

3 人権の保障と公助のあり方

【骨子案にある記述例】

・「優しい社会」とは、沖縄の自然と風土から生み出された「ユイマール」に表される相互扶助の精神、本土とは異なる歴史の中で培われてきた「イチャリバチョーデー」に象徴される親和性や寛容性、多様な価値を受容する県民性等、本県の特性や価値観を生かした、共に支え合い、安全･安心に暮らせる社会のことである。

・地域が抱える問題・課題が複雑化する中にあっても、県民一人ひとりが世代や国籍及び性別等にかかわらず、互いに支え合い、社会や地域づくりに主体的に参画し、地域課題の解決に取り組む共助・共創の社会の実現を目指す。

骨子案では全体的に、共助の重要性が強調されていますが、公助の必要性・行政の責任と人権との結びつきがあまり感じられないという指摘は、支援の前提を問うものとなっていました。並びに、「地域課題の解決を目指すための共助・共生社会の実現」、「格差が生まれにくい共創社会」といった文言が踊る一面で、公の役割が見えにくいことも指摘されています。

税収の低下によって穴が空いてしまったサポートを民間が埋めることに対し、「ゆいまーるの精神」という表現のように、ノスタルジックに地域コミュニティや共助が語られているのではという懸念も挙げられました。「共助」につながればよいというわけではなく、地域の共同体的なものから取りこぼされてしまう人々への支援も必要なことを忘れてはいけません。

また、公的に行政が主体となり支援をするのか、支援をするNPO等に対しての支援をするのかではそのあり方や責任の所在も変わってきます。生きることは権利として保障されるべきであることであり、そのための支援を行う予算を確保することは公的にそれを保障することです。NPOなどを支援する予定であれば、それができる体制や連携体制を作ることも同時に重要となります。これらの支援を受けることを権利として主張しなければ、支援を受ける側がどうしても弱い立場に立たされたままになってしまいます。支援をする側の善意は美談にされがちですが、その流れに乗る危険もあります。例えば、「子どもの居場所」事業についても、公民館などが充実されその機能を果たせば、役割が変わるかもしれません。現在ある社会資源の整備・充実についての希望とともに、「共助」のもつニュアンスに警鐘が鳴らされる場面もありました。

憲法で保障された生活や虐待対策などは必要性が予測することは不可能であり、予算で活動や事業が制限されてしまうことは本来あってはいけないという主張とともに、予算をつけるのではなく、必要に応じて支出していくシステムにできないものだろうかという提案もありました。これらの必要不可欠な事業が、年度によって予算が変動するような振興計画のうちに規定されていることも問題として指摘できる部分でもあります。

【私たちの「提案」に書いたこと】

- 共同体からも排除される存在がおり、彼らにも手を差し伸べられる仕組みが必要とされている。公的な支援の体制が必要不可欠である。
- 取り組みには多くの人的リソースが必要となるため、民間の支援団体との連携も重要であるが、経済的困窮への施策はあくまで社会保障・権利保障であることを踏まえ、民間の支援団体への財政支援も求められる。
- 基本的人権としての教育を受ける権利を基盤に、多様な子どもが共に生き、関わりを持てる場としての学校や教育が必要である。「質の高い教育をみんなに」という観点から、学校環境における学びの保障についてもはっきりと謳うべきであり、子どもの人権を保障する学校環境づくりを明記すべきである。また、学びの環境を提供できるよう最大限の努力が求められる。（インクルーシブ部会）

「沖縄振興計画」と教育・福祉分野

「沖縄振興計画」は、実質的には都道府県の総合的な政策の方向性を決める「総合計画」のような位置づけであることが、福祉分野や教育分野といった、公的な分野も含まれていることからもうかがえます。しかし、その歴史的な性格上、実際は「産業振興」「経済的自立」を主軸として政策が展開されており、教育や福祉の事業も、産業や経済的な利益に結びつくから行うかのような書きぶりも見られます。これらの分野は、本来、産業政策に貢献するからという理由でなされるべき事業ではなく、人々の人権を保障するために実施されるべきことです。ここに、「沖縄振興計画」の前提としての矛盾があると考えます。

今回、特に子ども関係の指摘に関しては、そのような視点からの意見が多く出ました。このような視点をきちんと挟むことは、パブリックコメントを提出することの大きな意義であったと考えます。またこの分野に関わる人々が当計画を読み、周囲で行われている事業がどのような目線でつくられているか理解するよい機会ともなりました。

その後、勉強会に関わったメンバー以外に有志も加わり、この提案を「わたしたちのマニフェスト」としてまとめ、あらゆる方法での実現を目指そうという動きに変わりつつあります。シビックテックやソーシャル・ビジネスなど公共分野への関わり方には、まだまだ多様な可能性が開かれています。市民も行政との関わり方を模索しつつ、パブリックコメントのような従来の「市民参加」の場も１つのステップとして、行政の意図を知りさまざまな関わり方を通して協力しながら、よりよい社会の形成を模索していきたいと考えています。

■沖縄未来提案プロジェクト　ウェブサイト
https://thinkokinawa.studio.site/

いしがき・あやね

「人と土地をつなぐ、コミュニティをエンパワメントする」をモットーに、沖縄県内で防災・教育・食文化・歴史・観光など多分野において市民のパブリックマインドの醸成等に取り組んでいる。

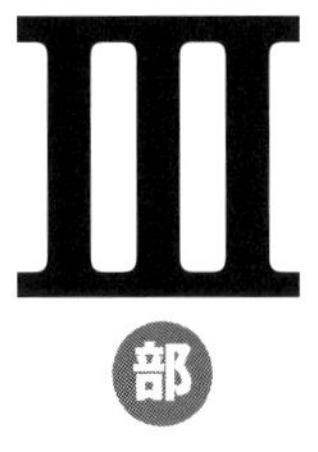

未来への提言

沖縄の子どもたちに今こそ権利保障を

子どもの今とこれからを支えるのはおとな・社会の責務

横江 崇

弁護士／美ら島法律事務所

1 子どもの権利の視点で考える

本土復帰から50年を迎える沖縄。戦後27年の米軍統治を経た沖縄には、社会経済的、構造的に本土と比べて多くの差異が生じることとなりました。そのような沖縄社会の姿を映し出した子どもたち。沖縄の子どもに関わる問題は、社会の構造的な問題であり、親や子どもの自己責任の問題に矮小化してはなりません。子どもたちが成長発達するためのさまざまな機会や環境を整えるのは、おとなや社会全体の責務です。

沖縄において、近年、「子どもの貧困」が注目を浴びています。この問題への関心が高まり、多くの人が「自分ができる何かをしたい」という熱い思いを抱き、子ども食堂や食料支援、学習支援等の活動が広まっていきました。このようなことで多くの子どもたちが救われたのはまちがいありません。

「かわいそうな子どもを救いたい」というのは、純粋な感情であり、そこに悪意はありません。ただ、このような感情による慈善や庇護（ひご）、施しとして子ども対する活動がなされることにより、子どもへの理解が不十分なまま子どもと接してしまい、結果として、子どもの自尊心を傷つけたり、おとなへの不信感を増幅させることになりかねません。支援者の熱意が強ければ強いほど、子どもの気持ちを置き去りにした善意の押しつけになってしまいがちだということにも注意が必要です。しかも、熱意が切れて活動を継続することが困難になり、活動が中止された場合、せっかく得られた居場所を失ってしまう子どもたちへの影響も大きいのです。このように、慈善や庇護、施しとしての子どもへの対応には危険がつきまといます。

子どもへの支援の際に必ず考えなければならないことの１つは、子どもの「最善の利益」（子どもの権利条約３条）です。そして、子どもの「最善の利益」を考えるうえで中核にあるのは、子どもの権利です。子どもたちへの支援が広がりつつある今、強く意識しなければならないのは、子どもの権利の視点です。

2 子どもの権利とは

① 子どもの権利条約４つの原則

すべての人は、等しく人権の享有者であり、個人としての尊厳は何者によっても侵されてはなりません。この原理は、子どもも例外ではありません。子どもは、人としてこの世に誕生したその瞬間から、成長発達し続けるという特色をもちます。子どもは、今と未来に生きる存在として、健やかに成長する権利を有しているのです。しかし、子どもは、成長発達の過程にあるがゆえに、特に人権侵害を受けやすく、また18歳未満の子どもは選挙権を有しないため、国・地方公共団体の施策や社会のありようについてその意見を反映させることが困難だといわれています。

このような子どもの権利保障の特質に鑑み、1989年、国連総会で、子どもの権利条約（以下「条約」）が採択されました。条約は、さまざまな子どもの権利とその実施措置について定めています。条約の実施をモニターする国連子どもの権利委員会は、これらのうち、①差別の禁止（条約第２条）②子どもの最善の利益の考慮（条約第３条）、③生命・生存・発達の保障（条約第６条）、④子どもの意見の尊重（条約第12条）を基本原則として指摘しています。

子どもの権利条約 4つの原則	子どもの権利 4つの柱
命を守られ成長できること	生きる権利
子どもにとって最もよいこと	育つ権利
意見を表明し参加できること	守られる権利
差別のないこと	参加する権利

公益財団法人 日本ユニセフ協会ホームページより作成　https://www.unicef.or.jp/

② 子どもの権利４つの柱

条約に基づく子どもの権利には、４つの柱があるといわれています。

生きる権利（防げる病気などで命を失わないこと、病気やけがをしたら治療を受けられること）、育つ権利（教育を受け、休んだり遊んだりできること、考えや信じることの自由が守られ、自分らしく育つことができること）、守られる権利（あらゆる種類の虐待や搾取などから守られること、障害のある子どもや少数民族の子どもなどは特別に守られること）、参加する権利（自由に意見を表したり、集まってグループをつくったり、自由な活動を行ったりできること）です。

③ 子どもの意見表明や社会参加の重要性

子どもの意見の尊重（条約第12条）は、条約に基づく子どもの権利の原則の１つであり、極めて重要ですので、子どものSOSや意見を汲み取ることが大切です。

また、子どもが自由に意見を言い、それが社会形成に反映させられるということは、子どもに社会の一員としての自覚を促し、子どもたちが社会に参加する意欲が増し、自主的、積極的に社会参加することにつながります。自治体においては、このような子どもを含めた地域住人が社会参加することで、地域づくり、まちづくりを推進することにもなります。昨今、若者の政治離れがいわれているなか、子どもの意見表明、社会参加を保障することは、子ども若者の社会参加や政治への関心を高めることに資するのであり、民主主義の根幹をなすといえます。

④ 子どもを権利の主体として扱う

子どもは、自由かつ独立の人格をもった権利の主体であり、子どもを未成熟な保護の客体として扱うのではなく、子どもをひとりの独立した人格として尊重しなければなりません。子どもは、おとなとともに社会を構成する対等かつ全面的なパートナーであり、おとなは子どもの支配者ではありません。すべての子どもは、健やかに成長し発達する権利をもっており、子どもがもっている無限の可能性を十分に発揮できるよう、子どもの権利を保障することは、おとな及び社会の責務なのです。

SDGs（持続可能な開発目標）との関係で言えば、子どもの権利の尊重は、誰一人取り残さないというところで、まさに共通しています。また、子どもに関わる施策は、子どもの権利の視点で、恒常的・総合的に取り組んでいくことが必要です。そして、このような子どもの権利の考え方を普及・啓発していくことも極めて重要です。

⑤ 日本における条約の実施が不十分であること

日本は、1994年にこの条約を批准しました。条約には国内的効力があり、子どもに関するさまざまな事柄は、この条約に基づいて決定・実行されなければならないこととされています。条約は、子どもの権利理念の拠り所なのです。

2022年６月、こども家庭庁設置法・こども基本法が成立しました。こども基本法において、憲法及び条約の精神にのっとり子どもの権利擁護が図られることが目的とされたこと、条約の４つの原則に相当する規定が置かれたこと等が明記されたことは、大きな意味をもつといえます。

しかし、日本において、子どもの意見表明や参加の機会が限られていること、子どもの権利実現のための施策を具体的、効果的に実施するための計画がないこと、計画策定に子どもの意見を反映する仕組みがないこと、子どもの権利に関する独立の監視機関がないこと、子どもの権利実現のための施策に十分な予算配分がなされていないこと、国連子どもの権利委員会からの勧告が尊重されていないこと、そもそも条約が十分に浸透していないこと等、いまだ条約の実施が不十分と言わざるを得ません。

3 沖縄県子どもの権利を尊重し虐待から守る社会づくり条例

沖縄県において、2020年４月１日、「沖縄県子どもの権利を尊重し虐待から守る社会づくり条例」（以下「本条例」）が施行されました。

本条例は、子どもの権利について、「適切に養育されること、能力が十分に発揮されること、虐待から守られること、自己の意見を表明することその他の個人としてその尊厳が重んぜられ、その尊厳にふさわしい生活を保障される権利を有する。」と定めています（本条例第３条）。また、「県民は、基本理念にのっとり、子どもの権利の重要性に関する理解を深めるとともに、虐待防止施策に協力するよう努めるものとする。」とされ、沖縄県民は、子どもの権利の重要性に関する理解を深める努力義務があるとされています（本条例第６条）。

そして、沖縄県において、子どもの権利の普及啓発のため、11月17日が「おきなわ子どもの権利の日」、11月17日から23日が「おきなわ権利週間」に定められました。

4　子どもの権利保障のために取り組むべきこと

① 子どもの権利の普及啓発

上記のとおり、沖縄県民は、子どもの権利の重要性に関する理解を深める努力義務があることとされていますが、子どもの権利の理解や意識は、十分に根づいているとは言いがたいです。

そこで、まず、何より、社会全体に子どもの権利の理解や意識を根づかせなければなりません。子どもの権利の普及啓発が重要であり、子ども、保護者、教師、関係機関等すべての沖縄県民に向けて子どもの権利をわかりやすく伝えること、そのような機会をたくさん設けることが求められています。

② 暴力や体罰の根絶

沖縄において、子どもへの暴力が後を絶ちません。暴力を受けて養育されてきた子どもが、暴力への抵抗感が希薄化されてしまったり、暴力に親和性をもってしまい、自らが暴力を用いてしまうという暴力の連鎖も少なくありません。沖縄においてDV件数が少なくないのも、このような暴力の連鎖の影響があるかもしれません。

暴力は絶対にダメ、暴力に頼らない。体罰禁止を徹底しなければなりません。また、暴力に頼ってしまう保護者のなかには、自分が体罰を受けて養育された経験から、体罰以外にしつけの方法がわからないという保護者もいます。体罰禁止を命ずるだけではなく、体罰によらない形でいっしょに子どもを育てようというメッセージと具体的支援が大切です。

また、沖縄において、学校における体罰やハラスメントも少なくありません。本来、部活動には、子どもの健全な成長発達のための重要な意義があり、部活動の指導では、子どもの人格や人権を尊重し、子どもの意思や成長を最優先に考えなければなりません。しかしながら、2021年１月、県立高校運動部員が自ら命を絶つという、あってはならない、極めて痛ましい事件が起こってしまいました。教職員による暴力・暴言・ハラスメントは法律で禁止されているだけではなく、子どもの権利を侵害する、あってはならない行為であり、学校教育活動の一環である部活動において絶対に許されるものではありません。

このような事件を受け、沖縄県教育委員会は、2021年12月、「部活動の在り方に関する方針（改定版）」を策定し、「暴力・暴言・ハラスメントの根絶」を柱の１つとしました。いくら方針を改定し、よりよい内容の方針を策定したとしても、方針が守られなければまったく意味はありません。従前の方針が守られていなかったことからこそ、体罰・ハラスメント被害が後を絶たなかったのであり、今後、この方針に実効性をもたせ、方針遵守を徹底しなければなりません。以上のとおり、条約や本条例を普及啓発しながら、暴力や体罰を根絶すべく全力で取り組んでいく必要があります。

③ 子どもの声・意見の汲み取り

虐待や体罰を受けている子どものなかには、辛い、苦しい、悲しいという気持ちを感じてはならない、感じていても言ってはならないと思っている子どもが相当数います。子どもには意見表明権があるところ、子どもが、意見表明をしてもよいということを十分に実感していないものと思われます。現状において、子どもたちの意見を十分に汲み取ることができておらず、子どもたちのSOSも十分に汲み取れていないのではないでしょうか。今まさに、子どものSOS、声、意見をしっかり汲み取るためのシステムをつくることが求められています。

とりわけ、一時保護や児童養護施設、里親により養育された子どもたちからの意見聴取や意見反映の取り組みが急務です。

④ 相談救済機関（オンブズパーソン）の設置

子どもの権利救済システムを構築するため、子どもの権利についての専門性が確保された救済機関（オンブズマン、オンブズパーソン）を設置すべきです。権利が保障されるということは、権利が侵害されたときの救済システムが整うことにより全うされます。逆に言うと、権利侵害に対する救済が不十分では、十分な権利保障はなし得ないのです。

⑤ 市町村子どもの権利条例の制定

子どもの権利を保障するためには、各市町村においても、子どもの権利を総合的に保障する条例を制定する必要があります。そして、子どもの権利に関する条例は、以下のような役割をもつものにすべきです。

第1には、自治体において、子どもの権利保障を総合的かつ効果的に実施するための施策の策定、組織の整備のための根拠となり、子どもに関係するすべての法規範の指導規範として作用するものであること。条約の理念と原則に照らし、条例が、福祉、教育等の各分野、各機関に共通する法規範となり、子どもの権利の保障と拡大を図る根拠になること。

第2は、子どもの手続的権利を保障する制度を創設する根拠及び自治体や地域社会における子どもの参画を促進する根拠であること。

第3は、子どもの権利救済制度の創設のための根拠となること。個別的な権利救済と、政策提言を含めた権限を有する権利救済機関が設置されること。

第4は、子どもの権利保障のために、自治体が子どもに関わるNPO等との連携、協働を促進すること。

⑥ 子どもの意見表明や社会参加の促進

子どもの意見表明や社会参加の視点から、子どもがさまざまな場面において、意見を表明する機会の提供、子ども同士の交流の機会の提供、子どもの活動拠点での運営などについての意見を表明する機会の提供等、子どもの社会参加を促進するための仕組みの整備を進めるべきです。

また、子どもの権利保障のための施策、計画の立案、実施につき子どもに意見表明の機会を確保すること、子どもが施策などに意見を表明するための子ども会議等を開催することも検討をしていかなければなりません。

5　本書に込められた権利保障の取り組み

「世の中には、がんばっても報われないひと、がんばろうにもがんばれないひと、がんばりすぎて心と体をこわしたひと…たちがいます。がんばる前から、『しょせんおまえなんか』『どうせわたしなんて』とがんばる意欲をくじかれるひとたちもいます。」これは、認定NPO法人ウィメンズアクションネットワーク理事長上野千鶴子氏が2019年度東京大学学部入学式の祝辞で述べられた祝辞の一部です。医科大・医学部入試において女子学生が差別を受けていたこと等、社会に根強い性差別が横行している現実を訴えるなかで女性学のパイオニアとして述べられた言葉です。

少年付添人活動等、子どもの支援活動をするなかで、がんばることが困難な子どもをたくさん目の当たりにしてきました。できない子どもは努力が足りないと思われがちですが、そもそも努力することができない子どもたちがたくさんいます。そして、それは、子どもたち自身で解決できる問題ではなく、家庭等の環境や本人の力ではいかんともしがたい問題によることが多いのです。

生まれ育った環境によって子どもの現在及び将来が左右され、その成長、発達が阻害されることはあってはなりません。すべての子どもが健やかに成長し発達する権利が十分に保障され、子ども１人ひとりが夢や希望をもつことができる社会を実現しなければなりません。

質の良い保育を受けられること、学校で学ぶこと、学校以外で学ぶこと、安心した居場所があること、遊ぶこと、休むこと、適切な医療を受けられること、心と体が成長すること、虐待を受けないこと、苦しいときやつらいときに助けを求められること、困ったときに助けてくれること、平和を享受すること、これらはすべて子どもの権利の一部であり、本書で述べられた各場面の取り組みは、すべて子どもの権利保障が根幹にあります。

子どもたち１人ひとりが生きていく、成長していくために必要なことは、子どもたち１人ひとり違います。勉強が好きな子どももいれば、スポーツが好きな子どももいます。歌ったり踊ったりすることが好きな子どももいれば、走ったり泳いだりすることが好きな子どももいます。すべての子どもたちが、それぞれが必要としていること、やりたいことをできる限りできるようにする、その機会を保障する、それが１人ひとりの子どもの権利を守るということだと思います。

子どもたちは、今を生きています。子どもが子どもとして過ごせるのは、今しかなく、後で子どもの時間を取り戻すことはできません。本土復帰から50年を迎える沖縄において、いまだ十分でない子どもの権利保障。

本書が、沖縄の子どもたちがしあわせに生きるための一助となることを期待します。

よこえ・たかし

1976年東京都生まれ。NPO法人子どもシェルターおきなわ理事長。沖縄弁護士会子どもの権利に関する特別委員会委員長。少年非行、児童虐待、いじめ、子どもの貧困等の子どもの権利に関わる課題に取り組んでいる。

琉球・沖縄歴史 近現代 高校生の知識・意識アンケート

新城俊昭（あら しろ とし あき）
沖縄歴史教育研究会 顧問

ここでは、全28項目中、近現代に関する６項目について紹介。
Qに付いている番号は、調査元資料よる。

Q17 1879年に「琉球王国」を解体して沖縄県を設置した日本政府の政策を何といいますか

⇒ **A**「琉球処分」正答率 **44**％

琉球・沖縄史の最も重要な歴史用語を知っている生徒が、５割にも満たないというのは深刻だ。「琉球処分」は近代沖縄の出発点であり、現代まで続く沖縄のさまざまな問題を内包するような国家政策であった。ぜひ、時間を割いて学習を深めてもらいたい。

Q21 1995年に戦後50年の記念事業で建設されたモニュメントを何といいますか

⇒ **A**「平和の礎（いしじ）」正答率 **78**％

正答率は81％(2012年)→83％(2017年)→78％(2022年)と高い水準で推移している。「平和教育」の象徴として「平和の礎」が取り上げられることや、「平和の礎」のある糸満市平和祈念公園での全沖縄戦没者追悼祈念式典開催が広く認知されていることが、高い正答率につながっていると考えられる。

Q23 沖縄が日本に復帰した年月日はいつですか

⇒ **A**「1972年5月15日」正答率 **22**％

正答率は22％と低い。５月15日が6月23日の「慰霊の日」と違って沖縄県の休日ではなく、特別授業も行われていないこと、地歴公民科等の教科でもほとんど教えられてないことが大きな原因ではないかと考えられる。

Q25 沖縄には全国の約何パーセントの米軍専用施設（米軍基地）がおかれていますか

⇒ **A**「約70％」正答率 **49**％

約半数の正答率であった。誤答の約60％・約８0％の割合が16～17％あり、マスコミ等で比較的多く報道されていることが、正確な数値として認識されていないと推察される。現代沖縄の大きな課題である基地問題については、しっかり学習させる必要があるだろう。

Q26 沖縄におかれている米軍基地についてどう思いますか

⇒ **A**「全面撤去・整理縮小すべき」**57%**

全面撤去・整理縮小を合わせて60%(2012年)→56%(2017年)→57%(2022年)と減っている。無関心なのではなく、基地形成の歴史的経緯やその実態がよくわかっていないため、基地への抵抗感が弱く、その脅威についても認識が低いのである。

Q28 現在の沖縄で一番大きな問題は何だと思いますか(2022年)

⇒ **A** 下記の6つの選択肢より1択

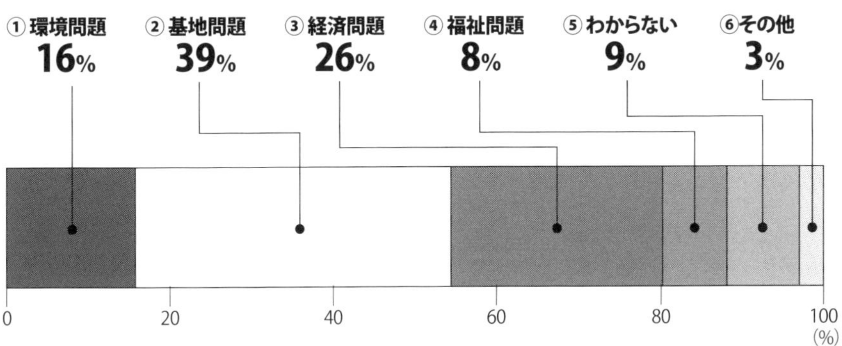

回答率の高い問題は基地問題で、58%(2012年)→45%(2017年)→39%(2022年)となっている。2022年度の他の項目では、経済問題と環境問題が特に増加している。経済問題の内訳に、「子どもの貧困」が取り上げられていることや、これまで取り上げられてきた「沖縄の自立経済」と「都市化の進展による環境問題」が、大きな問題として認知されていると考えられる。

とは言え、基地問題が39%と一番高いのは、基地問題への関心が低くなったというよりも、今なお変わらぬ基地の実態に対する、高校生なりの異議申し立てと見るべきではないだろうか。

■調査概要

沖縄歴史教育研究会による5年に1度の「琉球・沖縄歴史に関する高校生の知識・意識アンケート」調査より。

2022年1～3月に県内の全県立高校(59校)へアンケートを依頼。対象は2学年。

回答は48校(1491名)、普通高校(総合学科・通信制含む)34校、専門高校14校。

本調査結果全体は、沖縄県高等学校障害児学校教職員組合のホームページ
https://www.oki-htu.or.jp/ で閲覧できる。

沖縄子ども関係年表 1945–2022

作成：二宮千賀子・山﨑 新・山野良一・横江 崇・北上田 源

[国]＝日本政府の動き　[世]＝世界の動き

沖縄 子ども関係	年	沖縄一般・その他福祉　国・世界
米軍占領下		
6月　米国、各難民収容所に孤児院と養老院を設置 9月　**旧勝連村で米軍車両にひき逃げされ、女子児童が死亡**	1945	4月　米軍が沖縄本島上陸、布告第1号を発し直接的な軍政を開始 6月　沖縄守備軍第32軍の牛島満司令官が自決 8月　[国]**ポツダム宣言受諾、日本敗戦** **米軍政府、沖縄諮詢会設置** 9月　沖縄戦終結（日本軍降伏文書に調印）
1月　米軍政府、沖縄の教育を統制する中央機関として文教部を設立 4月　孤児院と養老院が軍から沖縄中央政府に移管される	1946	4月　沖縄議会発足 11月　[国]日本国憲法公布
1月　孤児院、養老院を田井等、福山、石川、コザ、百名に統合 2月　沖縄民政府令第1号「託児所規則」公布 3月　**真和志小学校で不発弾が爆発。児童5名死亡、27名負傷**	1947	3月　全島に昼夜通行許可 [国]教育基本法・学校教育法公布 5月　[国]日本国憲法施行 10月　ララ物資により、ヤギ194頭が米国から届く 12月　[国]**児童福祉法制定**
	1948	1月　[国]児童福祉法公布 7月　新日円からB円に通貨切り替え 「市町村制」公布 [国]こどもの日（5月5日）を国民の祝日として制定 8月　伊江島で米軍の弾薬輸送船が爆発、177名が死傷 9月　ハワイ連合沖縄救済会がハワイから沖縄へ輸送した528頭の豚が到着
11月　孤児・養老施設を「沖縄厚生園」と統合	1949	7月　米軍基地建設本格化
4月　琉球大学落成、5月開学	1950	5月　[国]生活保護法公布・施行 6月　[世]朝鮮戦争勃発 12月　琉球軍政府を琉球列島米国民政府（USCAR）と改称
4月　沖縄職業学校（教護院）設立 8月　沖縄盲ろう学校開設 10月　**那覇市で米軍機の補助燃料タンクが落下し民家が炎上、子ども含む6名が死亡**	1951	5月　[国]児童憲章制定 9月　[国]日米安全保障条約調印 11月　沖縄群島社会福祉協議会設立

月	沖縄の子ども関係	年	月	社会の動き
11月	那覇市児童健康相談所内に児童一時保護所設置	1952	4月	琉球政府創設
12月	旧コザ市に「胡差児童保護所」設置			サンフランシスコ講和条約発効。沖縄の施政権が分離され、米軍の占領下に置かれる
				[国]**完全給食を全国すべての小学校に実施**
7月	コザ女子ホーム設立	1953	4月	米軍による布令「土地収用令」が出され、各地で強制的な土地接収が始まり、1955年頃まで抵抗運動が起こる
9月	愛隣園開園（沖縄初の民間養護施設）		7月	[世]朝鮮戦争、休戦協定調印
10月	琉球政府、福祉3法（児童福祉法、生活保護法、身体障害者福祉法）制定・公布		11月	社会福祉事業法制定・公布
12月	沖縄子どもを守る会設立			米軍による飲食店・風俗店に与えられる営業許可証、通称Aサイン制度が始まる
			12月	奄美群島、日本復帰
3月	里親及び職親制度実施	1954	3月	米国民政府、軍用地代一括払い方針発表
4月	琉球政府、中央児童相談所設置（児童福祉司3名配置）		7月	[国]防衛庁・自衛隊発足
9月	沖縄厚生園に乳児院付設		9月	初の社会福祉主事、保母試験実施
12月	子ども博物館「ペルー館」が那覇市久茂地に開館			身体障害者手帳交付開始
7月	民間保育所に対する補助金交付制度開始	1955	1月	『朝日新聞』、「米軍の沖縄民政を衝く」を掲載。本土で「沖縄問題論議」起こる
9月	**旧石川市で由美子ちゃん事件発生（米兵による幼女暴行殺人事件）。旧具志川村でも自宅にいた7歳女児が米兵に拉致・暴行される**		4月	[世]南ベトナムで内戦始まる
10月	**原子砲試射による爆風で、宜野座村松田小の児童4名が負傷**			※沖縄各地で米軍による「銃剣とブルドーザー」による土地接収が進められる
4月	**小学校全児童にミルク給食実施。10月に中学校、高等学校定時制まで拡大**	1956	3月	[国]就学援助法公布
9月	**旧佐敷村で米兵の運転する車が女子中学生のグループをひき、6名死亡**		6月	米軍による土地接収を正当化するプライス勧告に対して島ぐるみ闘争が起こる
			7月	[国]**経済白書発表、「もはや戦後ではない」と強調**
9月	「遊び場設置補助金」交付規定制定	1957	10月	沖社協が「福祉委員」を設置
10月	「少年法」及び「少年院法」公布			
11月	沖縄厚生園に併設されていた養護施設が「石嶺児童園」として独立			
	沖縄肢体不自由児協会設立			
1月	教育4法（教育基本法、学校教育法、教育委員会法、社会教育法）公布	1958	1月	[国]学校給食に牛乳が供給される
8月	第40回全国高等学校野球大会に沖縄代表として首里高校が初出場。持ち帰った甲子園の砂を捨てさせられる		9月	B円からドルへ通貨切替
			10月	守礼門、復元完成
6月	**米軍ジェット機が宮森小学校に墜落。死者18人うち児童12人、負傷者210人**	1959	6月	奥武山公園・奥武山総合運動場が開設

1960	1月 小・中学校のパン給食開始 3月 沖縄初の肢体不自由児施設「沖縄整肢療護園」開園	4月 沖縄県祖国復帰協議会結成 6月 アイゼンハワー米大統領来沖
1961	1月 母子手帳制度（妊産婦、乳幼児の保健指導）開始 幼児園制度発足 9月 「こどもの日」法定祝日となる	4月 沖縄人権協会設立
1962	7月 沖縄初の完全給食が上田小学校で開始	
1963	2月 **那覇市で米兵による男子中学生れき殺事故（無罪判決）** 4月 琉球少年院で暴動、43人が脱走 5月 沖縄母子福祉センター開所 12月 沖縄整肢療護園通園部門開設	1月 最低賃金制スタート（時給9セント） 3月 キャラウェイ高等弁務官「沖縄における自治権は神話」と演説。自治権拡大を認めない姿勢を示す 7月 [国]児童館の設置費・運営費の国庫補助開始
1964	4月 中学校初の完全給食が南風原中学校で実施 7月 保育所建設費に初の日政援助導入、以降公立保育所の整備進む **※沖縄で風疹が流行（1965年春まで流行）。先天性風疹症候群の子どもが400人以上生まれる**	10月 [国]東京オリンピック開幕 11月 パラリンピック国内大会に選手団派遣
1965	3月 **演習中の米軍催涙ガスが宜野座中学校に流れ込む** 6月 **読谷村で米軍機から演習トレーラー落下、女子小学生圧死**	※[世]米軍のベトナム戦争への本格的介入が始まる 4月 立法院、祝祭日に憲法記念日を追加、慰霊の日を6月23日に定める イリオモテヤマネコが発見される 8月 [国]保育所保育指針策定(施行)
1966	2月 子どもを守る会建設「沖縄少年会館」落成	9月 医療保険制度発足（対象は人口の約3分の1のみ、償還払い）。本土と同じ皆保険制度は復帰までもち越された
1967	7月 児童保護措置費に日政援助実現 8月 **旧具志川村で男子高校生が米軍車両にはねられ死亡** 9月 「特別児童扶養手当法」制定 11月 **旧具志川村で4歳児が米軍クレーン車にひかれ死亡**	2月 衆・参両院に沖縄問題特別委員会設置 11月 佐藤・ジョンソン共同声明（沖縄返還の日米琉諮問委員会設置など）発表
1968	8月 「児童扶養手当法」「母子福祉法」制定 心臓疾患児の本土送り出し開始	11月 行政主席が初めて公選され、屋良朝苗氏が選出される ベトナムに向かうB52が嘉手納基地で墜落爆発

子ども関係	年	沖縄・国内外の出来事
10月 「母子保健法」制定	1969	4月 本土渡航を大幅に緩和 11月 佐藤首相訪米、日米共同声明（1972年沖縄返還で合意）発表
5月 旧コザ市に沖縄こどもの国開設 **旧具志川市で下校中の女子高校生が米兵に刃物で切りつけられ重傷、抗議運動広がる** ※この頃、那覇市「留守家庭子ども会」が開設（県内初の学童保育）	1970	3月 大阪で日本万国博覧会開幕 11月 沖縄での戦後初の国政選挙実施 12月 コザ騒動起こる（交通事故に端を発した米軍車両などの焼き討ち騒動）
4月 精神薄弱児通園施設「具志川育成園」開園 全琉46校に「風疹児特殊学級」を設置 7月 毒ガス移送本格化。幼児の安全保護のため臨時保育所開設	1971	6月 沖縄返還協定、日米で同時調印 民生委員制度発足 11月 屋良主席、沖縄返還協定の再検討を要求。建議書を携え上京
4月 重症心身障害児施設「沖縄療育園」開園	1972	1月 国児童手当実施 ※復帰前後に軍雇用員の大量解雇が相次ぐ

日本復帰

子ども関係	年	沖縄・国内外の出来事
5月 コザ児童相談所開設。現在の2児童相談所（2分室）体制となる 8月 婦人保護施設「うるま婦人寮」開所	1972	5月 **15日、沖縄の日本復帰。米軍から日本政府へ施政権が返還される。**第1次沖縄振興開発計画開始。ドルから円へ通貨切替。自衛隊配備。売春防止法全面施行、沖縄県婦人相談所設置 6月 復帰後初の県知事に屋良朝苗氏当選
7月 石嶺児童園に「乳児預かり所」付設	1973	1月 国老人医療無料化実施 5月 復帰記念特別国体「若夏国体」開催 9月 「金武湾を守る会」結成、石油備蓄基地建設に反対する運動を展開
3月 **那覇市小禄で不発弾爆発事故発生、幼児含む4人死亡** 6月 県内初の母子寮「和泉寮」設置	1974	
4月 県立「石川少年自然の家」開所 **旧金武村の海岸で米兵が女子中学生を暴行**	1975	4月 世ベトナム戦争終結 6月 那覇ハーリー、60年ぶりに復活 沖縄平和祈念資料館が開館 7月 皇太子・同妃殿下、海洋博開会式列席のため来沖。ひめゆりの塔参拝中に火炎ビンを投げられる。**沖縄国際海洋博覧会開幕**

月	沖縄	年	月	全国・その他
8月 10月	那覇市心身障害児通園事業「こくら園」開園 県、障害児保育開始	1976	4月 10月	[国]都市児童健全育成事業が創設 具志堅用高氏、ＷＢＡジュニアフライ級世界チャンピオンになる
4月	精神薄弱児施設「名護学園」開院 乳児院・精神薄弱児施設併設「袋中園」開園。児童福祉法で規定された乳児院としては県内初	1977		
4月 5月	風疹による障害に対応した北城ろう学校開校 那覇市に県内初の児童館「久場川児童館」設置	1978	7月 10月	**交通方法変更。人は右、車は左へ** 沖縄平和祈念堂開堂
3月	沖縄少年会館が那覇市へ譲渡され、那覇市久茂地公民館として４月開館	1979	1月 4月 10月	「国際児童年」開幕 [国]養護学校義務化スタート [国]都市児童館事業を開始
5月	那覇市首里石嶺に、国際児童年記念児童遊園がオープン	1980		
11月	**米軍施設への女子中高生の出入りが発覚。基地管理のずさんさが問題に**	1981	11月	国頭村与那で発見された新種の野鳥が「ヤンバルクイナ」と命名される
4月 7月	県、延長保育実施 高校日本史教科書で沖縄戦の日本軍住民虐殺が削除されたことが判明	1982		
7月	旧城辺町で精神障害のある母親が5歳の娘を殺害	1983	12月	9月に国頭村の山中で発見された大型昆虫が新種であることがわかり、「ヤンバルテナガコガネ」と命名される
1月	沖縄戦の教科書記述が争点となった第三次家永教科書訴訟が始まる	1984	8月	[国]臨時教育審議会発足
		1985	3月 8月	陶芸家の金城次郎氏、県内で初めての人間国宝に [国]文部省、入学式・卒業式における国旗国歌の指導の徹底を通知
3月	**県教育庁の通達後初の卒業式、「日の丸・君が代」問題で混乱**	1986	4月	[国]男女雇用機会均等法施行
7月 10月	県教育委員会、県学力対策委員会設置 読谷村で開催の国体少年ソフトボール競技大会で日の丸焼き捨て事件	1987	6月 9月 11月	嘉手納基地包囲行動（人の輪）（2万5000人参加） 海邦国体夏季大会開幕 第23回全国身体障害者スポーツ大会（かりゆし大会）開催 読谷村波平のチビチリガマにある「世代を結ぶ平和の像」が破壊される

	1988	**4**月 県が普天間飛行場の全面返還を含む米軍施設・区域の返還を米国に要請 **5**月 沖縄自由貿易地域那覇地区完成（日本初のフリーゾーン）
6月 「ひめゆり平和祈念資料館」開館	1989	**11**月 首里城復元工事起工式 **世 第44回国連総会「子どもの権利条約」採択**
	1990	**3**月 「慰霊の日」休日の存続決定 **6**月 沖縄全戦没者追悼式に歴代首相として初めて海部首相出席 **8**月 第１回世界のウチナーンチュ大会開催
	1991	**1**月 世 湾岸戦争勃発 **4**月 国 厚生省「放課後児童対策実施要綱」通知
2月 石垣市で中学生同士の集団暴行致死事件	1992	**4**月 国 育児休業法施行 **8**月 国 PKO協力法施行 **9**月 国 学校5日制始まる（第2土曜日が休日に） **11**月 首里城公園開園
	1993	**1**月 NHK大河ドラマ「琉球の風」放映開始
※1994年度より県単独補助事業として0歳児対象に「こども医療費助成制度」を開始。1995年度以降全市町村で実施 **12**月 県、一時的保育事業開始	1994	**4**月 国 「子どもの権利条約」批准（世界で158番目） **6**月 国 雇用保険法一部改正（育児休業給付の創設） **11**月 沖縄の厚生年金への特別措置を盛り込んだ「国民年金法等の一部を改正する法律」成立（1995年4月施行）
9月 **3人の米兵による少女暴行事件** **10**月 「米軍人による暴行事件を糾弾し、地位協定の見直しを要求する沖縄県民総決起大会」開催（8万5000人参加）	1995	**1**月 阪神・淡路大震災 **6**月 沖縄戦終結50周年記念事業、「平和の礎」除幕式 **9**月 大田知事、米軍用地未契約地主に対する強制使用手続きの代行拒否を表明 ※国 待機児童数を初めて公表。沖縄県は待機率11.9%で都道府県ワースト
9月 「高校生で県民投票をしようの会」の呼びかけにより、県内の県立高校などで県民投票の模擬投票を実施	1996	**4**月 日米特別行動委員会（SACO）で、普天間基地の条件付き返還が合意される。その後、移設先とされた辺野古での基地建設をめぐる日本政府と沖縄の対立が続く **9**月 **基地縮小・地位協定見直しの賛否を問う全国初の県民投票実施、89%が賛成**

		1997	5月 6月 12月	神戸で児童連続殺傷事件 国 児童福祉法改正により学童保育が法定化 名護市で普天間基地の代替となる海上ヘリポートの建設の是非を問う市民投票実施。反対派勝利も3日後に市長が受け入れ表明して辞任
1月 6月	県子育て支援計画「おきなわ子どもプラン」策定 アメラジアンスクール・イン・オキナワが5人の母親によって設立	1998	2月	大田知事、海上ヘリポート基地建設問題について、基本案の受け入れ拒否を表明
4月 10月	沖縄尚学高校が選抜高校野球大会で県勢初優勝 県、こども医療費助成制度の対象年齢を2歳まで引き上げ	1999		
		2000	4月 7月 11月 12月	沖縄県新平和祈念資料館開館 主要国首脳会議（サミット）が沖縄で開催。守礼門図案の2000円札発行 国 **児童虐待の防止に関する法律施行** **少年法改正（刑事処分可能年齢を14歳に引下げ、原則逆送制度の導入等）** 「琉球王国のグスク及び関連遺産群」が世界遺産に登録
		2001	4月 7月 9月 11月	NHK連続テレビ小説「ちゅらさん」放映開始 国 仕事と子育ての両立支援等の方針（待機児童ゼロ作戦等）が閣議決定 世 **アメリカ同時多発テロ**。沖縄への修学旅行のキャンセルが相次ぐ 国 児童福祉法一部改正（保育士資格の法定化、認可外保育施設に対する規則の新設等）
10月	県「新おきなわ子どもプラン」策定	2002	4月 10月 11月	国 完全学校週5日制導入 国 児童福祉法の改正により、認可外保育施設の届出制開始 美ら海水族館リニューアルオープン
6月 8月	北谷町で中学生らによる集団暴行、中学2年生男子が死亡 那覇市母子生活支援施設「さくら」開所	2003	7月 8月	国 次世代育成支援対策推進法、少子化社会対策基本法制定 ゆいレール運行開始
8月 10月	**沖縄国際大学にCH53大型ヘリが墜落炎上** 対馬丸記念館開館 沖縄市で生後10か月の男児、父親に殴られ死亡	2004	11月 12月	国 児童福祉法一部改正（要保護児童対策地域協議会の設置等） 国 厚労省「子ども・子育て応援プラン」策定

3月	「沖縄県次世代育成支援行動計画（前期）」策定	2005		
		2006	12月	国 教育基本法改正
4月	**全国学力テスト開始、沖縄は小中全教科で最下位**	2007	5月	国 少年法改正（少年院収容年齢引下げ等）
9月	「集団自決」をめぐる教科書検定意見の撤回を求める県民大会、11万6000人参加		11月	沖縄県立博物館・美術館開館
2月	**沖縄市で米兵が女子中学生を暴行。被害者への中傷があり、被害届が取り下げられる**	2008	6月	国 少年法改正（被害者等の意見聴取の対象拡大、審判傍聴制度導入等）
6月	石垣市で3歳の男児、父親から虐待を受けて死亡	2009	7月	国 子ども・若者育成支援推進法成立
11月	うるま市で中学2年生による集団暴行、同級生の男子が死亡			
3月	「沖縄県次世代育成支援行動計画（後期）」策定 『沖縄子ども白書』（ボーダーインク）刊行	2010	4月	普天間基地県内移設反対で県民大会（9万人参加） 国 子ども手当が導入される
5月	沖縄市で生後3か月の男児、父親から暴行を受け死亡			
8月	興南高校が全国高校野球大会で県勢初の春夏連覇			
8月	八重山地区の中学校公民教科書の採択をめぐる混乱が起きる	2011	3月	国 東日本大震災 国 児童館ガイドラインを策定
12月	コザ児童相談所、一時保護所開設			
		2012	5月	初めて沖縄県に策定権が委ねられた「21世紀ビジョン基本計画」策定 国 子ども手当が児童手当に変更
			8月	国 子ども・子育て支援法等子ども・子育て関連3法が成立
			9月	オスプレイ配備に反対する県民大会（10万1000人参加）
			10月	米軍がオスプレイを普天間飛行場に強行配備
		2013	1月	オスプレイ配備に反対する県民大会実行委員会代表と県内全41市町村長らが「東京行動」を展開
			6月	国 **子どもの貧困対策法、いじめ防止対策推進法成立**

2014

8月 4月に実施された全国学力テストの結果、小学校では「24位躍進」と報道
10月 子ども若者みらい相談プラザsorae（ソラエ）（沖縄県子ども・若者総合相談センター）開所

4月 国 少年法改正（少年の刑事事件の処分の規定の見直し等）
8月 国 子供の貧困対策大綱、閣議決定

2015

3月 「黄金っ子応援プラン」（沖縄県子ども・子育て支援事業支援計画）策定
4月 子ども・子育て支援新制度の施行により、学童クラブにおける幼稚園児の受け入れが補助対象外に
7月 宮古島市で3歳の女児、父親の暴行を受け死亡
11月 宜野湾市で生後2か月の女児、母親から暴行を受け死亡

4月 国 **子ども・子育て支援新制度本格施行**
5月 米軍普天間飛行場の名護市辺野古への移設阻止を訴える「戦後70年 止めよう辺野古新基地建設！沖縄県民大会」（3万5000人参加）
9月 国 安全保障関連法案成立

2016

1月 県、子どもの貧困実態調査発表。子どもの貧困率29.9%と算出
3月 「沖縄県子どもの貧困対策計画」発表
4月 内閣府「沖縄子供の貧困緊急対策事業」開始
6月 沖縄子どもの未来県民会議発足
7月 宜野湾市で生後5か月の男児、母親の交際相手に揺さぶられ死亡

3月 与那国町に陸上自衛隊が配備される
4月 **米軍属による女性殺害遺棄事件**
6月 「元海兵隊員による残虐な蛮行を糾弾！被害者を追悼し、沖縄から海兵隊の撤退を求める県民大会」（6万5000人参加）
12月 国 教育機会確保法成立

2017

4月 県教育庁、少人数学級導入
高校生等の通学費負担軽減措置（ゆいレール割引）開始
児童養護施設の学費支援
9月 チビチリガマが少年4人に荒らされる
10月 『沖縄子どもの貧困白書』（かもがわ出版）刊行

※就学援助のテレビ・ラジオ等によるCM開始

6月 国 「共謀罪」法成立
7月 **2008-2015年の8年間に在日米軍人・軍属とその家族による犯罪摘発件数は、沖縄県が全国総数の47.4%を占める。在日米軍専用施設の所在割合は70.4%（全国知事会調査）**

2018

4月 県内初の児童心理治療施設「ノアーズ・ガーデン」開所
10月 **県こども医療費窓口無料化（未就学児）開始**

2019

1月 **糸満市から千葉県野田市に転出の小4女児虐待死事件**
3月 「沖縄県子どもの貧困対策計画」改定
7月 沖縄県児童虐待に関する万国津梁会議設置

2月 辺野古米軍基地建設のための埋立ての賛否を問う県民投票で、72%が「反対」
3月 宮古島市に陸上自衛隊が配備される
6月 国 改正子どもの貧困対策法成立
10月 国 **幼児教育・保育の無償化開始**
ゆいレール延伸
首里城火災により正殿など焼失
12月 国 ＧＩＧＡスクール構想を打ち出す

※沖縄の年間観光客数が1000万人突破

年	月	沖縄	月	国・世界
2020	3月	「黄金っ子応援プラン」（第2期沖縄県子ども・子育て支援事業支援計画）、「沖縄県社会的養護推進計画」策定。沖縄県子どもの権利を尊重し虐待から守る社会づくり条例制定	2月	[国] 新型コロナウイルス感染症防止のため、3月2日からの一斉休校を要請
			4月	[国] 緊急事態宣言発出
				[国] 高等教育の修学支援新制度開始
			5月	全国の緊急事態宣言解除（地域の感染状況に応じて段階的に実施）
2021	1月	**県立高校生が部活動顧問との関係を中心としたストレスを要因として自死**	4月	[国] ヤングケアラー、中学生の約17人に1人に上ることが初の実態調査で判明
	6月	4月の待機児童数が過去最少の564人（速報値）、対前年比の減少幅も過去最大	5月	[国] 少年法改正。罪を犯した18歳、19歳を「特定少年」とする
			7月	奄美大島、徳之島、沖縄島北部及び西表島が世界自然遺産に登録
			12月	[国]「こども家庭庁」2023年度に創設の方針
2022	3月	「沖縄県子どもの貧困対策計画（第2期）」策定	2月	[国] 2021年度の出生数、統計史上最少に（速報値84万2897人）
	5月	「令和３年度沖縄子ども調査」発表		[世] ロシアがウクライナに侵攻
			4月	NHK連続テレビ小説「ちむどんどん」放映開始
			6月	[国] こども家庭庁設置法・こども基本法成立・公布

【参考資料】
『うるま新報』『沖縄タイムス』『琉球新報』の記事
沖縄県教育委員会編集・発行『沖縄の戦後教育史（資料編）』1978年
沖縄県教育委員会「学校給食における管理・指導の手引」2016年
沖縄県公文書館「行政記録データベース」
沖縄県生活福祉部『児童福祉法制定50周年記念　戦後沖縄児童福祉史』1998年
おきなわ・保育の歴史研究会編集・発行『復帰40周年記念　沖縄保育のあゆみ』2013年
公益財団法人 沖縄県学校給食会『50年のあゆみ 創立記念誌』2013年
幸地 努『沖縄の児童福祉の歩み』1975年
財団法人 沖縄県学校給食会『30年のあゆみ　創立記念誌』発行人 与世田兼宏 1992年
福地曠昭『牲（にえ）：戦後米軍犯罪の記録』フクチさんを励ます会 1977年
前原穂積『生命輝け　米軍占領下におかれた沖縄の社会福祉』あけぼの出版 2003年
八重樫牧子『児童館の子育ち子育て支援』相川書房 2012年

1985年（昭和60年）に、私は沖縄県内の市町村職員になりました。解体された琉球政府から市町村に移管された職員が多くいた福祉事務所、戦地であった街を縫うようなインフラ整備、空きビルの一角に点々と存在する認可外保育所、資金不足や土地の確保ができず進まない法人化、保育所入所時の所得区分の多くが非課税世帯となる現実――復帰13年を経ても、いまだ復帰後の混乱を引きずっているような毎日でした。

あれから37年、ふり返るとあのとき、まだまだ取り組めることがあったのではないかという思いがしてなりません。執筆者のみなさまから沖縄の抱えてきた「出来そうで出来なかった」「考えられそうで発想できなかった」ことが伝わってきたのです。本当に素晴らしい人たちに筆を執っていただいたことに感謝いたします。

この後も10年、20年と多くの実践が積み重なっていくことになりますが、今後もこのふり返りの機会を大切にしながら、沖縄の子どもたちの現在と未来に関わっていきたいと、改めて感じています。

みなさま、ご協力ありがとうございました。

島村 聡

編集委員７名によるこの本の企画ミーティングを始めたのは、2020年11月でした。刊行までの１年半のあいだにも、沖縄では新型コロナウイルスの影響が全国で最も深刻な状況になり、ロシアのウクライナ侵攻は、否が応でも島全体を覆う基地の存在に目を向けるきっかけとならざるを得ませんでした。

本書は、沖縄というローカルな地域における子ども・若者が抱える多様な問題を取り上げていますが、企画編集しながら、この小さな島がグローバルなものに深く連結していることを改めて感じていました。

本書は、多くの方々に支えられて刊行にこぎ着けることができました。私たち編集委員の無理なお願いに快く応じてくださった総勢45名もの執筆者や写真をご提供くださった方々、関係者のみなさん、そして企画段階からおつきあいいただき連絡調整を含め労を取ってくださったかもがわ出版や、デザイナー、校正者、印刷所のみなさんに、深く感謝申し上げます。

本書を出発点に、沖縄県内のネットワークがさらに深まるともに、全国の子ども・若者問題を考える方々とも連帯の和が広がることを期待したいと思います。

山野良一

上間陽子
琉球大学教育学研究科教授

3章 **分断される学校**　5章 **医療／からだとこころ**

川武啓介
やえせ北保育園園長

2章 **そだちをつなぐ保育**

北上田 源
琉球大学教育学部准教授

1章 **基地のとなりで暮らす**

島村 聡
沖縄大学人文学部福祉文化学科教授

3章 **分断される学校**　5章 **医療／からだとこころ**
6章 **労働とジェンダー**　7章 **貧困とたたかう**

二宮千賀子
一般社団法人 Co-Link

2章 **そだちをつなぐ保育**

山野良一
沖縄大学人文学部福祉文化学科教授

6章 **労働とジェンダー**　7章 **貧困とたたかう**

横江 崇
弁護士／美ら島法律事務所

4章 **家族という困難**

★本書の企画・制作にあたり、写真掲載について、
お力添えくださったみなさまに、
心よりお礼申し上げます。

●カバー・本文デザイン　石原雅彦
●編集実務協力　蜂須賀裕子
●年表校正　笹島康仁
●編集　三輪ほう子（かもがわ出版）

復帰50年 沖縄子ども白書2022

2022年8月15日　第1刷発行

編著者　編集委員　上間陽子
川武啓介
北上田 源
島村 聡
二宮千賀子
山野良一
横江 崇

発行者　竹村正治
発行所　株式会社　かもがわ出版
〒602-8119　京都市上京区堀川通出水西入
TEL 075-432-2868　FAX 075-432-2869
ホームページ http://www.kamogawa.co.jp/
印刷所　株式会社 光陽メディア

ISBN 978-4-7803-1222-5　C0036

前見返し：**1963** 校庭の遊具で遊ぶ明るい子どもたち（美里村泡瀬美東小学校？）／沖縄県公文書館所蔵

後ろ見返し：**19710323** 本土への集団就職。若者1万 5000 人がパスポートを手に旅立った（那覇港）／沖縄タイ